市场营销实战系列教材

营销策划——理实一体化教程（第2版）

主　编　彭石普
副主编　霍　震　白华艳

電子工業出版社
Publishing House of Electronics Industry
北京·BEIJING

内 容 简 介

本书针对高等职业院校学生的特点和今后就业的需要，简明扼要地介绍了营销策划的基本知识，通过情景模拟、角色扮演、案例分析等能力训练活动，重点培养学生从事营销策划的职业动手能力，提高学生的整体素质。

全书内容包括四大模块 11 个任务项目，即营销策划基础模块（营销策划一般能力、评价与组织营销策划活动能力和营销策划书制作能力）、营销战略策划模块（营销战略策划能力）、营销战术策划模块（产品策划能力、价格策划能力、渠道策划能力、推销与推广策划能力、广告策划能力和公关促销策划能力）、营销策划综合实训与学习成果展示模块（营销策划综合实训与学习成果展示能力）。

本书体例新颖、内容翔实、情景生动，适用于高等职业院校、应用型本科院校作为教材，也可作为企业市场营销人员的培训用书。

未经许可，不得以任何方式复制或抄袭本书之部分或全部内容。

版权所有，侵权必究。

图书在版编目（CIP）数据

营销策划：理实一体化教程 / 彭石普主编. —2 版. —北京：电子工业出版社，2021.6

ISBN 978-7-121-29533-1

Ⅰ. ①营… Ⅱ. ①彭… Ⅲ. ①营销策划－高等职业教育－教材 Ⅳ. ①F713.50

中国版本图书馆 CIP 数据核字（2019）第 274194 号

责任编辑：张云怡　　　　特约编辑：田学清
印　　刷：大厂聚鑫印刷有限责任公司
装　　订：大厂聚鑫印刷有限责任公司
出版发行：电子工业出版社
　　　　　北京市海淀区万寿路 173 信箱　　　　邮编：100036
开　　本：787×1092　　1/16　　印张：11.5　　字数：308.6 千字
版　　次：2016 年 8 月第 1 版
　　　　　2021 年 6 月第 2 版
印　　次：2021 年 6 月第 1 次印刷
定　　价：49.00 元

前　言

　　营销策划是在激烈的市场竞争中爆发出来的智慧的凝聚，是非常有效的商战武器。它成功地使许多濒临绝境的企业起死回生，成功地把许多默默无闻的"丑小鸭"变成了"白天鹅"，也成功地造就了市场中稳居龙头的王牌，这就是营销策划的神奇之处和魅力所在。事实上，在企业营销活动中，策划无处不在、无时不有。营销策划作为高智慧的谋略和高层次的营销艺术越来越受企业的重视，被视为市场竞争取胜的法宝和企业良好经营的高招。

　　营销策划作为一门新兴的边缘应用学科，其研究内容涉及面广、应用性强，在高职营销策划教学中，不仅要求学生加强营销策划理论方面的学习，更要加强动手能力的训练，以提高适应市场的能力。因此，营销策划理论的讲解与实际动手能力的训练是营销策划课程教学中必不可少的重要组成部分。学生首先认真学习营销策划理论，然后亲自动手操作，从而获得相应的理论知识和操作技能，进一步掌握和巩固所学的理论知识，以达到提高独立分析和解决营销策划实际问题能力的目的。因此，营销策划课程的教学思想必须改变传统课程的教学观念和教学模式，树立新的课程教学观念，按照现代职业教育观念进行课程教学。同时，其教学内容与教学方式也是与时俱进、不断发展的，基于深化"营销策划——理实一体化"教学改革的需要及来自教学实践的反馈，本书在第 1 版的基础上进行了修订，力求符合职业教育改革发展的需要，符合教育信息化建设需要，力求精益求精，使之更加完善。因此，本次修订保留了第 1 版的整体结构和基本风格，对部分内容和形式进行了补充完善，做了如下努力。

　　（1）以帮助学生达到"两能一会"（能策划、会评价、能编写）能力总目标为本教材编写的核心目标，把教学侧重点定位在对营销活动的策划、营销策划方案的编写与评价分析上，如下图所示。

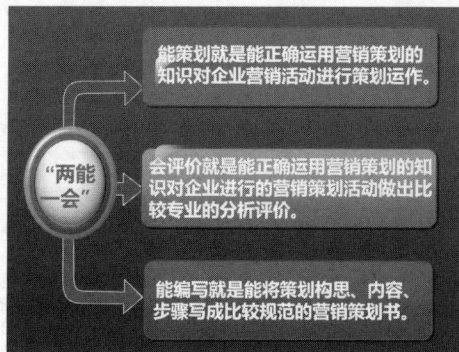

能策划就是能正确运用营销策划的知识对企业营销活动进行策划运作。

"两能一会"

会评价就是能正确运用营销策划的知识对企业进行的营销策划活动做出比较专业的分析评价。

能编写就是能将策划构思、内容、步骤写成比较规范的营销策划书。

（2）为了帮助学生更好地学习、理解、掌握营销策划这门课程内容，迅速提升学生从事营销策划工作的实际能力，满足企业对学生从事营销策划工作能力的期望和要求，增设了课程与教材介绍二维码。介绍内容从课程性质、课程目标、结构体系、教学方法、实践教学、考核方法、团队建设七个方面进行阐述，并采取了由笔者亲自讲授的方式，以便学生全面理解、掌握营销策划这门课程的内容，为尽快提升学生从事营销策划工作的动手能力奠定良好基础。

课程与教材介绍

（3）二维码关联，实现教材资源微课化、数字化、网络化。本次修订充分利用了数字化技术成果和互联网优势，围绕教材内容：一是将本书理论教学中的"同步思考"教学内容全部改为微课视频，通过扫描书中二维码，学生可以在移动端观看与课程教学内容相关的教学视频，方便进一步掌握教学内容；二是通过扫描书中二维码，学生可以通过移动端直接阅读实训教学部分中的评价分析训练、案例分析训练的分析要点，以及情景模拟演练的参考答案要点，知道如何进行营销策划分析和情境模拟角色扮演，帮助学生有效提升营销策划分析能力和动手能力；三是针对混合选择训练及案例分析训练中的选择训练，学生可以通过扫描书中二维码，随时随地进行碎片化知识学习，随时检验基础知识的学习效果；四是将教材进行瘦身，删除了项目后面的课后阅读与欣赏部分，改为线上阅读，大大提升了教材的知识容量。

本次修订由广东邮电职业技术学院彭石普教授主持，参与本书修订工作的还有江门职业技术学院副教授霍震、广东生态工程职业学院白华艳博士。校企合作单位中国人寿郴州分公司营销部刘继红女士、郴州市纺织品总公司谷莉娜女士参与了实训内容的修改。教材的改革与创新是一项系统、复杂和艰巨的工程，不可能一蹴而就。与第1版相比，本次修订虽然向前迈出了一大步，但与改革的更高目标相比，仍需继续努力。本书中的缺陷在所难免，敬请同行专家和广大读者朋友不吝赐教。

笔　者
2021.3

目　录

模块一
营销策划基础

项目一

营销策划一般能力

学 习 目 标

知 识 目 标

- 准确理解策划与营销策划的含义。
- 了解营销策划的内容。
- 清楚优秀营销策划人需具备哪些素质要求。

能 力 目 标

- 能正确分析策划与计划、策划与决策、策划与一般点子的异同。
- 能根据优秀营销策划人需具备的素质要求，采取行动努力提升自己。

素 养 目 标

- 逐步培养良好的营销策划职业理想和职业情感，形成爱岗敬业的职业道德精神。
- 建立良好的营销策划职业观念和职业良心，逐步形成诚实守信、脚踏实地、吃苦耐劳的职业道德品质。

案例导入

农夫山泉

　　水是生命之源，人们对水的重视等同于对生命的重视。正是基于这一认识，当时全国饮用水行业排行第三的农夫山泉某日向媒体宣布：经实验证明，纯净水对健康无益，农夫山泉从此不再生产纯净水，只生产天然水。与此同时，在全国各大电视台高密度播放"水仙花实验"广告片，通过展示水仙花在纯净水与天然水中的生长状况来直观地表现"天然

水有利健康"的主题。通过这次策划活动，农夫山泉在水的健康性方面与广大消费者取得共鸣，并且与竞争产品对比，使消费者产生对农夫山泉的消费需求，从而实现销量大增。

问题：农夫山泉的策划活动为什么能够取得成功？其策划说明一项策划活动应该包含哪些要素？

农夫山泉的策划活动之所以能够取得成功，关键在于它利用了人们追求健康的心理，通过这次策划活动，农夫山泉在水的健康性方面与广大消费者取得共鸣，并通过与竞争产品对比，使消费者产生对农夫山泉的消费需求。当天然水有利健康的观念深入人心之后，其销量大增也就不足为奇了。

从案例资料分析，大致可归纳出农夫山泉策划活动包括三个要素：策划目标——使消费者产生对农夫山泉的消费需求；策划创意——天然水有利健康；具体操作——在全国各大电视台高密度播放"水仙花实验"广告片，通过展示水仙花在纯净水与天然水中的生长状况来直观地表现"天然水有利健康"的主题。

由此可见，在企业营销活动中，策划是无处不在、无时不有的。营销策划作为高智慧的谋略和高层次的营销艺术越来越受企业的重视。那么，什么是营销策划？如何评价营销策划方案？怎样进行营销策划才能顺利实现营销策划目标，取得竞争胜利呢？

理论教学

一、策划与营销策划

（一）策划是一个既古老又新兴的产业

说策划古老，是因为从人类能够用肢体语言和声音语言表达对生存、生产方式的改变、提高之时起，策划就出现了。在古希腊神话和我国古代的军事战例中，就有了策划的雏形，如战国时的"围魏救赵"、秦末汉初时的"鸿门宴"、东汉末年的"火烧赤壁""草船借箭"等。

说策划是一项新兴的产业，是因为在计划经济时期，讲计划、讲规划、讲命令，知识分子的智谋并未充分得到重视，对策划科学的研究几乎为零。改革开放后，在邓小平理论的指导下，人们才将策划作为一门科学，开始对它进行系统的研究，才开始从不自觉策划走向自觉策划，从策划的必然王国走向了自由王国。我国市场营销策划的研究与实践由最初的点子、创意等逐步转向引进西方科学的策划理论、方法和案例，并结合中国市场的特点进行了创新，形成了具有中国特色的市场营销策划，与此同时，策划也正式成为一种职业。

（二）策划含义的界定

对于策划含义的界定，目前可谓众说纷纭，莫衷一是，国内外均无统一说法。有人认

为，策划就是预先决定做什么、何时做、谁来做。策划如同一座桥，连接着目前之地与未来我们要经过之处。还有人认为，策划就是决策，策划就是计划，策划就是点子。

1. 策划不等同于计划

尽管任何策划都必须计划化，即最终都要落实到一个计划或多个计划来实施，有的计划工作实际上就是策划活动，但策划并不等同于计划。站在企业的角度分析，计划和策划起码有以下三点区别。

（1）就目标性而言，企业计划有长期计划、中期计划和短期计划之分。长期计划一般是全局的、宏观的、具有战略性的长期的奋斗目标，中期计划是 3～5 年的奋斗目标，短期计划是一年、半年、一季度或一个月的奋斗目标；而策划则是在执行计划的基础上，围绕完成某一特定任务，解决某一具体问题要达成的具体目标，而且是要力争达到的最好目标。

（2）就行动方案而言，计划偏重于做什么；策划偏重于如何做，怎样做得更好。

（3）就实施手段和方法而言，计划一般是例行性的、常规性的、约定俗成的方法；策划偏重于谋略，偏重于非例行性、非常规性的方法，要求不同凡响，出奇制胜。例如，企业每年年底都要制订下一年度的计划，如全年销售额增长多少、利润率达到多少、全年创利多少、市场占有率是维持现有水平还是有新增长等，这就是计划。但如果是在市场竞争态势激烈，消费者有效需求相对不足的严峻局面下，企业如何抓住元旦至春节期间传统的消费高峰这一有利契机，通过新颖独特又有魅力的谋略招数，诱导和刺激消费，掀起销售热潮，力争在第一季度超额 30% 完成销售任务，这就是营销策划了。

2. 策划不是决策

决策是做出决断，重在优选方案，以选择为重点，以聚合思维为主；而策划则是提供决策建议，重在设想方案，以创意为重点，以发散思维为主。策划和决策的联系在于策划是决策的基础，同时要使策划更合理，也需要在策划过程中不断做出科学决策。

3. 策划不是一般点子

有人认为，策划就是点子，是能卖的点子。在这一观念指导下，策划被炒得神乎其神，点子被吹得玄而又玄。不少企业盲目迷信点子，以为企业在营销竞争中面临的困难可以一"点"就灵，"点"石可以成金，有人甚至提出"点遍中国"。但是这种理论上的简单化、片面化造成了实践中的轻率和盲从，更加剧了相当大一部分人求富心切而又不愿意老老实实真正按照营销准则从事生产经营活动的浮躁心态。其实，策划应该是一种系统有序的创造性思维活动过程，是一个完整的科学程序，最终要体现为可操作的行动方案。而一般点子只是瞬间产生的思想火花，不成系统，很难操作，甚至如流星闪过，转瞬即逝。因此，个别点子、零散点子不能代替科学的策划。如果说点子与策划有密切联系，那也只能说策划是由众多点子构成的创意系统，是诸多点子的连续化、系统化、有序化、科学化和可操作化的集合。借用中国著名策划王志纲的话：点子相当于海滩上的一颗颗珍珠，虽有价值，但是零散；而策划则相当于一根线，它把点子串起来，使它成为一串美丽的项链，闪闪发光。

可见，策划的内涵是非常丰富的，要全面理解策划，必须把握策划的三要素。

要素一：目标。

策划是围绕解决某一难题，达成某一目的而进行的活动，它具有较强的方向性和目的

性。因此，策划首先必须要有明确的策划目标，且目标必须切实可行，这是策划的基础。

要素二：创意。

所谓创意，就是与众不同、新奇而富有魅力的构思和设想。策划的关键是创意，可以说，创意是策划的核心和灵魂。创意并不是什么高深莫测的东西，获得创意的路径有如下几种：一是思维的积累，只有长期地积累有关事物的信息并重视对其中重要信息的加工，才有灵感的爆发、火花的闪现和创意的获得；二是充分发挥想象力、联想力和创造力，开阔思路；三是独特的思维方式，策划人员须打破常规习惯、定式、收敛的思维方式，而采用一定条件下的逆向思维、立体思维、发散思维、交叉思维等。

要素三：操作。

策划方案只有具有很强的可操作性，才能够实施，也易于实施，具体表现如下：一是要考虑企业现有的人、财、物等有形资源和信息、商誉、品牌等无形资源在什么条件下可以得到充分利用，以期达到"1+1>2"的效果；二是要考虑到外部环境的制约，做到与外部环境不冲突；三是要有具体的、清晰的行动方案，使策划的参与者能懂得游戏规则，遵守游戏规则。

"目标、创意、操作"这6个字，是策划这门学科的核心内容，作为策划学科的一个分支，在《营销策划——理实一体化教程》学习过程中必须始终抓住这个核心，即首先明确营销策划目标，接着运用多种方法进行营销策划构思和创意，最后将营销策划构思和创意形成可以具体操作执行的营销策划方案，才有可能取得事半功倍的学习效果。

综上所述，策划是指在现代社会活动中，人们为了达到某种预期的目标，借助科学方法和创造性思维，对策划对象的生存和发展的环境因素进行分析，重新组合和优化配置所拥有的资源和可开发利用的资源，而进行的调查、研究、分析、创意、设计并预先制定行动方案的行为和过程。

同步思考 1-1　　　　　　　"拍卖"危机

富兰克林·罗斯福在第二次参加总统竞选时，竞选办公室为他制作了一本装帧精美的宣传册，其中包括罗斯福的照片和一些竞选信息。不久，成千上万本宣传册印制出来了。

就在准备分发宣传册时，竞选办公室突然发现一个问题：由于工作人员的疏忽，宣传册中有一张照片的版权不属于他们，而是属于某家照相馆所有。竞选办公室十分恐慌，因为已经没有时间再重新印制了。但如果就这样分发出去，那家照相馆很可能会因此索要一笔数额巨大的版权费。

"派一个代表去和照相馆谈判，尽量争取一个较低的赔付额吧！"大多数人这么想着。突然有人灵机一动，"我们何不采取另外一种方式呢？"于是，他们通知该照相馆："竞选办公室将在他们制作的宣传册中放上一幅罗斯福的照片，贵照相馆的一张照片也在备选照片之列。由于有好几家照相馆都在候选名单中，竞选办公室决定将这次宣传机会进行拍卖，出价最高的照相馆将会得到这次机会。如果贵馆感兴趣的话，可以在收到信后的两天内将投标寄回，否则将丧失竞价的权利。"

结果，竞选办公室在两天内接到了该照相馆的投标和支票，竞选办公室不但摆脱了可能侵权的不利地位，而且还因此获得了一笔收入。

问题思考： 竞选办公室"拍卖"危机这件事为什么能够成功化解？"拍卖"危机这件事是策划吗？为什么？

同步思考 1-1

（三）营销策划概念

众所周知，市场营销是一门科学，是一种行为，是一项艺术，而市场营销策划则是更高层次的营销艺术。市场营销是一种以交换为目的的经营活动。为了实现交换，达到预期的效益目标，企业作为市场营销者，必须创造性地建立、保持和发展与市场的联系，实现与顾客之间的交换。因此，企业既要科学地分析市场、顾客等影响因素，又要合理安排、有效设计、实施和控制自己的经营行为，力求在适当的时间、适当的地点，以适当的价格向适当的消费者或用户提供适当的产品，并用适当的促销方式与他们沟通。为了使这些"适当"从理想变为现实，营销人员所做的分析、判断、推理、预测、构思、设计、安排、部署等工作就是营销策划。

综上所述，所谓营销策划，是指企业内部或外部的策划人员对某个企业、某种商品、某项服务或某项活动，在准确分析企业营销环境的基础上，激发创意，对企业一定时间内的营销活动的方针、目标、战略及实施方案与具体措施进行科学的策略谋划设计和周密的计划安排，并精心实施，确保计谋运用成功的谋划活动。

营销策划的概念包含如下几层意思：第一，营销策划人员既可以是企业内部策划人员，也可以是企业外部策划人员；第二，营销策划的对象既可以是某个企业整体，也可以是某项产品或服务，还可以是一次活动；第三，营销策划必须在准确分析企业营销环境的基础上才能进行；第四，营销策划需要设计和运用一系列计谋，为此，需要运用头脑风暴法，充分激发创意，这是营销策划的核心和关键；第五，营销策划需要对企业一定时间内的营销活动的方针、目标、战略及实施方案与具体措施进行科学的策略谋划设计和周密的计划安排；第六，必须精心实施，才能确保计谋运用成功。

营销策划同样包含创意、目标和操作三要素，没有独辟蹊径、令人耳目一新的营销谋略，不能称为营销策划；没有具体的营销目标，策划也落不到实处；不能操作的方案，无论创意多么巧妙杰出，目标多么具体、富有鼓动性，都没有任何实际价值。不具备三要素的策划只是在浪费资源。

同步课堂训练 1-1

根据教学情况，灵活安排学生完成本项目实训教学中评价分析训练的第 1～4 题，混合选择训练的第 1 题和第 2 题，案例分析训练的第 1 题。

二、营销策划内容

营销策划的内容是相当广泛和丰富的，我们可以从不同角度，依据不同的标准对其进行归纳。

（1）以营销策划的不同层次为标准，营销策划可分为营销战略策划和营销战术策划。

战略是军事用语，来源于希腊语，意为将军的艺术，原指对战争全局的筹划和指导。从营销策划的角度来看，营销战略策划就是指企业在现代市场营销观念指导下，为适应环境和市场的变化、实现企业经营目标、求得长期生存和不断发展，对企业一定时期内的市场营销发展的总体进行设计与谋划。企业战略策划可分为总体战略策划和经营战略策划两个层次。一般来说，总体战略策划的任务是从企业整体的角度，明确企业使命，区分战略经营单位，决定企业的投资组合战略和成长战略，为经营战略策划指明方向。而经营战略策划的任务，则是站在战略经营单位的角度，分析竞争形势，制定竞争策略，树立企业良好形象，通过进行科学的市场细分、正确选定目标市场和准确进行市场定位，为实现总体战略奠定基础。营销战术策划就是指市场营销人员在营销战略策划的基础上，对市场营销的产品、价格、分销及促销等进行的各种各样的设计谋划活动。营销战术策划的目的在于把营销战略策划规定的任务落到实处，全面实现策划目标。

（2）以营销过程为标准，营销策划可分为市场选择策划、市场定位策划、产品策划、价格策划、分销渠道策划和促销策划。

市场选择策划就是针对如何有效选择目标市场进行的设计谋划活动；市场定位策划就是针对产品确定适当的市场位置进行的设计谋划活动；产品策划主要包括新产品开发策划、老产品改进策划、产品品牌策划、包装策划等内容；价格策划主要包括价格策划的思路、价格调整策划等内容；分销渠道策划主要是设计有效的分销渠道，保证产品方便快捷地传递到消费者手中；促销策划包括人员推销策划、广告宣传策划、公关促销策划、营业推广策划等内容。

（3）以市场和产品两个维度为标准，营销策划可分为市场渗透策划、市场开发策划和产品开发策划。

市场渗透策划就是通过采取恰当方法，将企业现有产品向竞争对手控制市场进行渗透销售所进行的设计谋划活动；市场开发策划就是通过采取恰当方法，将企业现有产品推向新市场所进行的设计谋划活动；产品开发策划就是通过采取恰当方法推出新产品，为满足现有市场需求，针对产品的开发和销售所进行的设计谋划活动。

（4）以营销策划的对象为标准，营销策划可分为企业策划、商品策划和服务策划。

企业策划是为了树立良好的企业形象，对企业整体所进行的设计谋划活动；商品策划是为了推出新商品和扩大销路，对企业商品的开发和销售所进行的设计谋划活动；服务策划就是为了提高企业信誉，满足顾客需要而进行的设计谋划活动。

本书主要以市场营销过程为标准，按营销战略策划、营销战术策划（产品策划、价格策划、分销渠道策划和促销策划）的思路展开述说。

同步思考 1-2　　　　　　　　　　**好书畅销靠策划**

一位作者写了一本关于文化经纪人的书。当时他找了很多家出版社，都没出版社愿意出版此书。后来他找到北京图书传播研究所，经该研究所专家策划，决定以书中一段关于刘晓庆的内容作为卖点，于是将该书以"策划亿万富姐——刘晓庆经纪人浮出水面"为名推了出来。出版之初，影响并不大。这时，策划专家开始围绕调动刘晓庆来策划宣传。一

是召开大型新闻发布会，调动了全国70余家新闻单位，把这本书出版的信息发布出去。二是安排记者采访刘晓庆，采访的主要内容是关于这个经纪人的，要求述说情节越曲折越好。最终，策划专家策划出一个"真假经纪人之争"的话题。三是企业对话论战，什么是经纪人？经纪人在我国文化演出市场处于什么位置？围绕这些内容深入挖掘。最终，刘晓庆与王建中打起了嘴皮"官司"。"官司"越热闹，图书就卖得越好。结果，该书一举成为2000年全国销量领先的畅销书。

问题思考：好书畅销为什么要靠策划？从不同角度分析，上述策划活动可归纳为哪种类型的营销策划？

同步思考1-2

同步课堂训练1-2

根据教学情况，灵活安排学生完成本项目实训教学中评价分析训练的第5题和第6题，混合选择训练中的第3题。

三、优秀营销策划人需具备的素质

策划工作必须靠人来完成，因此，营销策划人素质的高低成为决定策划质量好坏的关键因素。

营销策划人既可以来自企业内部，如企业的市场部、广告部、公关部或售后服务部的员工；也可以来自企业外部——企业委托专门从事营销策划的公司或个人，如营销策划公司、营销咨询公司、广告公司、调研公司、公关公司、高等院校及科研机构的专家教授等。对于企业而言，选用企业内部营销策划人和企业外部营销策划人各有利弊。

选用企业内部营销策划人的优点：企业内部营销策划人比较熟悉企业资源状况和条件，熟悉行业的市场状况，其制订的策划方案可操作性比较强。选用企业内部营销策划人的缺点：企业内部营销策划人制订的策划方案的创意和理念受到企业文化、管理体制、企业领导人个性和观念的影响，往往缺乏开拓创新精神；另外，有些企业缺乏高素质的营销策划人。

选用企业外部营销策划人的优点：企业外部营销策划人往往摆脱了传统习惯思维的束缚，其制订的策划方案视角独特、创意新颖；方案理念涉及的战略指导性强，策略制定的逻辑性和系统性较强。选用企业外部营销策划人的缺点：企业外部营销策划人常常对行业、企业、市场及企业营销的实际运作缺乏深入细致的了解，因此其设计的方案有时缺乏可操作性；运作费用投入比较大。

要想使营销策划达到预期目的，无论是选用企业内部营销策划人还是选用企业外部营销策划人，都要求营销策划人具备多方面的优秀素质，这些素质主要包括知识素质、心理素质和能力素质三个方面。

（一）知识素质

优秀的营销策划人需要具备以下几个方面的知识素质。

1. 相关的理论知识

由于营销策划是一种高智商的创造性活动，因此营销策划人除必须具备策划专业理论知识外，还必须具备一定的相关专业理论知识，如经济学、心理学、营销学、广告学、传播学、公共关系、市场调研、企业管理、企业诊断、企业文化等。

2. 社会生活知识

由于营销策划是一项实践性、操作性很强的创造性活动，因此营销策划人只有具备丰富的社会生活知识、了解社会现象、掌握社会心理、尊重并利用社会风俗习惯，才有可能策划出符合社会实际情况的、可操作性强的营销策划方案。

3. 政策法规知识

由于政策法规是影响企业营销活动但企业无法控制的因素，因此营销策划人只有熟悉政策法规，才有可能避免违反政策法规的现象发生，才有可能利用政策法规为企业找到和抓住营销机会。

需要指出的是，知识素质高的人不一定就是学历高的人。只要你博览群书、广闻强记，善于学习和思考，一样可以迅速提高自己的知识素质。

（二）心理素质

优秀的营销策划人需要具备良好的心理素质，主要包括以下五个方面。

1. 积极主动

优秀的营销策划人具备积极的心态和主动的精神，凡事积极进取，从不消极懈怠，永不言败。

2. 存疑与挑战

优秀的营销策划人具有旺盛的求知欲和强烈的好奇心，凡事喜欢思考，喜欢问为什么，不盲从，不满足于现状，乐于迎接挑战，能在压力很大的环境下快乐地工作。

3. 独立与创造

优秀的营销策划人具有独特的见解和与众不同的构想。他们不会轻附众议、人云亦云，他们勇于创新、求新图变，较少有依赖性。

4. 科学严谨

优秀的营销策划人崇尚科学、尊重事实。他们思维严密，追求策划方法的科学性、严密性、系统性和高效性。

5. 视野宽广与态度谦虚

优秀的营销策划人具有宽广的视野和谦虚的态度。他们善于学习和借鉴他人的长处，能虚心接受别人的意见和建议，能博采众家之长。他们不固执己见，善于根据时局变化和他人的建议修改方案，提高营销策划的适应性。

（三）能力素质

优秀的营销策划人需要具备以下四个方面的能力素质。

1. 洞察能力

"察人之所未察，见人之所未见"是对策划人洞察能力要求的具体描述。优秀的营销策划人必须具有直觉思维判断分析能力，对环境有敏捷的感受力，对问题有敏锐的发现力，

能迅速察觉一般人不能注意到的情况和细节，能够发现一般人无法察觉的问题，能够抓住一般人熟视无睹的现象及问题本质。

2．想象能力

优秀的营销策划人必须具有丰富的想象力，能够打开思维的天窗，进行开放式思维和想象，能够找出客观事物之间的联系，善于寻找解决复杂问题的多种方法和途径，能够提出和完善解决各种策划问题的构思和创意。

3．分析能力

优秀的营销策划人必须具有理性的思维习惯，能够深入冷静地思考问题。对各种问题的解决方案能进行优劣分析和评价，能够从多种策划构想或创意方案中发现闪光点，丰富、发展和完善策划方案，特别要善于运用SWOT分析方法进行策划分析。

4．执行能力

优秀的营销策划人必须具有坚强的毅力，必须具有处理各方面关系的沟通说服能力与协调能力。否则，策划方案的执行和实施是难以进行的。

同步思考1-3　　　　　　　　　黑白对比卖"抱娃"

日本有一个商人，曾把一种叫作"抱娃"的玩具拿到百货公司去推销，可惜，这种玩具无人问津。他只得从百货公司把这种黑皮肤的"抱娃"取回来堆放在仓库里。

其养子注意到百货公司里一种身穿游泳衣的女模特模型有着一双雪白的手。他想：如果把这种黑色的"抱娃"放在女模特模型雪白的手上，那真是黑白分明，格外醒目。通过鲜明的对比，说不定顾客会喜欢"抱娃"。

与百货公司进行了一番协商之后，百货公司终于同意让女模特模型手持"抱娃"。这一招真灵！凡是走过女模特模型前的年轻姑娘都会情不自禁地打听："这个'抱娃'真好看，哪儿有卖的？"原来无人问津的"抱娃"一时间成了抢手货。

后来，其养子又想出一个办法。他请了几位白皮肤的女青年，身着夏装，手中各拿一个"抱娃"，在东京繁华热闹的街道上"招摇过市"。这样，不仅吸引了大量的过往行人，新闻记者也纷纷前来采访。第二天，报纸上竞相刊登出照片和报道，东京因此掀起了一股"抱娃"热。

问题思考："抱娃"由滞转畅有何奥妙？站在营销策划人素质的角度考虑，我们能从中得到哪些启示？

同步思考1-3

同步课堂训练1-3

根据教学情况，灵活安排学生完成本项目实训教学中评价分析训练的第7题和第8题，混合选择训练的第4～6题，案例分析训练的第2题和第3题，情景模拟演练的第1题和第2题。

实训教学

一、评价分析训练

（说明：学生回答评价分析训练题时，建议首先阐述对题目材料的看法或观点，然后说明理由。后面评价分析训练项目说明相同，不再赘述。）

1．策划就是决策。

2．策划就是计划。

3．策划就是点子。

4．市场营销策划是指企业内部策划人员，对某个企业或某种商品，在准确分析企业营销环境的基础上，激发创意，对企业一定时间内的营销活动的方针、目标、战略及实施方案与具体措施进行科学的策略谋划设计和周密的计划安排的谋划活动。

5．市场渗透策划就是通过采取恰当方法，将企业现有产品推向新市场所进行的谋划活动。

6．企业策划是针对企业整体所进行的谋划活动，主要目的在于推出新商品和扩大销路。

7．尽管选用企业内部营销策划人和企业外部营销策划人各有利弊，但对于企业而言，选用企业内部营销策划人还是要好得多。

8．由于具有学士、硕士、博士学历的人接受的教育多，因此，知识素质高的人一定是学历高的人。

分析要点

二、混合选择训练

（说明：4 个答案的混合选择训练题为单项选择题，其他为多项选择题。后面混合选择训练项目说明相同，不再赘述。）

1．策划的内涵是非常丰富的，必须全面理解，为此，策划的要素有（　　　）。

    A．创意　　　　　　　　　B．目标　　　　　　　　　C．可操作性

    D．可应用性　　　　　　　E．可借鉴性

2．市场营销策划，包含了如下几层意思（　　　）。

    A．策划人既可以是企业内部策划人也可以是企业外部策划人；策划的对象既可以是某个企业整体，也可以是某项产品或服务，还可以是一次活动

    B．营销策划必须在准确分析企业营销环境的基础上才能进行

    C．营销策划需要设计和运用一系列计谋，充分激发创意

    D．营销策划需要做出科学的策略谋划设计和周密的计划安排

    E．必须精心实施，才能确保计谋运用成功

3. 策划以市场营销策划的不同层次为标准可分为（　　　）。
    A．市场选择策划、市场定位策划、产品策划、价格策划、分销策划和促销策划
    B．营销战略策划和营销战术策划
    C．市场渗透策划、市场开发策划、产品开发策划
    D．企业策划、商品策划和服务策划

4. 要想使营销策划达到预期目的，无论是选用内部营销策划人还是外部营销策划人，都要求营销策划人具备多方面的优秀素质，这些素质主要包括（　　　）。
    A．政治素质　　　　　B．心理素质　　　　　C．知识素质
    D．能力素质　　　　　E．思想素质

5. 优秀营销策划人需要具备的能力素质包括（　　　）。
    A．洞察能力　　　　　B．想象能力　　　　　C．分析能力
    D．执行能力　　　　　E．公关能力

6. 优秀营销策划人需要具备的心理素质，主要包括（　　　）。
    A．积极主动　　　　　B．存疑与挑战　　　　C．独立与创造
    D．科学严谨　　　　　E．宽容与灵活

三、案例分析训练

在线测评

（说明：后面案例分析训练项目的训练步骤、训练要求、注意事项、训练考核均与此处相同，以后不再赘述。）

1. 训练步骤

在授课教师指导下，全班分成 4 个小组利用自习时间展开讨论分析，然后每组推选 1～2 名学生代表为主辩，其余学生为助辩，在课堂上展开辩论，最后授课教师进行总结点评。

2. 训练要求

（1）准备充分，包括营销策划相关资料准备和课堂布置准备。
（2）讨论争辩举止得当，神态自然，口齿清楚，语言流利。
（3）讨论争辩热烈，所学知识运用得当，言之有理，逻辑性强。
（4）讨论争辩有一定深度和广度，能启发活跃学生思维。
（5）分析讨论争辩中的收获及存在的问题。

3. 注意事项

（1）提前布置，让学生早做准备，避免讨论冷场，提高课堂讨论效果。
（2）课堂案例分析讨论随教学内容灵活穿插安排，时间以 20～25 分钟为宜。
（3）授课教师须精心准备，善于引导，引导学生提出不同看法，确保讨论争辩有一定深度和广度，以激发学生学习的激情。
（4）授课教师对所讨论、争论的问题应心中有数，要引导学生集中讨论中心问题，防止漫无边际的争论；对不同看法，应引导争辩，逐渐求得一个比较完整、比较统一的见解。

4. 训练考核

案例分析训练考核评价标准如表 1-1 所示。

表 1-1　案例分析训练考核评价标准

评价项目	评价内容	评分标准	分值
准备工作	充分做好营销策划相关资料准备和课堂布置准备	根据准备情况酌情给分	10 分
语言表达	口齿清楚，语言流利，层次清晰，意思表达完整	口齿清楚（3 分），语言流利（3 分），层次清晰（4 分），意思表达完整（5 分）（根据情况酌情给分）	15 分
神态气氛	神态自然，争辩文明礼貌，现场气氛良好	神态自然（5 分），争辩文明礼貌（5 分），现场气氛良好（5 分）（根据情况酌情给分）	15 分
知识运用	讨论争辩热烈，所学知识运用自如，言之有理，逻辑性强	所学知识运用自如（10 分），言之有理，逻辑性强（10 分）（根据情况酌情给分）	20 分
职业素养	职业道德与营销策划伦理观念正确，职业动手能力较强，职业思想、职业作风、职业行为习惯良好	职业道德与营销策划伦理观念正确（10 分），职业动手能力较强（10 分），职业思想、职业作风、职业行为习惯良好（10 分）（根据情况酌情给分）	30 分
创新思维	思维活跃，观点新颖，分析具有一定深度和广度	思维活跃，观点新颖（5 分），分析具有一定深度和广度（5 分）（根据情况酌情给分）	10 分
合计			100 分

（一）策划考研

情境描述：

某学生学图书馆专业几年，觉得厌烦了，于是决定考理科研究生。在广泛调查和研究之后，他毅然决定考一所化学学院的研究生，来挑战一下自我。但是，自己什么都不懂，怎么能成功呢？经过冥思苦想，他终于有了主意。

该学生坐火车来到一所著名的化学学院，找到自己"未来"的研究生导师，先恭敬地鞠上一躬，然后对老教授说："我想考您的研究生。"随后递上自己的简历。老教授心想："一个学图书馆的，怎么能知道化学的博大精深。"不过，他并没有当面拒绝，而是写了十几个问题，对该学生说："不急，你先把这些问题搞清楚再来找我。"

该学生带着这份问题清单回了单位。当晚，他就把所有问题翻译成英语，然后给一所国外著名院校的化学系教授发了一封邮件，信中写道："我想考贵院的研究生，这是我思考的一些问题，可以帮我解答一下吗？"同时，他附上了自己的简历。

国外这名教授收到邮件后十分激动，他感到自己发现了一个东方化学奇人。因为这个学生虽然不是化学专业人才，却能提出一些深奥的专业问题，实属难得。于是，国外教授认认真真地解答了所有问题，并列出一些问题让该学生回答，以便作进一步考核。

收到国外教授的回信后，该学生又把回信翻译成中文，再去找国内的那位老教授。他把答案给了老教授后，老教授吃惊不已，心想："这小伙子不得了啊，水平好像比我还高啊！"这时，该学生拿出写满问题的那张纸，对老教授说："老师的问题我回答了，这是我对本专业提出的一些问题，请老师解答一下。"老教授看了问题后，吸了一口凉气，说："这些问题问得太到位了，一般人不可能提出这样的问题！"

看老教授在那里发呆，该学生知道有戏了，他装着要离开的样子。老教授急了，说："小伙子，别走。我要定你了。专业课不用考了，我想办法破格录用你。"该学生欣喜不已。

没过几天，该学生收到了老教授花几个通宵、查了大量资料写好的答案。他又把答案

翻译成英语，给国外那所著名学院发了过去。不久，该学院认为东方出了位化学奇人，提出一年给他4万美金的奖学金，要他去读书。（资料来源：《检察日报》，经整理）

案例思考与讨论：

该学生考研这件事是策划吗？为什么？

（说明：案例讨论时，不用分析该学生的思想品质如何，也不用分析其达成考研目的的手段是否合适。分析讨论的重点是该学生考研这件事是策划吗？为什么？）

分析要点

（二）陈寿庭

情境描述：

电视连续剧《大染房》中的主人公陈寿庭，是清末民初的一位杰出民族工业企业家，但他却是乞丐出身，只认得两个字。为弥补自身知识的不足，在经营企业过程中，他天天请人给他读报纸，请留洋归来的大学生、工程师、专家和他一起把企业办好、办大。他敢做"倒四六"的分配方案，把大利润让给大能人、技术骨干。据说，早年他常饿着肚子去听说书人说《三国演义》等古典名著，从中国优秀的传统文化中吸取了大量健康有益的养分。他善良、诚信、忠义、爱国，精于用人之道，善于商战策划，并且在处于劣势、被动的境遇时，能将计就计、借势发挥，屡屡在经营中出奇制胜。

案例思考与讨论：

有人说，陈寿庭不但是一位著名的民族工业企业家，而且也是一位杰出的策划大师。你认同吗？为什么？请运用优秀营销策划人需具备的素质的相关知识进行分析。

分析要点

（三）××护手霜让你的手和脸一样嫩

情境描述：

一位刚从学校毕业的女大学生在一个化妆品专卖店打工，由于粗心大意，在进行护手霜订货时多打了一个零，使原本每天只需10瓶的产品变成了100瓶。按规定，这位女大学生应自己承担损失，但这意味着她一个月的收入将付之东流。因此，她要想方设法将这些护手霜赶快卖出去。经过苦思冥想，她把护手霜移到收银台旁边，并制作了一个POP，写上"××护手霜让你的手和脸一样嫩"。令她喜出望外的是，当天就卖了40瓶，第二天即销售一空，而且出现断货。

案例思考与讨论：

用优秀营销策划人需具备的素质要求来衡量，你认为这位女大学生的素质如何？她戏剧性的创意举措为什么能给专卖店带来新的销售增长点？针对这种情况，你认为还可以怎样策划，以进一步掀起销售热潮呢？

分析要点

四、情景模拟演练

（说明：后面情景模拟演练项目的演练步骤、注意事项、演练考核均与此处相同，不再赘述。）

1. 演练步骤

在授课教师指导下，全班分成若干小组利用自习时间展开讨论分析，然后每组推选本组学生进行角色扮演，运用营销策划知识在课堂上进行情景模拟演练，最后授课教师进行总结点评。

2. 注意事项

（1）精心组织，妥善安排，特别是角色扮演学生要提前预演，避免怯场。

（2）注意课堂纪律掌控，确保情景模拟逼真。时间以 20～25 分钟为宜。

（3）由学生组织评审团，评定分析情景模拟过程，让学生得到另一种身份角色锻炼，也扩大了参与学生队伍。

（4）角色扮演轮流扮演制，力争让每个学生都有机会得到各种角色锻炼，充分调动学生的积极性。

3. 演练考核

情景模拟演练考核评价标准如表 1-2 所示。

表 1-2　情景模拟演练考核评价标准

评价项目	评价内容	评分标准	分值
资料准备	充分做好营销策划相关资料准备和课堂布置准备	根据准备情况酌情给分	10 分
语言表达	语言流利，层次清晰，意思表达完整	语言流利（5 分），层次清晰（5 分），意思表达完整（10 分）（根据情况酌情给分）	20 分
知识运用	所学知识运用自如，言之有理，逻辑性强	所学知识运用自如（10 分），言之有理，逻辑性强（10 分）（根据情况酌情给分）	20 分
创新思维	思维活跃，观点新颖，分析具有一定深度和广度	思维活跃，观点新颖（10 分），分析具有一定深度和广度（10 分）（根据情况酌情给分）	20 分
角色扮演	角色定位得当，神态自然，扮演逼真，现场气氛良好	角色定位得当（5 分），神态自然（5 分），扮演逼真（5 分），现场气氛良好（5 分）（根据情况酌情给分）	20 分
职业素养	职业知识扎实，职业动手能力较强，职业行为习惯良好	职业知识扎实（3 分），职业动手能力较强（4 分），职业行为习惯良好（3 分）（根据情况酌情给分）	10 分
合计			100 分

（一）一女大学生用两元钱进著名外企

情境描述：

在一次招聘会上，某著名外企人事经理讲述了一件事：他们本想招一名有丰富工作经验的资深会计人员，结果却破例招了一位刚毕业的女大学生，让他们改变主意的起因只是一个小小的细节——这个学生当场拿出了两元钱。

当时那位女大学生因为没有工作经验，在面试第一轮即遭到了拒绝，但她并没有气馁，

一再坚持。她对主考官说："请再给我一次机会，让我参加完笔试。"主考官拗不过她，就答应了她的请求。结果，她通过了笔试，由人事经理亲自复试。

人事经理对她颇有好感，因她的笔试成绩最好，不过，在面谈时人事经理对她有些失望。她说自己没工作过，唯一的经验是在学校掌管过学生会财务。找一个没有工作经验的人做财务会计不是他们的预期，于是人事经理决定收兵："今天就到这里，如有消息我会打电话通知你。"女孩从座位上站起来，向人事经理点点头，从口袋里掏出两元钱双手递给人事经理说："不管是否录取，请都给我打个电话。"

人事经理从未见过这种情况，问："你怎么知道我不给没有录用的人打电话？""您刚才说有消息会打电话通知我，那言下之意就是如果我没被录取就不给我打电话了。"人事经理对这个女孩产生了浓厚的兴趣，问："如果你没被录取，我打电话给你，你想知道些什么呢？""请告诉我，我什么地方没有达到你们的要求，哪方面做得不够好，这样我才可以改进。""那两元钱……"女孩微笑道："给没有被录用的人打电话不属于公司的正常开支，所以由我付电话费，请您一定打给我。"人事经理也笑了，他说："请你把两元钱收回，我不会打电话了，我现在就通知你，你被录用了。"

仅凭两元钱就招了一个没有经验的人，是不是太感情用事了？假设现在公司总经理过问此事，请分析这位人事经理的录用理由并进行角色扮演模拟。

模拟开始：……

模拟要点

（二）代理商喜欢小汪的奥秘

情境描述：

小汪是厂家派驻某市的业务员，任务是协助代理商王经理进行市场推广工作。在日常工作中，王经理逐渐感觉到工作中少了小汪，就像少了左膀右臂一样。其实，在小汪来之前，王经理的公司也有许多厂家派来的业务员，但这些业务员中，有的是"新官上任三把火"，到王经理公司后立即投入工作，风风火火地对原业务团队"动手术"，采取严肃军纪、整顿军风、队伍精简、去冗增新等办法，结果得罪了一帮人，工作难以开展；有的则因人地生疏，又有派驻公司重任在身，生怕搞得过激，队伍会分裂，影响业绩，所以基本不敢或不愿轻易得罪业务团队成员，搞"中庸"之道，走"好好先生"路线，结果，没多久就变成了一名"运输送货员"，一点威信都没有，而业务团队也变成了一支"一团和气"的队伍，搞得王经理也非常被动。

小汪在工作中发现，其实大多数代理商老板都是通情达理的，只要能设身处地为代理商着想，给代理商办实事，那么跟代理商的关系就能很融洽，并且代理商也会与公司建立良好的合作关系。那么小汪是如何策划的，采取了哪些具体行动，让代理商喜欢他的呢？请听他一一道来……

现在请你模仿小汪，谈谈他是怎样策划的，采取了哪些具体行动让代理商喜欢自己的。

模拟开始：……

模拟要点

（三）买酒送消毒酒精

情境描述：

2020 年春节前夕，突如其来的新型冠状病毒感染的肺炎疫情给民众健康带来了严重危害，也给社会经济正常有序运转带来了严重的负面影响。口罩、酒精、防护服等防疫用品成了紧俏品，有商家将稀缺品变成赠品，"借力"疫情营销。京东平台某品牌白酒旗舰店策划推出了"买酒送消毒酒精"的活动。该店共有 11 种酒类产品，部分产品页面显示："购买店铺产品，将赠送 75 度消毒酒精，数量有限，送完为止"。活动推出后，销售火爆。

特殊时期利用物资的稀缺，营造营销话题并提升销量，是否有悖于基本的商业伦理？"买酒送消毒酒精"这个营销策划活动合适吗？请分组模拟一场辩论会。

模拟开始：……

项目小结

- 理论教学由策划与营销策划、营销策划内容、优秀营销策划人需具备的素质三部分内容构成。策划的三要素是目标、创意、操作；营销策划是指企业内部或外部的策划人员，对某个企业或某种商品或某项活动，在准确分析企业营销环境的基础上，激发创意，对企业一定时间内的营销活动的方针、目标、战略及实施方案与具体措施进行科学的策略谋划设计和周密的计划安排，并精心实施，确保计谋运用成功的谋划活动。营销策划可以从不同角度，依据不同的标准进行归纳：以营销策划的不同层次为标准，营销策划可分为营销战略策划和营销战术策划；以营销过程为标准，营销策划可分为市场选择策划、市场定位策划、产品策划、价格策划、分销渠道策划和促销策划；以市场和产品两个维度为标准，营销策划可分为市场渗透策划、市场开发策划、产品开发策划；以营销策划的对象为标准，营销策划可分为企业策划、商品策划和服务策划。优秀营销策划人需具备良好的知识素质、心理素质和能力素质。

- 实训教学由评价分析训练、混合选择训练、案例分析训练、情景模拟演练四部分内容构成。在实训教学过程中要体现六个有利于原则，即有利于发挥学生的主体作用，有利于培养学生学会学习，有利于培养学生的动手能力，有利于培养学生的创新精神，有利于学生个性和潜能的发展，有利于帮助学生逐步形成良好的职业道德、职业思想、职业作风及职业行为习惯。

课后阅读与欣赏　　　　　　营销策划不忽悠

项 目 二
评价与组织营销策划活动能力

知 识 目 标

- 正确理解营销策划的原则。
- 掌握营销策划的程序。

能 力 目 标

- 能根据营销策划的原则对某个具体营销策划方案做出恰当评价。
- 能根据营销策划的程序对某个具体营销策划活动进行合理安排。

素 养 目 标

- 形成良好的营销策划职业习惯，能以认真负责的态度组织安排营销策划活动并对营销策划方案做出恰当评价。

案例导入　　　　　　　　　　白加黑

康泰克 1989 年进入中国，凭借独有的缓释胶囊技术，第一个建立了全国性强势品牌。其广告是"早一粒，晚一粒，远离感冒困扰"，在当时普遍 6 小时吃一次的感冒药中，确立了"长效"的定位。1993 年进入中国的泰诺，则凭借"30 分钟缓解感冒症状"的诉求获得成功，其定位于"快效"，采取的是与康泰克针锋相对的营销战略。白加黑在推出时，已值 1994 年年末，市场又有国外双强盘踞，怎么办？白加黑没有跟进康泰克或泰诺，而是在长效、快效之外，提出"白天服白片，不瞌睡；晚上服黑片，睡得香"，将两位领先者重新定义为黑白不分的感冒药，自己则是"日夜分服"的感冒药。这是一个相当不错的对立式策划定位，之后白加黑凭此定位进入了三强品牌之列。

问题： 当市场已有定位清晰的领先者时，后进品牌怎么办？从白加黑成功策划活动的过程中我们能得到什么启示？

当市场已有定位清晰的领先者时，后进品牌必须根据定位清晰领先者的情况，另辟蹊径，出奇制胜，切忌盲目跟风，这是避免恶性竞争，建立良性竞争秩序的基础，也是在激烈的市场竞争中由小到大、由弱到强，脱颖而出的法宝。以白加黑为代表的中国感冒药市场之争，给我们做出了示范。从白加黑成功策划活动过程中我们得到的启示：企业在进行市场营销活动的过程中，不仅要充分发挥营销策划的作用，而且还必须遵守营销策划的原则和程序。

理论教学

一、营销策划的原则

营销策划是为企业营销活动出谋划策的，它是企业营销活动取得成功的重要保证。企业在进行市场营销活动的过程中，不仅要充分发挥营销策划的作用，而且还必须遵循以下原则。

1. 创新原则

策划贵在创新，只有创新才能保持竞争优势。创新原则要求营销策划从新的视角，用辩证的、动态的、系统的、发散的思维来整合营销策划对象所占用的和可利用的资源，使其在特定的时空条件下具有唯一性、排他性和权威性，让营销策划对象能以崭新的面貌出现在市场上，能在市场竞争中抢占先机，从而实现经济效益最大化的目标。具体来说，创新原则要求：创意语言要新，要注意从生活中提炼警句、名言，使策划词既幽默又有哲理性，蕴含人情味和心意；表现手法要新，要有新的艺术构思、格调和形式，如概念的创新。从传播的角度来讲，创新性的概念设计只有通俗易懂才会最大限度地降低传播成本，在众多的传播中引起关注，真正形成和消费者深层次的沟通。骨中金在这点上就做得很好，本来骨质疏松是个比较含糊的概念，但是文案策划高手创造出"生物骨水泥"的新概念，以打比方的方式说明骨中金是"往骨头里填水泥"，"中老年人的骨头松脆，充满了空洞，医生在病人骨头疏松的碎裂部位注入一种化学品——'骨水泥'修补骨头的裂缝""通过填补骨壁空洞，帮助变薄、易稀疏的骨骼恢复厚实坚固，达到混凝土般的效果""通过修补变细、断裂的骨小梁，帮助变脆易骨折的骨头恢复韧性，达到钢筋般支撑的效果"，把本来复杂的问题讲得明明白白，消费者自然认同。

2. 可行原则

营销策划过程是一种综合性思维活动过程，是对资源的整合过程，因此，它不能是一

种空想，必须具有很强的可操作性，必须是经过努力可以实现的设计方案。营销策划不仅要提供思路，而且要在此基础上产生行动方案。不能操作的方案，创意再好也无任何价值，而且会耗费大量的人力、物力和财力，成为劳民伤财的谋划活动。因此，在考虑营销策划方案的时候，必须考虑执行的可行性。同时，要充分考虑策划的各个环节，确保策划到位。

例如，企业在进行广告策划时，不仅要考虑目标策略的需要，还必须考虑自身的投入能力，也就是说，在决定广告目标、制订广告计划时，要进行可行性论证。不进行可行性研究，是对企业不负责任的表现。

3. 预见原则

营销策划其实就是对企业未来的市场营销行为的筹划。凡事预则立，不预则废，营销策划者只有把握市场发展的脉搏，善于分析其发展趋势，在准确分析判断的基础上设计营销策划方案，其设计的营销策划方案才有可能获得成功。如果脱离了预见原则，营销策划就可能成为主观臆断的拍脑袋、出点子，营销策划者策划的活动就可能成为一种冒险行为，企业就有可能遭遇灭顶之灾。

4. 系统原则

营销策划活动其实是一个系统工程，它不同于点子，点子是不容易想到，但容易做到的；而策划是不仅不容易想到，而且也不容易做到的。营销策划活动必须从系统的观念出发，注意每一个因素的变化所引起的其他因素的变化及产生的影响。坚持系统原则，就是要把营销策划作为一个整体来考察，通过对系统整体与部分之间的相互依赖，互相制约的关系，进行系统综合分析，选择最优方案，以实现决策目标。只靠点子营销的时代已经过去，过于倚重一两个灵光突现的点子，没有系统的配套措施，对企业的发展有害无益。强调系统原则，就是强调营销策划活动的整体性、全局性、效益性。系统原则要求对系统中各个部分的策略做统筹安排，确定最优目标。系统是个有机整体，整体大于部分之和，具有其中各要素简单相加起不到的作用。为使系统最优化，营销策划者只有对系统中各组成要素进行全面考虑，做好外部环境的协调，才有可能实现最终追求的目标。

5. 动态原则

众所周知，市场营销过程是企业可控因素与不可控因素之间的动态平衡过程，因此，任何营销策划方案一开始并不可能十分完善，这就需要在实施过程中根据实际情况对营销策划方案进行补充、完善。所以，营销策划方案必须具有弹性，能因地制宜，集灵活性和变通性于一体，动态适应客观情况的变化。

6. 心理原则

人们在接受某种事物时，总是遵循着一定的心理活动规律，这种心理活动规律可以概括为引起注意→激发兴趣→确立信念→加强记忆→导致行动的过程。人们的购买活动也是沿着这个心理过程的轨迹进行的。在营销策划活动中，我们必须遵循这个心理活动规律，否则，营销策划就不能达到预期的目的。在运用心理原则进行营销策划时，一定要注意搭配好信息传播的事实部分和心理部分。一般，在新产品导入阶段，由于消费者对产品信息一无所知，相关信息应以事实部分为主。当某种产品有许多竞争者时，信息传播就要侧重于心理部分来宣传本企业及产品形象。当然，这种搭配也并非绝对，有的企业一开始就注意塑造形象，注重心理感受累积，便于记忆，在营销策划的内容安排上也应体现心理因素，

人们认识事物的一般规律是从感性到理性，但有时也会从理性到感性，即先提出结果，后提出原因，给人的印象更深，效果更好。美国速溶咖啡由衰转兴的营销策划就是一个这样的例子。

同步课堂训练 2-1

根据教学情况，灵活安排学生完成本项目实训教学中评价分析训练的第 1 题和第 2 题，混合选择训练的第 1 题，案例分析训练中分析训练的第 1 题，情景模拟演练的第 1 题。

二、营销策划的程序

营销策划活动在原则上是不能按照完全固定的步骤和一成不变的框架进行的。但一个合理规范的策划工作流程可以使营销策划者拥有良好的工作秩序和节奏，掌握轻重缓急，做到井然有序，提高策划工作效率，确保策划工作质量。营销策划程序一般分为以下几个步骤。

（一）了解营销策划主体意图，明确策划问题

营销策划主体意图就是策划活动所服务的对象（委托者）对期望结果最真实的想法。意图是策划中最根本的部分，也是最隐秘的部分。一方面营销主管不希望竞争对手通过了解自己的意图而抓住自己的弱点；另一方面有些意图可能是违反公共道德准则的。委托者往往将自己的真实意图秘而不宣。正因为很多委托者的意图具有隐蔽性，所以营销策划者必须采取一定的方法才能真正了解委托者的意图。例如，同是促销策划，策划动机不同，就会有不同的策划重点，也会有特定的目标和效果要求。一个策划动机可能是增大销售额，而另一个策划动机可能是提升品牌价值，为此，前者可能会把策划重点放在营业推广上，而后者则可能会把策划重点放在品牌的形象宣传上。可见，即使同是促销策划，策划方案也截然不同。如果不了解委托者策划的意图，就很难对症下药，提出切实可行的策划方案，即使提出策划方案也很难顺利实施。为了搞清楚委托者的策划意图，营销策划者首先必须多看、多听、多问、多查，即与策划有关的各方人士多接触，多了解他们的意见、期望与想法，多查阅相关材料，如过去的事例、经验、其他企业的做法、报纸刊物、说明书、记录等；其次明确重点，在了解策划动机的过程中，营销策划者可能会发现多个不同的策划意图，营销策划者不一定将它们都纳入策划作业中，而应抓住企业迫切需要解决的主要问题进行重点策划，因此，营销策划者要具有很强的判断力，能帮助企业根据企业情况，选择策划主题；最后明确策划主题，使策划主题与委托者的策划动机相吻合，一般主要经过挖掘、过滤、选择和确定四个阶段。

（二）调查与分析

调查与分析的目的在于了解企业的营销策划环境，为企业的营销策划提供真实可靠的信息。营销策划对信息的要求主要表现为第一要准确，第二要及时，第三要完整，第四总量要适度，第五精度要适当。调查与分析的主要内容包括企业营销策划的宏观环境分析、

企业营销策划的微观环境分析、SWOT 分析。

1. 企业营销策划的宏观环境分析

宏观环境一般分为政治法律环境、社会文化环境、经济环境、人口环境、科学技术环境和自然地理环境。这些环境因素的变化会直接或间接地影响企业的营销活动，因此，企业在进行营销策划时，必须分析与考虑这些环境因素。

（1）政治法律环境。政治法律环境包括政治环境和法律环境两个方面。政治环境是指企业市场营销活动的外部政治形势。一个国家的政局稳定与否，会给企业营销活动带来重大影响。如果政局稳定，人们安居乐业，就会给企业造成良好的营销环境。相反，如果政局不稳，社会矛盾尖锐，秩序混乱，就会影响经济发展和人们的购买力。企业在进行营销策划时，必须考虑国家政局变动和社会稳定情况可能造成的影响。政治环境具体表现为国家政府所制定的方针政策，如人口政策、能源政策、物价政策、财政政策、金融与货币政策等，这些都会对企业的营销活动带来影响。例如，国家降低利率可鼓励消费，征收个人收入调节税可调节消费者收入，影响消费者的购买力，进而影响消费者需求等。

法律环境是指国家或地方政府颁布的各种法规、法令和条例等，是企业营销策划活动的准则。企业只有依法进行各种营销策划活动，才能受到国家法律的有效保护。对于从事国际营销活动的企业来说，不仅要遵守本国的法律制度，还要了解和遵守国外的法律制度，以及有关的国际法规、惯例和准则。例如，美国法规中规定：一种产品在美国本土上生产的零部件价格若占产品总价值的 50%以上，则可认定为美国制造的产品，就可以享受美国产品的种种优惠政策。日本的企业家研究了解这项法规后，决定把某个产品中价值最大的部件放在美国本土生产，其他部件在其他国家生产后再运往美国组装，从而享受到了美国产品的优惠待遇，使企业利润大幅提高。

（2）社会文化环境。任何企业都处在一定的社会文化环境中，它的经营活动必然要受到各种社会文化的影响和制约。社会文化环境是指在一定社会形态下所表现的文化教育、价值观念、审美观念、宗教信仰、道德规范和风俗习惯等方面的各种行为规范。企业在进行营销策划时，必须了解、研究和分析社会文化环境，针对不同文化环境采取不同的营销策略。

（3）经济环境。经济环境是指开展营销策划活动所面临的外部社会经济条件及其运行状况和发展趋势等信息，主要有经济制度信息、经济发展阶段信息、经济收入信息、消费结构信息、储蓄与信贷信息等。

（4）人口环境。市场营销策划是围绕市场展开的，市场是由具有购买欲望和购买能力的人所构成的。因此，市场营销策划必须收集相关的人口环境信息，主要包括人口规模、人口增长、人口结构（年龄结构、性别结构、学历结构、家庭结构、社会结构、民族结构）、人口的地理分布等信息。

（5）科学技术环境。科学技术是第一生产力，是社会生产力中最活跃的因素。作为营销环境的一部分，科学技术环境不仅直接影响企业内部的生产和经营，同时还与其他环境因素互相依赖、相互作用。企业在进行营销策划时必须密切注意科学技术环境的新变动，随时调整市场营销策略。科学技术进步给市场营销活动带来的影响表现为如下几点：一是新技术是一种创造性的毁灭力量，它的发明和运用，在造就一些新行业、新市场的同时，也在冲击和淘汰一些旧市场；二是科技成果转化为产品的市场寿命周期缩短，产品更新换

代速度加快；三是科技水平的发展改变了人们的生活方式、消费行为和消费结构；四是企业市场研究和开发的费用急剧增加；五是以微电子为标准的技术在企业管理和营销中广泛应用，降低了成本，提高了效率；六是技术创新机会增多，技术贸易比重加大等。营销策划者必须注重研究当代科技发展的新特点和新趋势，才能做出正确的判断和决策，以适应科技环境。

（6）自然地理环境。自然地理环境包括自然环境和地理环境两方面。自然环境是指自然界提供给人类各种形式的物质资料，如空气、阳光、水、森林、土地等。自然环境是企业赖以生存的基本环境，由于自然资源的地理分布不均衡，做营销策划前必须了解相关自然资源的丰富程度。如果相关自然资源短缺，对企业营销活动的影响可表现为以下两方面：一方面，自然资源短缺导致企业生产成本增加，给企业带来严重威胁；另一方面，因成本上升迫使人们设法寻求替代品或仿制品，研究开发能节省材料的新技术，这又将给企业带来新的市场机会。地理环境包括相关地区的地形、地貌和气候，不仅直接影响企业的经营、运输、通信、分销等活动，而且还影响一个地区的经济、文化和人口分布状况。由于工业化和城市化的飞速发展，一些产业的生产发展不可避免地造成了环境污染和自然资源的大量耗费，破坏了自然界的生态平衡，直接危及人类的生存环境，从而引起人类环境保护运动的兴起，这使得绿色市场营销观念真正成为21世纪市场营销的新主流。绿色市场营销观念要求企业在策划市场营销活动时，必须考虑消除和减少市场营销活动对生态环境造成的破坏和影响，必须采用能够控制污染和节能降耗的生产设备，向市场提供绿色产品，从而增加企业生产成本，这给企业带来巨大压力和困难。与此同时，对于那些进行再生资源开发、利用及生产环保设备的企业，又给它们提供了良好的发展机遇。

2. 企业营销策划的微观环境分析

企业营销策划的微观环境主要是指对企业营销活动有直接影响的各种力量的总和。构成微观环境的主要因素有顾客、企业的供应商、营销渠道企业、公众、竞争者、企业内部因素等。

（1）顾客。顾客是企业的目标市场，是企业服务的对象，是微观环境中最重要的因素。营销策划者必须了解某一市场由谁构成，消费者在该市场购买什么、为何购买，谁参与购买活动，怎样购买，何时购买，何地购买，只有把握了顾客需求的变化趋势，才能采取相应的营销谋略，以确保营销策划方案能获得成功。

（2）企业的供应商。企业的供应商的供货是否及时、货物质量是否可靠、货物价格是否稳定都对企业的市场营销活动有很大影响。因此，营销策划者必须善于收集分析供应商信息。

（3）营销渠道企业。营销渠道企业是指协助企业推广、销售、分配产品给顾客的各种相关企业，包括中间商、物流机构、营销服务机构、金融机构等。这些营销渠道企业对企业营销策划方案的实现起着很重要的作用，营销策划者必须收集它们的相关信息。

（4）公众。公众是指对企业完成其营销策划目标有着实际或潜在利益关系和影响力的群体或个人。公众对企业的态度会对企业的营销策划活动产生巨大的影响，它既可能有助于增强企业实现营销策划目标的能力，也可能妨碍企业实现营销策划目标的能力。因此，企业在进行营销策划时必须采取一定的措施，认真处理与主要公众的关系，争取公众的支持和偏爱，为自己营造一个和谐宽松的社会环境。企业在进行营销策划时面临的公众主要

有金融公众、媒介公众、政府公众、社团公众、社区公众、内部公众六类。营销策划者必须关注这些公众的相关动态并收集相关信息。

（5）竞争者。任何企业在进行营销活动时，都不可避免地要遇到竞争者的挑战。营销策划者在进行营销策划时，只有了解了竞争者的相关信息，才能做到知彼知己，才有可能在激烈的市场竞争中立于不败之地。企业竞争者大致可分为以下四种类型。

① 愿望竞争者，即提供不同产品、满足不同需求的竞争者。例如，消费者要选择一种高档消费品，他面临的选择就可能有电脑、电视机、摄像机、出国旅游等，这时电脑、电视机、摄像机及出国旅游之间就存在着竞争关系，成为愿望竞争者。因为在购买力有限的情况下，消费者不可能同时购买诸多高档产品，所以这种竞争关键在于采取积极有效的促销手段，吸引消费者。

② 平行竞争者，即提供能够满足同一种需求，但是不同产品的竞争者。例如，为满足顾客对交通工具的需求，家用轿车、摩托车、自行车的生产厂家之间就形成了平行竞争的关系。

③ 产品形式竞争者，即满足同一种需求，生产同种产品，但不同规格、型号、款式的竞争者。例如，近视镜，它的基本功能是使近视患者"恢复"正常视力，但满足这一需求的产品有各种各样的形式：普通眼镜、高档眼镜、隐形眼镜、特殊材质眼镜等。除了矫正视力的功能，有些近视镜还有遮阳、装饰等特殊功能，这些就构成了产品形式竞争者。

④ 品牌竞争者，即满足同一种需求，生产同一形式的产品（规格、型号相同），但品牌不同的竞争者。例如，电视机的各种品牌，如索尼、长虹、创维、康佳、厦华、海信、TCL等就构成了品牌竞争者。

上述四种不同的竞争者与企业构成了不同的竞争关系，营销策划者要想自己的策划取得成功，使企业在竞争者中胜出一筹，可重点关注谁是主要的同行竞争者？竞争者采用了什么战略战术？竞争者的营销目标是什么？竞争者的优势和劣势分别是什么？竞争者对竞争可能采取何种应对手段与措施？然后，构思有效的竞争策略，通过扬长避短，力争保持并扩大本企业的市场占有率。

（6）企业内部环境。在着手市场营销策划前，营销策划者必须收集企业内部环境信息，了解企业的内部现状，掌握企业的优势和劣势，以便根据企业实际状况正确进行市场营销策划。企业内部环境信息主要包括两类信息：企业内部营销环境信息和企业经营实力信息。

① 企业内部营销环境信息。企业在内部结构、对外策略等方面的政策，会影响企业的对外形象和营销方式。因此，企业内部营销环境信息是营销策划者在进行市场营销策划时不可忽视的重要信息资料，其主要包含企业层次信息和企业对外策略信息。

② 企业的经营实力信息。主要分析掌握企业的经营能力和财务能力两方面的信息。企业经营能力信息是指与企业营销活动密切相关的信息，主要包括市场产品信息、市场价格信息、市场分销渠道信息和市场促销信息等。企业财务能力信息主要是帮助营销策划者从财务方面衡量企业的经营实力。

对于上述环境因素的调查与分析，从顺序上，应该由大到小，先宏观环境因素，再微观环境因素；从关注的程度和花费的精力上，应该重小轻大，即最重要的是微观环境因素，其次是宏观环境因素。特别需要强调的是，对竞争者的调查与分析应为重中之重，对于其他因素的调查与分析有时可以省略，但对于竞争者的调查与分析则不但不能省略，而且还

应该尽量做得细致深入。

3. SWOT 分析

SWOT 分析又称态势分析，是美国旧金山大学的管理学教授韦里克于 20 世纪 80 年代初提出来的。SWOT 是 Strengths（优势）、Weaknesses（劣势）、Opportunities（机会）与 Threats（威胁）的缩写。从整体上看，SWOT 分析可以分为两部分：第一部分为 SW 分析，主要用来分析内部条件——优势和劣势；第二部分为 OT 分析，主要用来分析外部条件——机会和威胁。可见，所谓 SWOT 分析，是指将与研究对象相关的内部优势和劣势、外部机会和威胁，通过调查列举出来，并依照矩阵排列，如表 2-1 所示，然后运用系统分析的思想，把各种因素相互匹配起来加以分析，以帮助领导者和管理者做出较正确的决策和规划的方法。

表 2-1　SWOT 矩阵

	优势（S）	劣势（W）
机会（O）	优势—机会策略	劣势—机会策略
威胁（T）	优势—威胁策略	劣势—威胁策略

SWOT 分析的步骤如下。

第一步，罗列企业的优势、劣势、机会与威胁。

第二步，优势、劣势与机会、威胁相组合，形成优势—机会策略、优势—威胁策略、劣势—机会策略、劣势—威胁策略。

第三步，对上述四个策略进行甄别和选择，帮助领导者和管理者做出较正确的决策和规划。

竞争优势是指一个企业超越竞争对手的能力，或者指其特有的能提高其竞争力的特性。例如，当两个企业处在同一市场或者说它们都有能力向同一顾客群体提供产品和服务时，如果其中一个企业有更高的盈利潜力，就可认为这个企业更具竞争优势。这些优势可以体现在以下几个方面。

（1）技术技能优势：独特的生产技术，低成本的生产方法，领先的革新能力，雄厚的技术实力，完善的质量控制体系，丰富的营销经验，上乘的客户服务，卓越的大规模采购技能。

（2）有形资产优势：先进的生产流水线，现代化的车间和设备，丰富的自然资源储存，吸引人的不动产地点，充足的资金，完善的资料信息。

（3）无形资产优势：优秀的品牌形象，良好的商业信用，积极进取的公司文化。

（4）人力资源优势：关键领域拥有专长的职员，积极上进的职员，学习能力强的职员，具有丰富经验的职员。

（5）企业体系优势：高质量的控制体系，完善的信息管理系统，忠诚的客户群，强大的融资能力。

（6）竞争能力优势：开发周期短的产品，强大的经销商网络，与供应商良好的伙伴关系，对市场环境变化的灵敏反应，市场份额的领导地位等。

需要指出的是，衡量一个企业及其产品是否具有竞争优势，只能站在现有潜在用户角度上，而不是站在企业的角度上。

竞争劣势是指公司缺少某种特性或在某方面做得不好，或指某种会使公司处于劣势的条件。可能导致竞争劣势的因素有以下几种。

（1）缺乏具有竞争意义的技能技术。

（2）缺乏有竞争力的有形资产、无形资产、人力资源、企业资产。

（3）关键领域里的竞争能力正在丧失。

公司面临的潜在机会：公司管理者应当确认每一个机会，评价每一个机会的成长和利润前景，选取那些与公司财务和企业资源匹配、使公司获得竞争优势的潜力最大的最佳机会。潜在的发展机会可能有以下几种。

（1）客户群的扩大趋势或产品细分市场。

（2）技能技术向新产品新业务转移，为更大客户群服务。

（3）前向或后向整合。

（4）市场进入壁垒降低。

（5）获得购并竞争对手的能力。

（6）市场需求增长强劲，可快速扩张。

（7）出现向其他区域扩张，提高市场份额的机会。

危及公司的威胁：公司管理者必须及时确认危及公司未来利益的威胁，做出评价并采取相应的战略行动来抵消或减轻它们所产生的影响。公司的威胁可能来自以下几种。

（1）即将进入市场的强大竞争对手。

（2）替代品抢占公司销售额。

（3）主要产品市场增长率下降。

（4）汇率和外贸政策的不利变动。

（5）人口特征、社会消费方式的不利变动。

（6）客户或供应商的谈判能力提高。

（7）市场需求减少。

（8）经济萧条和业务周期的冲击等。

当然，SWOT分析不仅仅是列出这四项清单，更重要的是通过评价公司的优势、劣势、机会及威胁，最终得出以下结论。

（1）在公司现有的内外部环境下，如何最优地运用自己的资源。

（2）如何建立公司的未来资源。

SWOT分析从总体上分析，是一种比较准确和清晰的方法，因为它能比较客观地分析和研究一个公司的现实情况。根据SWOT分析，可以将企业营销问题按轻重缓急进行分类，明确哪些是目前急需解决的问题，哪些是可以稍微拖后一点的事情，哪些属于战略目标上的障碍，哪些属于战术上的问题，哪些是对自己有利的、值得发扬的因素，哪些是对自己不利的、要避开的东西，并将这些研究对象列举出来，按照矩阵形式排列，然后用系统分析的思想，把各种因素相互匹配起来加以分析，并从中找出解决办法，以帮助领导者和管理者做出较正确的决策和规划。

（三）确定营销策划目标

营销策划目标是企业营销行动方向的指南，是企业在一定时期内通过努力争取达到的

理想状态或期望获得的成果。营销策划目标就是营销策划要实现的期望值。例如，降低营销成本 5%，缩短流通时间 10%等。营销策划目标不明确，营销策划对象就会很模糊，就不易产生营销策划构想，因此在设定营销目标时必须注意以下几点。

（1）营销策划目标不要太高，要留有余地。

（2）如果有多个营销策划目标，则必须注意营销策划目标之间的衔接，不能出现相互矛盾的现象。

（3）营销策划目标必须量化，以便测量。对于不易量化的营销策划目标，也要尽量设置较为客观的评价标准。

（四）营销策划方案的构思与设计

1. 构思营销策划方案应考虑的因素

（1）现有的条件和能力。

（2）构思必须大胆有创新。

（3）精心筹划。营销策划者要考虑到实际执行过程中各个环节、方方面面的问题。对每个细节问题都不能忽视。例如，执行进度、执行预算等。

2. 营销策划方案的具体构思与设计

（1）STP 策划就是通过调查和分析，根据企业的实际情况，对企业的市场进行细分，在细分的基础上确定企业的目标市场，并为企业或产品确定科学的市场地位的活动过程。

（2）企业营销战术策划就是企业根据已经确定的营销目标和市场定位，对企业可采用的各种营销手段进行综合考虑和整体优化，以求达到理想的效果。企业营销战术策划主要包括产品策划、价格策划、分销渠道策划、促销策划等。需要注意的是，不能把企业的可控因素教条化，认为只有产品（Product）、价格（Price）、分销渠道（Place）、促销（Promotion）4 个 P，或只有这 4 个 P 才重要。不同的企业或同一企业在不同环境条件下可以利用的可控因素是不同的，在进行企业营销战术策划时，营销策划者没有必要为自己设置条条框框，捆住自己的手脚。

同步思考　　　　　　　**滞销书变畅销书**

一出版商有一批滞销书久久不能脱手，他忽然想出了一个非常妙的创意：给总统送去一本书，并三番五次去征求意见。忙于政务的总统不愿与他多纠缠，便回了一句："这本书不错。"出版商便借此做出广告——现有总统喜爱的书出售。于是这些书被一抢而空。

不久，这个出版商又有书卖不出去，又送了一本给总统。总统上了一回当，想奚落他，就说："这本书糟透了。"出版商闻之，脑子一转，又借此做出广告——现有总统讨厌的书出售。又有不少人出于好奇争相购买，书又售罄。

第三次，这个出版商将书送给总统，总统接受了前两次教训，便不作任何答复。出版商借此做出广告——现有令总统难以下结论的书，欲购从速。然后图书又被一抢而空。总统哭笑不得，商人大发其财。

问题思考：

这位出版商的销售策划为什么能够取得成功，我们能从中得到哪些启示？

同步思考

3. 营销策划方案的选择

选择营销策划方案应遵循以下原则。

（1）目标原则。

（2）可行性原则。

（3）价值原则，即"投入产出"原则。

（4）择优原则。

4. 认真编写营销策划书

营销策划书是营销策划方案的书面反映形式，也称为营销企划案。任何一种营销策划，只要通过阅读营销策划书的内容，就可以了解营销策划者的意图与观点，懂得如何操作、实施营销策划方案。

（五）营销策划方案的实施与反馈调节

1. 营销策划方案的实施

营销策划方案完成以后，必须通过企业的营销管理部门组织策划方案的实施。营销策划方案的实施，就是指营销策划方案在实施过程中的组织、指挥、控制与协调活动，是把营销策划方案转化为具体行动的活动过程。企业营销管理部门必须根据营销策划方案的要求，合理分配企业的人、财、物等资源，处理好企业内外的各种关系，加强领导，恰当激励，想方设法提高执行力，把营销策划方案的内容落到实处。

营销策划方案的实施可以分为两个阶段：模拟布局阶段和分工实施阶段。

（1）模拟布局阶段。

营销策划方案在正式实施之前，为了避免出现大的失误，可先进行演练模拟布局。营销策划者可以事先在脑子里或小范围根据已经拟妥的预算表与进度表进行预演，模拟出营销策划方案实施的布局与进度，以便发现问题，提前修正，确保营销策划方案的顺利实施并达到预期策划的效果。

（2）分工实施阶段。

进入分工实施阶段，营销策划方案才真正从构思过渡到动手。在这一阶段，营销管理者一方面要把各个部门的任务进行详细分配；另一方面要根据修改妥当的预算表与进度表，严密掌控营销策划方案的预算及进度。营销管理者要善于组织、指挥与协调企业的各种力量，尽最大的努力达到和完成营销策划书规定的营销目标和营销任务。分工实施阶段的具体工作如下。

① 确定营销策划方案实施的单位和人员。

② 进行物资筹办。物资筹办包括物资的筹措和部署两方面。前者是对有形物资的筹集，后者是对有形物资的调度。在物资筹办过程中，要设专人对物资进行管理，严禁物资的流失与浪费。

③ 进行思想动员。

④ 对执行过程进行监控。主要包括信息沟通、协调、工作指导、组织指挥、工作控制。

2. 营销策划方案的反馈调节

反馈是指控制系统把信息输送出去后，根据收到的信息结果再对再输出的信息进行调

整的过程。营销策划方案的反馈调节就是营销策划实施者把营销策划方案在实施过程中的各种情况收集上来，进行分析研究，再根据营销策划环境的变化，对原有营销策划方案进行调查、修改、补充或决定采用新的营销策划方案的过程。

同步课堂训练 2-2

根据教学情况，灵活安排学生完成本项目实训教学中评价分析训练的第 3~6 题，混合选择训练的第 2~8 题，案例分析训练中的选择训练题和分析训练的第 2 题，情景模拟演练的第 2 题。

实训教学

一、评价分析训练

1. 营销策划不仅要提供思路，而且要在此基础上产生行动方案。

2. 营销策划方案必须完美，能适应各种情况，才能确保营销策划目标的实现。

3. SWOT 分析是指将与研究对象相关的内部优势和劣势、外部机会和威胁，通过调查列举出来，并依照矩阵形式排列，然后动用系统分析的思想，把各种因素相互匹配起来加以分析，找出解决办法，以帮助领导者和管理者做出较正确的决策和规划的方法。

4. 对于企业内部营销信息，营销策划者主要分析掌握企业的经营能力和财务能力两方面信息。

5. 对于企业的经营实力信息，营销策划者主要分析掌握企业层次信息和企业对外策略两方面信息。

6. 对环境因素的调查与分析，从顺序上讲，应该由小到大，先微观环境因素，再宏观环境因素；从关注的程度和花费的精力上，应该重大轻小，即最重要的是宏观环境因素，其次才是微观环境因素。

分析要点

二、混合选择训练

1. 在企业进行市场营销活动的过程中，我们不仅要充分发挥营销策划的作用，而且还必须遵循（　　）。

    A. 创新原则　　　　B. 可行原则　　　　C. 预见原则

    D. 系统原则　　　　E. 动态原则　　　　F. 心理原则

2. 营销策划对信息的要求主要表现在（　　）。

    A. 准确　　　　　　B. 及时　　　　　　C. 完整

  D．总量要适度   E．精度要适当

3．企业营销策划分析主要包括（ ）。

  A．企业营销策划的宏观环境分析

  B．企业营销策划的微观环境分析

  C．政治法律环境、社会文化环境和经济环境的分析

  D．人口环境、科学技术环境和自然地理环境的分析

  E．SWOT 分析

4．构思营销策划方案应考虑的因素主要有（ ）。

  A．现有条件、能力 B．构思大胆有创新 C．领导的决心

  D．精心筹划   E．领导的魄力

5．选择营销策划方案应遵循（ ）。

  A．目标原则   B．可行性原则   C．价值原则

  D．择优原则   E．全面原则

6．态势分析法，从整体上看，可以分为两部分（ ）。

  A．内部条件——优势和劣势   B．外部条件——优势和劣势

  C．外部条件——机会和威胁   D．内部条件——机会和威胁

  E．内外条件——机会和优势

7．营销策划方案的具体构思与设计主要包括（ ）

  A．STP 策划   B．产品策划   C．价格策划

  D．分销渠道策划   E．促销策划

8．营销策划的程序主要包括（ ）。

  A．了解营销策划主体意图，明确策划问题

  B．调查与分析

  C．确定营销策划目标

  D．营销策划方案的构思与设计

  E．营销策划方案的实施

  F．营销策划方案的反馈调节

在线测评

三、案例分析训练

（一）选择训练

怕上火，喝王老吉

情境描述：

  红色罐装王老吉饮料的销售额连续六七年都处于不温不火的状态。2002 年年底，公司准备请广州成美行销广告公司（以下简称成美广告公司）拍摄一条广告来解决王老吉的宣传问题。成美广告公司经过研究发现，王老吉的核心问题不是通过简单地拍广告就可解决的。尽管红色罐装王老吉销售了 7 年，却从没做过系统定位。经过沟通，公司最后接受了

成美广告公司的建议，停拍广告，先进行产品定位。通过调查，成美广告公司发现消费者对红色罐装王老吉并无"治疗"上的要求，购买的真实动机是"预防上火"。红色罐装王老吉的直接竞争对手，如菊花茶、清凉茶等由于缺乏品牌推广，靠低价渗透市场，未占据"预防上火"的饮料定位；红色罐装王老吉的间接竞争者，如可乐、茶饮料、果汁饮料等清凉饮料，只是暂时性的口感清凉，也不具备"预防上火"的功能。红色罐装王老吉凉茶始祖的历史、神秘的中草药配方显然有能力占据"预防上火饮料"的位置。从"清凉解毒祛暑湿"的药饮产品重新定位为"预防上火的饮料"，不仅打破了凉茶的地域局限，还可消除中国人心目中"是药三分毒"的顾虑，拓展了消费群和消费量。其独特的价值在于喝红色罐装王老吉能预防上火，让消费者无忧地尽情享受生活，如煎炸、烧烤……

完成了红色罐装王老吉的重新定位，接着就是如何将这个定位植入消费者的头脑，送到消费者的手里。为此，成美广告公司设计的电视广告选用了消费者认为日常生活中最易上火的五个场景：吃火锅、通宵看球赛、吃油炸食品、吃烧烤和夏日阳光浴。画面中的人们在开心地享受上述活动的同时，纷纷畅饮红色罐装王老吉，结合时尚、动感的广告歌反复吟唱"不用害怕什么，尽情享受生活，怕上火，喝王老吉"，促使消费者在吃火锅、烧烤时，自然联想到红色罐装王老吉，从而产生购买行为。电视媒体选择覆盖全国的中央电视台，并结合广东、浙南的强势地方媒体，在 2003 年的几个月内，一举投入 4000 多万元，使得销量迅速提升。由于这种急风暴雨式的广告给人留下深刻印象，使红色罐装王老吉迅速红遍全国。其他推广渠道，除了传统渠道的 POP 广告，还配合餐饮店新渠道的开拓，设计布置了大量的终端物料（如电子显示屏、灯笼等餐饮场所乐于接受的实用物品），免费赠送。产品包装作为主要视觉元素，集中宣传一个信息，"怕上火，喝王老吉"。

促销活动也围绕"怕上火，喝王老吉"这一主题进行，如举行"炎夏消暑王老吉，绿水青山任我行"刮刮卡活动。消费者刮中"炎夏消暑王老吉"字样，可获得当地避暑胜地门票两张，并可在当地度假村免费住宿两晚。同时，促销活动充分考虑了如何加强餐饮渠道的开拓与控制，推行"火锅店铺"与"合作酒店"计划，选择主要的火锅店、酒楼作为"王老吉诚意合作店"，投入资金与他们共同进行节假日的促销活动。由于给商家提供了实惠，红色罐装王老吉迅速进入餐饮渠道，成为主要推荐饮品。餐饮渠道也因此成为广告传播的重要场所。2003 年，红色罐装王老吉年销售额从 1 亿多元猛增至 6 亿元。（资料来源：根据张旭《王老吉，"防火"让自己火起来》一文改编）

请根据"怕上火，喝王老吉"案例资料在下列题目中选择适当的选项。

1. 成美广告公司策划的"怕上火，喝王老吉"方案取得成功的关键是（　　）。

    A. 抓住了消费者既想尽情享受生活又担心上火的心理

    B. 抓住了消费者既想炫耀摆阔又担心上火的心理

    C. 策划主题确定恰到好处，策划构思新颖巧妙

    D. 策划细节考虑周到，策划要求执行到位

    E. 促销活动实惠，激发了消费者消费和商家经营的热情

2. 2002 年年底，公司准备请成美广告公司拍摄一条广告来解决王老吉的宣传问题。成美广告公司经过研究发现，其直接或间接竞争对手未占据"预防上火"的饮料定位或不具备"预防上火"的功能。这段资料从营销策划的程序分析，属于（　　）。

    A. 了解营销策划主体意图，明确策划问题

    B．调查与分析

    C．确定营销策划目标

    D．营销策划方案的构思、设计与实施

    E．营销策划方案的实施与反馈调节

3．"怕上火，喝王老吉"策划方案说明，企业在营销活动过程中，不仅要注意充分发挥营销策划的作用，而且还必须遵循（　　　）。

    A．创新原则　　　　　　　B．预见原则　　　　　　　C．系统可行原则

    D．动态原则　　　　　　　E．心理原则

4．"怕上火，喝王老吉"策划方案说明，构思营销策划方案应考虑的因素主要有（　　　）。

    A．现有条件、能力　　　　B．构思大胆有创新

    C．过去的条件和经验　　　D．精心筹划

    E．领导的决心与魄力

5．"怕上火，喝王老吉"策划方案（　　　）。

    A．是由企业内部策划人员策划的

    B．是由企业外部策划人员策划的

    C．策划的对象是王老吉这个企业的整体形象

    D．策划的对象是王老吉这个产品

    E．策划的对象是"怕上火，喝王老吉"这个活动

6．策划的内涵是非常丰富的，须全面理解，"怕上火，喝王老吉"策划方案说明策划要想取得成功，必须把握策划的要素有（　　　）。

    A．创意　　　B．目标　　　C．操作　　　D．应用　　　E．借鉴

7．"怕上火，喝王老吉"策划方案说明，要想营销策划达到预期目的，要求营销策划人具备多方面的优秀素质，这些素质主要包括（　　　）。

    A．政治素质　　　　　　　B．心理素质　　　　　　　C．知识素质

    D．能力素质　　　　　　　E．思想素质

8．"怕上火，喝王老吉"策划方案说明，优秀的营销策划人需具备对的能力素质有（　　　）。

    A．洞察能力　　　　　　　B．想象能力

    C．分析能力　　　　　　　D．执行能力

    E．公关能力

在线测评

（二）分析训练

本案例分析训练的训练步骤、训练要求、注意事项、训练考核与项目一的案例分析训练基本相同，请查阅项目一的案例分析训练，此处不再赘述。

速溶咖啡由衰转兴的奥秘

情境描述：

速溶咖啡产生于20世纪初期的美国。在上市之初，速溶咖啡制造商麦斯威尔咖啡决策层认为，速溶咖啡与传统的手磨咖啡相比，能让美国的家庭主妇们从烦琐的咖啡制作中解脱出来，省时省力，因此，他们决定向美国家庭主妇展开宣传攻势，大力宣扬速溶咖啡省时省力的特点。但这个策划推出后，市场反应平平，没有达到推广目的，策划失败了。

他们百思不得其解，后经过深入调查分析，才找到了策划失败的原因。当时，在美国家庭主妇的观念里，能够制作出传统的手磨咖啡是一个勤快家庭主妇的标志，购买速溶咖啡的目的是省时省力，但会被人们认为这是一个懒惰的家庭主妇，难怪速溶咖啡不被她们接受。了解到这一微妙的消费心理之后，他们重新调整了策划方案，转而诉求速溶咖啡的醇香美味，并邀请当时的总统罗斯福为之做广告，在罗斯福总统的那句"滴滴香浓，意犹未尽"的感召下，美国的家庭主妇争相品尝速溶咖啡，从此速溶咖啡进入美国的千家万户。

案例思考与讨论：

美国速溶咖啡为什么能由衰转兴？请从营销策划原则的角度展开分析，谈谈你的看法。

分析要点

齐威王的心思

情境描述：

齐威王的夫人死了，王后的选立迫在眉睫。齐威王共有七位妃嫔，但大臣田婴并不知道齐威王宠爱谁。他怕一旦推荐错了，齐威王不高兴。怎么才能探出齐威王的心意呢？这着实让田婴感到头疼。

这时，正巧有位富商为了巴结田婴，送来了一对耳环。这对耳环由天然水晶制成，晶莹剔透，玲珑可爱。田婴盯着这对耳环，突然眼前一亮，计上心来。他命人从市场买来六对造型相同的耳环，但水晶成色和做工都与此相差甚远，让人一眼就可看出这些耳环不是什么好货色。田婴又让工匠造了七个同样的豪华木匣，在每个匣子里装上一对耳环。第二天一大早，田婴便让人捧着木匣随自己进宫，对齐威王说有商人从昆仑贩来七对水晶耳环，献给大王，并特别拿出那对精美的耳环，炫耀一番。齐威王一见耳环正是七对，心想自己的妃嫔可每人一对，省去了她们的争吵，心中十分高兴。但又一细想，如果这样均分，就亏待了自己宠爱的隗妃。因此，齐威王一一检视田婴送来的耳环，突然发现有对耳环特别漂亮，这才放下心来。

当日退朝，田婴便从七位王妃的耳朵上戴的耳环上看出了齐威王的心思。于是他奏明齐威王，说臣子们都希望立隗妃为王后。齐威王一听正合自己心意，十分高兴，册立王后后，便加封给田婴不少土地。

分析要点

案例思考与讨论：

从田婴探出齐威王的心意的过程中我们能得到何种启示？请运用营销策划程序知识分析。

四、情景模拟演练

（一）摆脱目前营销思路困境的途径

情境描述：

常规的营销往往是从理念到产品、从产品到渠道、从渠道到消费者，都是遵循一定的规律逐步推进的。过去，由于中国市场的不成熟，企业主要依靠营销体系的逐步完善和提升来获取市场竞争力，并赢得利润。但是在市场逐步成熟、企业的初步营销构架已经形成

后，企业在市场竞争中往往是靠惯性运作，被动应战。虽然目前很多企业的营销老总曾经系统地学习过营销理论、营销管理，而且从事营销管理多年，并且曾经业绩辉煌，但他们也常常被市场数不清的同质化竞争产品、五花八门的营销手段、过度的市场竞争搞糊涂，不知道营销到底应该如何做。

针对目前这种状况，假如现某企业老总问计于你，你认为现在开展市场营销活动应从哪些方面去思考？成熟的产品、成熟的市场、成熟的模式、成熟的手段怎样才能有所创新，有所不同？企业应该怎样策划，才能帮助其摆脱目前的营销思路困境，进一步提升营销竞争力？

模拟开始：……

（二）开拓中国大陆市场策划

情境描述：

文女士，美籍华裔，年轻时曾到日本某美容学院进修，后一直在美国加州代理美容产品，产品主要是纤体瘦身系列的。该产品具有独特的减肥瘦身卖点（淋巴减肥原理），方便的使用方式（瘦身膏体涂抹局部，然后用保鲜膜缠绕一定时间即可），没有产生不良后果的隐患（没有服用口服药、减肥茶等减肥药物后身体的剧烈不适），也不需经销商大量投入售后服务的成本。虽然产品优良，但在美国美容业市场竞争激烈，文女士代理的产品利润极其微薄。于是，她想到了自己熟悉的亚洲市场：马来西亚、新加坡、中国香港。凭着她在美国市场的运作经验（不断亮相在各种国际化妆品行业展会，产品在国际时尚杂志上频频做广告等）、产品的独特卖点，以及亚洲消费者对美国产品的信赖，果然，进军亚洲市场一帆风顺，不到半年时间，在亚洲各国大城市连锁店均能看到文女士代理的产品，文女士觉得自己这条路算是走对了。然而，人算不如天算，亚洲金融风暴席卷整个亚洲，文女士代理的产品也未能幸免，几经折腾，文女士前几年积累的资金被吞噬一空，而她在美国委托加工产品厂家的长期订单却无法取消，造成仓库大量积压。于是，中国就成了她消化产品的一个新目标。可是，中国市场的复杂性一点也不逊于国外市场，况且她对国内的产品推广方法、营销策略、渠道建立、有效促销手段等一概不知，因此文女士陷入了一种束手无策的尴尬境地……

说明：40天后，广州将有一场美博会。广州美博会是全国最大的行业盛会，每届以100亿～200亿元的成交额雄踞行业展之首，每届至少有几千家企业（还不包括会展期间广州各大酒店举办的非法会外展）带着各自的参展目标设立展位；或宣传品牌形象扩大知名度；或建立一个与各地经销商交流沟通的平台；或在空白地区招商以增加产品的覆盖面，提高市场占有率；或新企业新产品急需资金和销售网络，希望找到"情投意合"的经销商伙伴，助自己一臂之力。而参展寻找投资项目的经销商一般都是先观察（公司展台的布置格调、宣传资料的档次）；再浅聊（了解公司的实力、品牌的知名度、产品是否有独特卖点、利润空间、公司的市场支持力度、公司市场推广人员的素质等）；然后收集详细资料。如果感觉确实不错，才会表示有代理意向，再预约时间地点，深谈代理细节和实施细则、草签合同。如果经销商觉得不踏实，还可能会在展会后直奔厂家所在地，在考察生产和研发基地、市场营销办公环境等后再做决定。

如果你是某营销策划公司经理，现文女士求助于你，请你帮助她分析关于开拓市场的想法。如果她听了你的分析，决定请你帮她策划开拓市场，你将如何具体运作呢？

模拟开始：……

模拟要点

项目小结

- 理论教学由营销策划的原则和营销策划的程序两部分内容构成。营销策划应遵循创新原则、可行原则、预见原则、系统原则、动态原则、心理原则。营销策划的程序主要包括了解营销策划主体意图，明确策划问题；调查与分析；确定营销策划目标；营销策划方案的构思与设计；营销策划方案的实施与反馈调节。
- 实训教学由评价分析训练、混合选择训练、案例分析训练、情景模拟演练四部分内容构成。在实训教学过程中要体现六个有利于原则，即有利于发挥学生的主体作用，有利于培养学生学会学习，有利于培养学生的动手能力，有利于培养学生的创新精神，有利于学生个性和潜能的发展，有利于帮助学生逐步形成良好的职业道德、职业思想、职业作风及职业行为习惯。

课后阅读与欣赏　　　　　见证破局的策划奇迹

项目三
营销策划书制作能力

学习目标

知识目标

- 掌握营销策划书的撰写原则和技巧。
- 掌握营销策划书的内容结构要求。

能力目标

- 能根据营销策划书的撰写原则和技巧进行写作和评价。
- 能根据营销策划书的内容结构要求正确撰写营销策划书。

素养目标

- 形成良好的营销策划职业习惯，能以认真负责的态度进行营销策划书的撰写与制作。

案例导入　　　　　　　劲霸服饰庆典策划书

（贵阳奔腾广告科技公司——策划部）

20××年11月24日

目录

一、方案主旨

二、方案实施时间

三、市场分析

四、广告定位

五、广告策略

六、活动执行

七、活动总体费用预算

八、活动行事历

一、方案主旨

（一）扩大知名度，增加美誉度，产生轰动效应

提高和强化劲霸服饰在贵阳市人民心目中的品牌形象，扩大知名度，增加美誉度，促使消费者产生购买行动；并通过一系列新颖而有创意的策划，在贵阳地区产生"男士穿劲霸就是一种时尚"的轰动效应，激起消费者对劲霸服饰的强烈关注和参与兴趣，使劲霸服饰男装品牌更加深入人心。

（二）目标

总目标：进一步抑制正在贵阳市场成长的雅戈尔、罗蒙、夏蒙、洛兹、巨龙、神鹰等省内外男士服饰品牌的市场占有率，并抢夺一部分市场，使劲霸服饰占领贵阳市场，逐步奠定西部市场，并走向全国，进一步提高其品牌地位。

具体目标：主要通过对劲霸服饰代言人赵文卓的炒作宣传，介绍劲霸服饰男装的品牌和男士西服的保养等方法，力争在贵阳市场培养和形成一批固定的劲霸服饰消费者群。

二、方案实施时间

20××年11月25日—12月9日（两周）。

三、市场分析

（一）竞争对手分析

（1）在贵阳地区，雅戈尔、罗蒙、夏蒙、洛兹、巨龙、神鹰等省内外男士服饰品牌的主要优势：产品质量较好；有本地、外地的产品，长期经营；雅戈尔与罗蒙、夏蒙、洛兹、神鹰、巨龙等男士服饰品牌形成了相互推动的促销效应；广告活动经过了整体、细致地策划与实施；许多企业常年在雅戈尔、神鹰等品牌定制服装。

（2）有关雅戈尔等男士服饰品牌的广告效果调查，表明了以下数据：①传达率。看过雅戈尔等男士服饰品牌广告的人占调查总数的72.8%，没看过的占28.2%。②喜好度。喜欢雅戈尔等男士服饰品牌广告的占50%，一般的占48%，不喜欢的占2%。③信息来源。电视——通过贵州台、贵阳台看到雅戈尔等男士服饰品牌广告的占25%，中央台在70%以内；报纸——有53%的人在报纸上看到过雅戈尔等男士服饰品牌广告。④神鹰等省内企业依据自身优势占据半壁河山，具体情况略。数据表明雅戈尔等男士服饰品牌的广告与销售均有优良的成绩。但是，劲霸服饰仍有分割市场的机会。

（二）产品分析

（1）质量。雅戈尔在全国很多地方早已树立了高质量的信誉。劲霸服饰的各项性能和指标均与雅戈尔不相上下。

（2）款式。劲霸服饰男装的款式很好，可以满足许多人的需求。

（3）价格。与雅戈尔等男士服饰品牌相差不是太大。

（三）消费者分析

贵阳地区与各地的消费者有不同的特点。

（1）购买方式。自己喜欢或朋友推荐较多，且购买的个性很强；一般不会乱买，产品价格对其选择的影响不大。但是，也有相当一部分消费者已有了喜好穿雅戈尔等男士服饰品牌的习惯，许多大商场里也有其专柜。

（2）穿着方式。贵阳地区的消费者很喜欢穿名牌时装。

（四）以往广告效果分析

劲霸服饰在本地区无广告。

（五）潜在市场展望

（1）贵阳市作为改革开放的西部前沿阵地，给我们提供了良好的经营环境。

（2）贵阳市是贵州省的富庶地区，人均收入高，消费能力强。

（六）开拓贵阳市场的重要性

（1）贵阳市作为一个广阔的、消费潜力巨大的市场，具有很大的经济开发价值。

（2）贵阳市推行劲霸服饰男装产品，将为劲霸服饰开发西部目标市场打下基础。

四、广告定位

（一）市场定位

以贵阳市为主，以遵义市、安顺市等为辅，向整个贵州省辐射。各种活动的开展均以贵阳市为重点。

（二）商品定位

高品质、高价位、高品位的男士服饰。

（三）广告定位

劲霸男装——我（赵文卓）的选择。

（四）广告对象定位

高级白领、工商人士、成功人士。

（五）广告形象定位

形象——品味高尚的男士（充满侠骨柔情的男人风采）。

五、广告策略

（一）广告目的

经过今年的广告攻势，在贵阳地区消费者心目中，初步建立起劲霸服饰的知名度与好感度，并且能够在贵州西服服饰市场中站稳脚跟，与雅戈尔等男士服饰品牌分割市场。

（二）广告分期

（1）扩销期（11月25日—11月26日），主要任务是吸引消费者对劲霸服饰的注意力；初步树立品牌形象，引导消费者认识劲霸服饰，以达到扩大市场的目的。

（2）强销期（11月27日—11月30日），深度引导消费者，塑造其对品牌的信赖感与好感，分割市场。

（3）补充期（12月1日—12月9日），以各种广告宣传的攻势，树立完整的品牌形象。

（三）诉求重点

高品质。

高品位。

（四）策略建议

（1）系列报纸广告。设计系列的各款报纸广告，以供随时使用，报纸上打广告，以四分之一版套红为主（可用异形广告），配合套红达到醒目效果（以下的宣传标题仅供参考）。

主体广告。直接宣传产品。

从商品角度切入（报纸、布幅）。

"劲霸"男人——赵文卓将于 11 月 30 日亲临贵阳，一展侠骨柔情的男人风采。

劲霸男装——隆重登陆贵阳。

劲霸男装旗舰店抢滩贵阳。

国际巨星赵文卓 11 月 30 日将在劲霸男装旗舰店进行售衣签名活动。

（2）大型布幅广告。在全市各繁华地段，在户外大型广告牌上挂大型巨幅布标（短期喷绘），起到轰动效应。

（3）在公交车体上做 8 部不同线路的车（半年期），以增强后期的广告效果。

（4）在门面前悬挂竖幅、彩旗，以渲染气氛。

六、活动执行

（一）现场布置

（1）舞台搭建：在劲霸专卖店门前人行广场铺红地毯，面积大约为 100m²。在大门的左右两边放有开业庆典鲜花。（辟专用通道一个，供明星专用，避免出现其他状况）

（2）现场包装：12 条 7m×0.7m 的竖幅从劲霸专卖店所在楼层的四楼悬挂而下，6 个空飘分别拴在大门两边的人行广场，颜色分为红、黄、蓝、白，竖幅及空飘内容为劲霸公司准备的各种开业活动字样。地毯舞台前放置两个音响，左右各 1 个。地毯舞台最前沿放置一个双龙大拱门，拱门上有活动字样。

（3）剪彩剪刀 6 把，托盘 7 个，彩绸 18 条，礼宾花 10 枝。

（二）活动人物

劲霸总经理、副总经理、劲霸代言人（赵文卓）、节目主持人 1 名（女，最好为电视台节目播音员）、礼仪小姐 8 名、歌手 4 名、时装模特 4 名（男，身高 1.80m 以上）、乐队。《贵阳晚报》和《贵州都市报》记者各 1 名、贵州电视台（《旋风报道》3～5 人）。

（三）活动内容

开业庆典剪彩仪式。公司领导和赵文卓先生剪彩。

劲霸代言人签名售衣活动。（为防止意外情况另备节目作候补）

现场文艺表演。

劲霸时装真人秀。（现场）

（四）剪彩仪式活动时间流程表

8:00 之前现场布置完毕。

8:00—8:30 所有活动工作人员到齐。

8:30—9:00 所有劲霸领导、经销商、嘉宾、记者等到齐进行签到。（配发出请柬的名单，签到管理人员由贵阳专卖店出两人，其中一人负责管理签名册，另一人注销名单人员，管理人员签到数目，同时区分出贵宾人员并将其请入贵宾区）

9:30—9:35 庆典活动开始——主持人上台宣布剪彩店庆仪式开始，同时乐队奏乐，并介

绍到场的劲霸领导、嘉宾、劲霸广告形象代言人。

9:40—9:45 由主持人开始进行开场白，祝贺劲霸服饰贵阳专卖店隆重开业。乐队奏乐，并请劲霸总经理发言。

9:45—9:47 劲霸总经理发言。

9:47—9:57 贵宾代表发言（人员内定，由劲霸总经理在其发言后请出）。

9:57—9:58 主持人请贵阳劲霸经理发言（并请各剪彩人到位）。

9:58—10:03 贵阳劲霸经理发言并宣布剪彩开始（在其发言时主持人先请各剪彩人到位）。

10:03—10:05 剪彩，同时工作人员放鸽子，乐队继续演奏。剪彩结束，乐队继续演奏，主持人请赵文卓先生进行发言并开店门（店门口贴上一条红丝带）。同时安排领导等退场，在预定地点（贵宾区）暂作休息。

10:06—10:08 主持人宣布节目表演开始。

10:08—10:15（主持人穿插介绍）歌手唱歌，主持人上台宣布劲霸服饰广告代言人赵文卓到场及签名的具体时间，赵文卓上台与观众见面，节目继续。

10:15—10:30 领导、嘉宾、商界人士参观劲霸服装店，继续表演。

10:30—10:40 歌手上台表演，共三场。

10:30—10:40 领导、嘉宾离开劲霸活动现场，并赴嘉宾招待处，晚上参加酒会。

10:30—11:30 赵文卓签名售衣时间（在收银台一侧安排一张签名台，同时加强保安，见收据签名，要排队）。

10:50—12:00 劲霸时装秀表演。

12:00 剪彩活动结束，赵文卓赴嘉宾招待处。

注：在以上节目的时间间隔里另做一些小节目，对现场气氛进行烘托。

七、活动总体费用预算（略）

八、活动行事历（略）

理论教学

一、撰写营销策划书的原则和技巧

撰写营销策划书是营销策划的最后一步。当营销策划的构思过程基本完成时，接下来的工作就是将营销策划的内容和实施步骤条理化、文字化，也就是撰写营销策划书。营销策划书是全部营销策划成果的结构化表述。

一般来说，营销策划书并没有严格的格式要求，依据产品或营销活动的不同要求，在策划的内容与编制格式上也有变化。但是，从营销策划活动的一般规律来看，其基本要素还是相同的。下面基于这种考虑，来说明营销策划书的撰写方法。

（一）营销策划书的作用

营销策划书既是艰苦的营销策划工作的最后一环，也是实施下一步营销活动的具体行动指南。

任何一种营销策划，我们只要通过阅读营销策划书的内容，就可以了解营销策划者的意图与观点，懂得如何操作、实施营销策划方案。概括起来，营销策划书的作用有以下三个方面。

1. 准确完整地反映营销策划的内容

营销策划书是营销策划方案的书面反映形式，因此，营销策划书的内容是否能准确地传达营销策划者的真实意图，就显得非常重要。从整个营销策划过程来看，营销策划书是能否达到营销策划目的的第一步，是营销策划能否成功的关键。

2. 充分有效地说服企业决策者

通过营销策划书的文字表述，使企业决策者信服并认同营销策划的内容，促使企业决策者采纳营销策划的意见，并按营销策划的内容去实施。

3. 作为执行和控制的依据

营销策划书可以作为企业执行营销策划方案的依据，使营销职能部门在操作过程中增强行动的准确性和可控性。

因此，如何通过营销策划书的文字表述魅力，去打动、说服企业决策者，也就自然而然地成了营销策划者追求的目标。

同步思考3-1　　　　　　一日食三枣，青春不显老

某超市一幕：在红枣产品的展示区，一种河北沧州生产的阿胶枣在做促销，在产品的包装上醒目地印着几个大字——一日食三枣，青春不显老。

问题思考："一日食三枣，青春不显老"这则产品文字促销广告产生的效果如何？为什么？

同步思考 3-1

（二）营销策划书的撰写原则

为了提高营销策划书的准确性与科学性，在撰写时应遵循以下四个原则。

1. 逻辑思维原则

营销策划的目的是解决企业营销中的问题，因此，必须按照逻辑性思维的构思来撰写营销策划书。首先是设定情况，交代营销策划背景，分析产品市场现状，再把营销策划中心目的全盘托出；其次是在此基础上进行具体营销策划内容的详细阐述；最后是明确提出解决问题的对策。

2. 简洁朴实原则

要注意突出重点，抓住企业营销中所要解决的核心问题，深入分析，提出针对性强的、可行性大的相应对策，切忌华而不实、废话连篇，失去实际操作意义。

3. 可操作原则

营销策划书用于指导营销活动，其指导性涉及营销活动中每个人的工作及各环节关系的处理，因此其可操作性非常重要。不易操作的方案创意再好也无任何价值，而且还会耗

费企业大量的人、财、物，甚至还可能出现负面影响。

4. 创意新颖原则

新颖的创意是营销策划书的核心内容。它要求营销策划的创意（点子）新、内容新、表现手法也要新，给人以全新的感受。

（三）营销策划书的撰写技巧

可信性、可操作性、说服力、视觉效果及良好印象是营销策划书的生命，也是企业策划书追求的目标，因此在撰写营销策划书时应注重可信性、可操作性、说服力、视觉效果及良好印象。

1. 可信性

合理使用理论依据，充分利用数据说明问题，能提高营销策划内容的可信性，更好地说服阅读者，达到事半功倍的效果。因为撰写营销策划书是为了更好地指导企业营销实践，因此，在营销策划书中不仅要合理使用理论依据，使其有根有据；也要善于运用数据说话，因为数据就是最好的依据。在营销策划书中利用绝对数和相对数来进行比较对照是不可少的，而且要使各种数据都有可靠的出处。

2. 可操作性

营销策划书对于市场运作和产品推广来讲作用重大，它是在对市场有了充分了解与确切把握后经深思熟虑制定出的方向策略与指导意见，一个成功的企业之所以其产品有良好的市场表现，原因多种多样，其中营销策划书具有可操作性，且执行容易是至关重要的。时常看到某些策划公司给企业做的营销策划书往往是厚厚的一大沓纸，内容多引经据典、包罗万象，似乎想通过如此厚重的纸张来显示自身功力，以至于让人看到最后，感觉创意是好的，概念是新的，炒作是巧的，但却不知道如何去真枪实弹操作。因为四分之三以上的篇幅是竞争对手怎样，然后罗列一大堆数据、图表，但具体涉及自己的产品如何差异化运作，通过何种手段、何种办法实现营销策划目标却很少有建设性的具体意见，试想这样华而不实、空洞虚泛的营销策划书，对市场拓展有何意义，执行起来怎能不走调呢？因此，一份好的营销策划书，关键要通俗、简洁、明了、直白，具有实实在在的内容，可操作性强，而不在于篇幅长短。

3. 说服力

在营销策划书中，加入适当的成功与失败的例子既能充实内容，又能证明自己的观点，增强说服力。在具体使用时一般以多举成功的例子，或选择一些国外先进的经验与做法，印证自己的观点，这样效果非常明显。

4. 视觉效果

营销策划书视觉效果的优劣在一定程度上影响着策划效果的发挥。有效利用版面安排（包括字体、字的大小、字与字的空隙、行与行的间隔、黑体字的采用、插图和颜色等）也是营销策划书的撰写技巧之一，使营销策划书重点突出，层次分明，严谨而不失活泼。另外，还可根据营销策划内容适当运用图表，因为图表不但有着强烈的直观效果，而且比较美观，有助于阅读者理解营销策划的内容，也便于进行比较分析、概括归纳、辅助说明。

5. 良好印象

细节往往会被人忽视，但是对于营销策划书来说却十分重要。一是营销策划书中有错

字、别字、漏字，如果出现就会影响阅读者对营销策划者的印象；二是企业的名称、专业术语不得有误；三是一些专门的英文单词，差错率往往是很高的，在检查时要特别予以注意，如果出现差错，阅读者往往会以为是由于撰写人本身的知识水平不高所致，这就影响了阅读者对营销策划内容的信任度；四是纸张的好坏、打印的质量等都会对营销策划者本身产生影响。

撰写营销策划书是一份费脑而又乐趣颇多的工作，能让人产生"不知下一个策划对象是什么"的期待感和"不知自己下一个营销策划书会写出什么"的神秘感，让许多有志于从事此工作的人趋之若鹜且乐此不疲。但此行看似易入，甚至有人说："不就是玩玩文字游戏吗？"实则并非想象中那么简单。君不见，多少人为一句妙语搜肠刮肚、油尽灯枯、搔白头、熬红眼，最后感而叹曰："营销策划书，想说爱你不容易！"其实，撰写营销策划书还是有一定规律可循的，那就是多调查研究、善于分析概括、勇于探索创新，并恰到好处地运用上述撰写技巧。

上述方法，知易行难，只有仔细揣摩，不断探寻，因企业、因产品、因事制宜、灵活运用，才能撰写出好的营销策划书。

同步课堂训练 3-1

根据教学情况，灵活安排学生完成本项目实训教学中评价分析训练的第 1～3 题，混合选择训练的第 1～3 题，情景模拟演练的第 1 题。

二、营销策划书的内容结构要求

（一）营销策划书的基本要素和一般格式

1. 营销策划书的基本要素

营销策划书的种类，因提出的对象与内容不同，在形式和体裁上有很大的差别。但是，任何一种营销策划书的构成都必须有 5W2H1E，共 8 个基本要素。

What（什么）——营销策划的目的、内容。

Who（谁）——营销策划相关人员。

Where（何处）——营销策划实施场所。

When（何时）——营销策划时间。

Why（为什么）——营销策划缘由、前景。

How（如何）——营销策划方法和运转实施。

How much（多少）——营销策划预算。

Effect（效果）——预测营销策划结果、效果。

任何一种真正意义上的营销策划书必须具备上述 8 个基本要素。值得一提的是，要注意 How much 和 Effect 对整个营销策划方案的重要意义。如果忽视营销策划的成本投入，不注意营销策划书实施效果的预测，那么，这种营销策划就不是一个成功的策划。只有 5W1H 的营销策划书不能称为营销策划书，只能算是计划书。

2. 营销策划书的一般格式

营销策划书的一般格式如表 3-1 所示。

表 3-1　营销策划书的一般格式

结构	内容
封面	营销策划书名称； 营销策划机构及营销策划者的姓名、工作单位、务职、联系方式； 营销策划书完成时间、本策划适用时间段、保密级别及编号
前言	简要介绍营销策划的背景； 如果是接受营销策划委托，则可简要交代接受营销策划委托的情况； 营销策划目的和营销策划方案实施后可能达到的理想状态； 营销策划的概况，即营销策划的过程、营销策划方案的主要内容
目录	营销策划内容标题及页码，一般排列至二级标题即可
正文	营销策划目标； 环境分析（企业内外环境分析、SWOT 分析）； 营销战略（市场细分、目标市场、市场定位）； 营销组合策略（产品策略、价格策略、渠道策略和促销策略）； 具体行动方案，即行事历（活动项目、活动方式、人员分工、时间、地点等的具体安排）； 费用预算（总费用、阶段费用、项目费用等）
附录	其他注意事项、参考文献等

（二）营销策划书的内容结构

1. 封面

封面是营销策划书的脸，就像一本杂志的封面设计一样，阅读者首先看到的是封面，因此，封面能产生强烈的视觉效果，给人们留下深刻的第一印象，会对营销策划内容的形象定位起到辅助作用。因此，给营销策划书配上一个美观漂亮的封面是绝对不能忽视的。

封面的设计原则是醒目、整洁，切忌花哨，字体、字号、颜色则可根据视觉效果具体考虑。

营销策划书的封面可提供以下信息。

1）营销策划书名称

营销策划书的名称必须写得具体清楚。举例来说，《品牌营销策划书》的名称就不够完整、准确，应该修正为《"××"品牌营销策划书》。

2）营销策划机构及营销策划者的姓名、工作单位、职务、联系方式

营销策划机构及营销策划者的姓名、工作单位、职务、联系方式均应一一写明。如果是集体策划的，所有相关人员的姓名、工作单位、职务均应写出。

3）营销策划书完成时间、本策划适用时间段、保密级别及编号

必须依照营销策划书完成的具体日期如实填写。如果营销策划书经过修正之后才定稿，除了填写×年×月×日完成，还要加上×年×月×日修正定稿。因为营销策划具有一定时间性，不同时间段市场的状况不同，营销执行效果也不一样。一般策划方案都有适用的时间段，因此，还必须写明本策划适用的时间段。

此外，根据需要有的营销策划书还需要注明营销策划书的保密级别及编号。

2. 前言

前言是营销策划书正式内容前的情况说明，主要交代营销策划的来龙去脉，其作用有二：一是对营销策划书的内容做高度概括性表述；二是引起阅读者的注意和兴趣，使其产生急于阅读正文的强烈欲望。前言的文字以不超过一页为宜，字数可控制在500字以内，主要包括以下几方面内容。

（1）简要介绍营销策划的背景。

（2）如果是接受营销策划委托，则可简要交代接受营销策划委托的情况。例如，×××营销策划公司受×××公司的委托，承担×××营销策划工作。

（3）营销策划目的和营销策划方案实施后可能达到的理想状态。

营销策划目的和营销策划方案实施后可能达到的理想状态的表述必须准确，一定要让阅读者明白实施该营销策划方案的意义，以求统一思想、群策群力、协调行动，确保营销策划高质量地完成。

（4）营销策划的概况，即营销策划的过程、营销策划方案的主要内容。

3. 目录

目录是营销策划书各部分内容标题的清单，一般排列至二级标题即可，各级标题后面应注明页码，其作用有三：一是可使营销策划书的内容结构一目了然；二是可方便阅读者对营销策划书的阅读；三是可使阅读者十分方便地查找到营销策划书的相关内容。一般人的阅读习惯是先看书名，再看书的目录。如果目录不能吸引他，激发其阅读兴趣，他就很可能不再往下看。因此，在目录的编制上要舍得下功夫，力争达到让人读后既能了解营销策划书的全貌，又能引发人们阅读兴趣的目的。

4. 正文

正文是营销策划书最重要的部分，主要包括以下几方面内容。

1）营销策划目标

营销策划目标是根据营销策划目的，公司所要实现的具体目标，必须具体明确。例如，在营销策划方案执行期间，经济效益目标达到总销售量为×××万件，营业利润为××万元，销售增长率、市场占有率实现××。

2）环境分析

"知彼知己，百战不殆"。对同类产品市场状况，营销策划者必须要有一个清醒的认识，它为制定相应的营销策略，采取正确的营销手段提供依据。环境分析包括企业营销的外部环境与内部环境。在环境分析中，要注意充分运用分析工具，比较常用的分析工具是SWOT分析。

3）营销战略和营销组合策略

营销战略和营销组合策略是营销策划书中最主要的部分。可操作性是衡量这部分内容的主要标准。制定营销战略和营销组合策略应遵循对症下药、因地制宜、切实可行的基本原则。

（1）营销战略。企业必须围绕已经制定的营销目标进行统筹安排，结合自身情况制定切实可行的营销战略（STP策略）。营销战略包括市场细分、目标市场和市场定位三方面内容。

（2）营销组合策略。营销组合策略包括产品策略、价格策略、渠道策略和促销策略。

① 产品策略，通过对产品市场机会与问题分析，提出合理的产品策略建议，以达到最佳效果。

- 产品定位。营销策划者进行产品市场定位的关键主要从满足消费者需求或欲望出发，揭示消费者购买每一件产品的真正目的，在消费者心目中寻找一个空位，使产品迅速启动市场。
- 产品质量功能方案。产品质量就是产品的市场生命，因此企业的产品应有完善的质量保证体系。
- 产品品牌。营销策划者必须具有强烈的品牌意识。在营销策划书中，通过对产品品牌的策划，力争在消费者心目中形成具有一定知名度、美誉度的产品品牌。
- 产品包装。在营销策划中，需要采用能迎合消费者心理，并使其满意的包装形式。
- 产品服务。营销策划者应对服务进行精心策划，以确保营销策划的成功。在营销策划中要特别注意产品服务方式、服务质量的改善和提高。

② 价格策略。任何商品的交换都必须以一定的价格水平为前提，价格是决定再生产过程能否顺利实现的重要因素之一。商品价格的变化，不仅影响着商品的销售和利润，而且对顾客的购买行为也产生着直接的影响。从产品的价格竞争和非价格竞争两方面同时入手，是确保价格策划成功的重要因素之一。

③ 渠道策略。一般着重分析：产品目前的销售渠道状况；准备如何对销售渠道进行拓展；中间商、代理商的销售积极性如何；已采取了哪些实惠政策进行鼓励，效果如何；准备制定哪些奖励政策。

④ 促销策略。促销策略包括人员推销、营业推广、广告宣传、公共关系四个方面，营销策划书可根据企业具体情况有所侧重，不要求面面俱到。就广告宣传而言，这里只强调以下4个普遍性原则。

- 服从公司整体营销宣传策略，树立产品形象，同时注重树立公司形象。
- 长期化。广告宣传商品个性不宜变来变去，变多了，消费者就会不认识商品，反而使老主顾也觉得陌生，所以，在一定时段上应推出一致的广告宣传。
- 广泛化。选择广告宣传媒体多样化的同时，注重抓宣传效果好的方式。
- 不定期的配合阶段性的促销活动，掌握适当时机，及时、灵活地进行，如重大节假日、公司有纪念意义的活动等。

实施活动可按以下方式进行：在策划期的前期推出产品形象广告；适时推出诚征代理商广告；节假日、重大活动前推出促销广告；把握时机进行公关活动，接触消费者；积极利用新闻媒体，善于创造利用新闻事件提高企业产品知名度。

4）具体行动方案（行事历）

具体行动方案包括活动项目、活动方式、人员分工、时间、地点等的具体安排，应根据策划期内各时间段特点，推出各项具体行动方案。为了确保整个活动有条不紊地进行，必须制定出行动时间表，标明各项行动的起止时间和责任人，写明策划所需物品、场地、策划所需的相关资料，必须让工作人员十分清楚自己的工作职责，严格按行动时间表行事，才能明确保证活动圆满完成。

总之，具体行动方案要细致、周密，操作性强又不乏灵活性，还要考虑费用支出，一

切量力而行，尽量以较低费用取得良好效果。尤其应该注意季节性产品淡、旺季营销的侧重点，抓住旺季营销优势。

5）费用预算

营销策划是一项复杂的系统工程，需要花费一定的人力、物力和财力，因此，必须进行周密的预算。营销策划方案费用预算一般应该包括总费用、阶段费用、项目费用等。费用预算总的原则是以较少投入获得最优效果。费用预算最好绘出表格，列出总目和分目的支出内容，这样既方便核算，又便于以后查对。企业可根据实际需要灵活制定费用预算表，费用预算表如表3-2所示，此表的格式仅供参考。

表3-2　费用预算表

类别	支出费用项目	支出金额估算	备注（计算依据与说明）
广告经费预算	报纸广告		
	杂志广告		
	电视广告		
	制片费用		
宣传促销经费预算	精华产品宣传书、折页		
	新闻缮稿		
	人际关系费用		
	图表制作		
	VI 设计		
	公关活动（场地、道具、人员）		
	礼品、接待费用		
销售现场布置	接待中心及现场布置		
	POP 费用		
	样品费用		
	销售培训		
	各种管理费（合同书、设备、车辆、出差、人员薪资、奖金等）		
	调查费用		
总计			

🐝 **同步思考 3-2**　　　　　　　**开业庆典活动策划**

小王准备开一家服装店，面积是 100m²，主要经营各种休闲服饰，消费群体主要是这个中型城市的白领顾客。店铺开在商业区，周围已有多家服装店。小王准备拿出 2 万元用于开业庆典活动。

现小王找到某营销策划公司，希望能为她设计一个别具特色、富有创意的开业庆典活动，把知名度一炮打响。如果公司决定将这个开业庆典活动策划项目交给你运作，要求你尽快拿出别具特色、富有创意的开业庆典活动策划构思，并将策划构思写成开业庆典活动

营销策划书。请你谈谈如何构思这个开业庆典活动，你将如何撰写这份开业庆典活动营销策划书？

问题思考：为小王设计一个别具特色、富有创意的开业庆典活动并将根据营销策划书的撰写要求其写成开业庆典活动营销策划书（策划构思、策划内容和实施步骤）。

同步思考 3-2

5．附录

附录是营销策划书的附件，附录的内容对营销策划书起着补充说明的作用，便于营销策划方案的实施者了解有关问题的来龙去脉。它为营销策划方案提供了有力的佐证材料。在突出重点的基础上，凡是有助于阅读者理解营销策划方案的内容和增强阅读者对营销策划方案信心的资料都可以考虑列入附录。附录一般包括以下内容。

1）其他注意事项

为使策划顺利进行，其他重要的注意事项应附在营销策划书上。例如，执行本营销策划方案应具备的条件；必须取得哪些部门的支持协作；希望企业领导向全体员工说明本营销策划方案的重要意义，借以达成共识，通力合作等。

2）参考文献

有助于完成本营销策划方案的参考文献，包括报纸、杂志、书籍、演讲稿、企业内部资料、政府统计资料、调查问卷、调查报告等，均应一一列出。这样做既可表明营销策划者负责的态度，又可增加营销策划方案的可信度。

营销策划书的编制一般由以上五项内容构成。企业产品不同，营销策划目标不同，则所侧重的各项内容在编制上也应有详略取舍。

同步课堂训练 3-2

根据教学情况，灵活安排学生完成本项目实训教学中评价分析训练的第 4～6 题，混合选择训练的第 4～6 题，案例分析训练的选择训练题和分析训练题，情景模拟演练的第 2 题。

实训教学

一、评价分析训练

1．尽管营销策划书是营销策划方案的书面反映形式，但营销策划书的内容是否能准确传达营销策划者的真实意图并不重要。

2．合理使用理论依据，充分利用数据说明问题，能提高营销策划内容的可信性，更好地说服阅读者，达到事半功倍的效果。

3．撰写营销策划书要注意突出重点，抓住要解决的核心问题，深入分析，提出针对性

强的、可行性大的相应对策，切忌华而不实、废话连篇，因此，要避免使用举例说明，以节省篇幅。

4．营销策划书的构成有 5W2H1E，即 What（什么）、Who（谁）、Where（何处）、When（何时）、Why（为什么）、How（如何）、How much（多少）和 Effect（效果）。但有人认为具备 5W1H 就可以了，How much 和 Effect 可以忽略。

5．营销策划书作为一种商业应用文应具有一定的格式，在策划的内容与编制格式上是基本相同的。

6．衡量营销策划书的好坏关键是看构思创意和操作细节安排等内容，至于营销策划书的封面设计就是一个无关紧要的问题。

分析要点

二、混合选择训练

1．概括起来，营销策划书的作用有（　　）。
   A．准确完整地反映营销策划的内容
   B．充分有效地说服决策者
   C．鼓舞员工的斗志
   D．作为执行和控制的依据
   E．知道营销策划的结果

2．为了提高营销策划书的准确性与科学性，在撰写时必须遵循（　　）。
   A．逻辑思维原则　　　　　B．简洁朴实原则　　　　　C．可操作原则
   D．创意新颖原则　　　　　E．准确可靠原则

3．撰写营销策划书时应十分注重的三项技巧是（　　）。
   A．可信性　　　　　　　　B．可操作性　　　　　　　C．视觉效果
   D．良好印象　　　　　　　E．说服力

4．营销策划书的基本内容一般应该包括（　　）。
   A．封面　　　B．前言　　　C．目录　　　D．正文　　　E．附录

5．营销策划书的正文一般应该包括（　　）。
   A．营销策划目标
   B．环境分析
   C．营销战略和营销组合策略
   D．具体行动方案（行事历）
   E．费用预算

6．制定营销战略和营销组合策略时应遵循的基本原则有（　　）。
   A．对症下药　　　　　　　B．体现领导意图　　　　　C．因地制宜
   D．切实可行　　　　　　　E．符合当前政治形势

在线测评

三、案例分析训练

（一）选择训练

"教师节"营销企划方案

情境描述：

9月10日为教师节，为充分挖掘准客户，进一步提高重疾保险的社会知名度，开拓潜在客户群体，特制订"教师节"营销企划方案。

活动主题：感恩老师，重疾无忧！

活动时间：教师节当天及前后

活动目的：通过在教师节当天及前后组织一系列的营销活动，进一步弘扬中华民族尊师重教的美德，表达保险公司对教师的慰问、回馈之情。同时，借助这次营销活动，进一步向社会展示重大疾病保险的独特魅力，提高公司的知名度、美誉度，以达到在教师中开发潜在客户群体的目的。

市场定位：以在职教师为主要对象。

活动内容：

（1）向教师发送教师节祝福短信，营造浓郁的售前氛围。短信内容设计一定要彰显深厚的文学功底，夺人眼球，切忌落入俗套。

（2）按照教师家庭地址邮寄贺卡和保险计划书。保险计划书设计要尽量做到因人而异，对不同年龄阶段、不同家庭经济负担背景的教师做到了如指掌，这样才会有信服度。

（3）节后回访。自9月11日起，对已收到计划书的教师进行逐一电话回访，在缴费话术上采取"化整为零"的方式。例如，"您每天节省1元钱，就能换来10万元的重疾保障。"

然后，对电话回访的教师进行筛选过滤，建立准客户级别档案，对有意向的教师进行预约登门拜访。登门拜访时，最好以小团队的形式进行展业公关，可以借助学生或社会其他关系进行接洽。

活动组织及相关要求：

（1）发送手机短信。一是各基层公司、营销团队要积极通过团险部与学校、电信部门联系，可利用学平险理赔服务优势，打动校方提供教师信息资料。二是要统一企业发送短信宣传造势活动。统一制作短信内容，注意每条短信都要显示公司字样。活动期间，还可积极与当地大中专院校的学生团体、学生会联系，对教师节活动进行宣传造势，感召全体同学（包括小学生）在教师节到来之际亲自为恩师编写短信，以表达对老师的热爱，如果举办短信编写比赛，效果更佳。三是短信内容力求突出关爱教师健康，感谢、回馈恩，引导对重疾的预防和风险防范。

（2）邮寄贺卡和保险计划书。一是在教师节来临之前，各基层公司、营销团队要提早将重疾产品宣传单备齐，贺卡要印有公司标志，对不同年龄段的教师计划书要组织专人精心赶制，统一格式，标明营销员电话和公司统一服务电话，对专线座席生进行培训，以备客户咨询。二是细分市场，并针对不同的目标群体制定不同的营销策略：①要针对目标群体消费水平的不同，制定出不同价格档次的重疾产品；②要根据教师的订购时间

不同，制定相应的价格策略。由于越临近教师节，相关的各类消费必随之上涨，因此，可对预先订购的教师给予优惠；③要开展回赠精美礼品或抽奖活动，进一步引导教师购买重疾产品。

（3）活动宣传。一是营造气氛。在教师节前，各基层公司要邀请新闻记者渲染气氛，并和新闻媒体共同举办"教师节"专题访谈节目，重点突出"教师节"话健康的重要意义，号召所有学子们在教师节对老师进行慰问；二是悬挂条幅，散发宣传单。各基层公司要统一制作"感恩老师，重疾无忧"宣传条幅、宣传标语和宣传单，宣传条幅悬挂在营业场所显著位置，组织人员选择各学校进行业务宣传介绍，争取将活动内容尽最大可能宣传给所有师生。（资料来源：薛善蒙，冯彬，《中国保险报》，2006-8-30）

请根据"教师节"营销企划方案案例在下列题目中选择适当的选项。

1．《中国保险报》刊登的《"教师节"营销企划方案》，受版面限制，从营销策划书撰写的一般格式内容要求分析，并不完整，主要缺少的内容是（　　）。

　　A．封面　　B．前言　　C．目录　　D．正文　　E．附录

2．《中国保险报》刊登的《"教师节"营销企划方案》，受版面限制，从营销策划书正文内容分析，也不完整，主要缺少的内容是（　　）。

　　A．营销策划目标

　　B．环境分析

　　C．营销战略和营销组合策略

　　D．具体行动方案（行事历）

　　E．费用预算

3．从《"教师节"营销企划方案》的策划目的、具体营销方案等内容分析，该企划方案比较好地遵循了（　　）。

　　A．逻辑思维原则　　　　B．简洁朴实原则　　　　C．可操作原则

　　D．创意新颖原则　　　　E．准确可靠原则

4．从《"教师节"营销企划方案》内容分析，营销策划书可以起到的主要作用有（　　）。

　　A．准确完整地反映营销策划的内容

　　B．充分有效地说服决策者

　　C．鼓舞员工的斗志

　　D．作为执行和控制的依据

　　E．知道营销策划的结果

5．从《"教师节"营销企划方案》内容分析，我们在撰写营销策划书时应注重的技巧是（　　）。

　　A．可信性　　　　B．可操作性　　　　C．视觉效果

　　D．良好印象　　　　E．说服力

6．从《"教师节"营销企划方案》内容分析，我们在制定营销战略及具体营销方案时应遵循（　　）。

　　A．对症下药　　　　B．体现领导意图　　　　C．因地制宜

　　D．切实可行　　　　E．符合当前政治形势

7. 以市场营销策划的对象为标准进行分类，《"教师节"营销企划方案》属于（　　）。

　　A．企业策划　　　　　B．商品策划

　　C．服务策划　　　　　D．促销策划

8. 以市场和产品两个维度为标准进行分类，《"教师节"营销企划方案》属于（　　）。

　　A．市场渗透策划　　　B．市场开发策划

　　C．产品开发策划　　　D．服务开发策划

在线测评

（二）分析训练

"太子奶春蕾班在北京"主题策划活动

情境描述：

2006年春节期间，由太子奶独家冠名的"太子奶2006幸福之路扶贫晚会"在中央电视台播出，"太子奶春蕾班"一行26人参加了这次活动。通过一系列主题策划活动，把太子奶品牌成功地渗透到了扶贫晚会和配套活动的全过程，巧妙地把广告做到了天安门等广告禁区，以最少的人、最少的费用，开了中国企业在天安门做广告之先河，达到了"四两拨千斤"的奇效。

（1）临湘启动仪式。

在大巴车车头前面扎一个红绸大红花，在前面挡风玻璃上方贴了一张黄底红字标语，上书："湖南太子奶临湘春蕾班，我去北京天安门专车"，车身左右两侧各贴一条标语，分别为"太子奶集团扶贫助学，关爱后代"和"太子奶临湘实验学校春蕾班赴中央电视台录制春节晚会节目"。大巴车从湖北到临湘，一路成了一个流动的活广告。

出发前，主办方在人山人海的广场举行了隆重的出发仪式，邀请岳阳、临湘市委、市政府、扶贫办、民政局、宣传部、教委领导、媒体记者、公司经销商和业务员参加。会上有关领导进行了简短的讲话，宣读了董事长的一封信，同时利用鼓号队、鲜花、气球、鞭炮等现场造势。设立太子奶促销宣传台，配合开展免费品尝活动。

出发仪式后，警车和摩托车开道，大巴车在临湘市大街小巷浩浩荡荡行进。太子奶资助春蕾班进京游玩和录制春节晚会的事件，成为街头巷尾人们议论的焦点。

在"太子奶春蕾班"一行人回临湘后，主办方又举行了隆重的迎接仪式，同样警车、摩托车开道，在街上游行了一个多小时，把"太子奶春蕾班"一事炒得沸沸扬扬，当地电视台和报纸进行了专题报道，太子奶在董事长家乡确实火了一把，出尽了风头。

（2）欢迎仪式。

主办方把迎接地点设在人海如潮的北京西客站广场，并举着"热烈欢迎太子奶春蕾班赴京参加春节晚会节目录制"广告牌在人群中走动和在出站口等候，好像是来火车站迎接一个胜利归来的英雄团队。当"太子奶春蕾班"一行人来到北京，大巴车就直接开到火车站，主办方举行了简短的欢迎仪式，然后举着牌子，打着旗帜，引导队伍在车站内外密集的人流中穿行。这一举动吸引了全国各地的旅客，通过旅客传遍大江南北。

（3）牵线搭桥，巧做"红娘"。

北京景山学校是一所历史悠久，闻名海内外的品牌学校，邓小平曾为这所学校题写过校名，"教育要面向现代化、面向世界、面向未来"的题词就出自这里。如何让"太子奶春蕾班"跟这所学校攀上亲，让"太子奶"三个字挂上这所全国著名的学校的名字走向千家

万户，走进产品的目标对象？主办方经过精心策划，通过信函联系和多次登门拜访，终于打动了他们，使他们同意与湖南临湘实验学校结成帮扶对子。

借晚会录制契机，主办方及时邀请该校校长到晚会现场，并将其安排在贵宾席，同时送上两箱太子奶。当主办方知道他还未吃饭时，立即请他吃饭，创造条件让临湘教委和湖南临湘实验学校校长与他见面洽谈。在饭桌上，大家谈得很愉快，北京景山学校范校长邀请"太子奶春蕾班"师生到北京景山学校参观，晚上与香港学生一起参加圣诞节联欢晚会。

第二天上午，主办方带着"太子奶春蕾班"学生到北京景山学校参观，受到了他们的热情接待，并参观了该校的天象馆、电教馆、校史馆、游泳池等先进教学设备和活动场所，大大开阔了老师和学生们的眼界。北京景山学校与湖南临湘实验学校结成对子后，承诺为湖南临湘实验学校提供他们自编的内部经典教材，并在教学方法、教学设备、书籍和学习用品方面给予大力支持，为扶贫扶智献上了一片爱心。

（4）安排周密，策划有方。

整个活动，涉及多地、多人、多天、多项，看似一台晚会，其实十分繁杂，每个环节都不允许出一点纰漏。

多地：湖南临湘、北京住宿地、录制现场、北京西客站广场、天安门广场、王府井大街、中国科技馆、北京海洋馆等。

多人：太子奶集团数百人（北京总部、湖北厂、北太厂、童装）、晚会组委会、中央电视台等。

多天：从12月22日到12月25日，共计4天。

每天行程满满当当，一环紧扣一环，为此，主办方几个人每天吃住在招待所，责任到位，落实到人，全程实行"盯、关、跟"，与学生和老师同吃、同住、同活动，真正做到了精心准备、周密安排。例如，"太子奶春蕾班"的师生到京后，主办方先后两次召开会议，反复强调安全等有关事项。

为了搞好"太子奶春蕾班"学生代表回答主持人的提问，主办方字斟句酌，写好台词，虽然只有几句话，却反复在房间演练，直到满意为止，并安排董事长与"太子奶春蕾班"老师和学生在舞台合影等。可以说事无巨细，主办方都做了细致安排，使整个活动有条不紊地进行，保证了晚会的质量。（资料来源：中国管理传播网，张春健，八千元制造"中国企业广告第一案例"，原文经过压缩和改写）

案例思考与讨论：

1. "太子奶春蕾班在北京"主题策划活动取得成功的主要原因是什么？从中我们可以得到什么启示？

2. 根据资料，谈谈你准备怎样将这一主题策划活动改写为一份比较规范的营销策划书。

四、情景模拟演练

（一）年度销售计划的制订

情境描述：

李杰是一家方便面企业的销售经理，自他担任该职务3年以来，每年的销售工作计划便成了他的"必修课"，他的销售计划不仅文笔生动、描述具体，而且还往往理论联系实际、策略与实战并举、数字与表格齐下，很好地指导了他的营销团队，使其按照年度计划有条不紊地开展市场推广工作，在不断修订和检查过程中，取得了较好的引领效果。

现假定某销售经理培训班邀请李杰讲讲他的年度销售计划是如何制订的，主要包括哪几个方面的内容。

模拟开始：……

（二）终端促销活动方案的撰写

情境描述：

制订终端促销活动方案，是众多商店在市场推广运作中经常会碰到的日常事务性工作，尤其是在当前"三步一哨、五步一岗"式的众多同质化商店激烈竞争中，如何根据自身的资源优势，扬长避短，制订出切实可行而又独具特色的促销方案，以此在市场上争取主动，赢得先机，则是要动一番脑筋的。

假定某商店需要策划一个终端促销活动方案，为培育新人，决定由新人小卫撰写方案。如果你是该商店的营销策划主管，现小卫前来请教，请你谈谈一份完善的终端促销活动方案应该怎样写，应该包括哪些内容。

模拟开始：……

模拟要点

模拟要点

五、实习实训操练

（一）目标

引导学生通过切实参与和体验企业"营销策划活动"的实践，在此基础上根据企业情况为其撰写一份营销策划书，培养学生营销策划活动组织能力和营销策划书的制作能力，提升学生的营销策划职业素养，促进学生健全职业人格的塑造。

（二）方法和步骤

将学生分成若干实训组，分别选择一个企业进行本次实习实训操练活动，各实训组应通过对所选企业营销策划活动的调查了解和观察分析，总结其成功经验，分析揭示目前仍然存在的问题，提出改进方案或建议，并据此策划一次新的营销活动，在此基础上按要求撰写并制作一份营销策划书。

为确保本次实习实训操练活动卓有成效，加深学生对企业营销策划活动的了解，缩短理论学习与实践运用的距离，达到提高学生营销策划活动组织能力和营销策划书的制作能力的预期目的。

首先，应介绍实训企业情况，进行本次实训活动动员，让学生充分了解本次实训活动的意义，从思想上重视本次实训活动，为活动的顺利进行奠定良好的思想基础。

其次，重新温习营销策划基本理论知识，为活动的顺利进行奠定良好的营销策划技能基础。

再次，根据与实训企业协商的结果，规定适当的营销策划任务和考核要求，以形成必要的压力和动力，为本次实训活动的顺利进行奠定良好的行动基础。对产生良好营销策划实际效果的优胜者，由实训企业给予适当的精神激励和物质激励，以充分调动学生走向社会，进行营销策划实践活动的积极性。

最后，在本次实训活动结束时，根据每个学生参加这个单元营销策划实践表现和营销策划书撰写与制作质量评定成绩，并将该成绩作为衡量学生学习这个单元实践实训的考核成绩，具体评定方法详见"实训成绩考核"。

营销策划活动实训的操作流程如下。

（1）将全班分成若干组（以 4～6 人为宜），每组指定专人负责。严守营销策划实训活动组织纪律，确保人身安全。

（2）每个实训组在实训过程中，应在完成实训企业交给的营销策划工作任务前提下，注意仔细观察、调查了解实训企业市场营销策划活动情况。

（3）在摸清实训企业情况的基础上，制订《××企业营销策划活动实训工作计划》，分配工作任务。各实训组应根据分配的工作任务，参与并仔细体验营销策划理论在该企业营销策划活动中的运用情况。责成相关组员将工作情况进行详细记录，将记录作为实训过程性考核的重要依据。

（4）对收集的资料进行整理分析，将体验上升到理论高度。运用所学知识分析总结该企业进行营销策划活动的经验，分析揭示目前仍然存在的问题，提出改进方案或建议，并据此策划一次新的营销活动，在此基础上按要求撰写并制作一份营销策划书。

（5）在班级交流、讨论各组的《××企业××营销策划书》。

（6）根据交流、讨论结果，各组修订《××企业××营销策划书》，使之各具特色，指导教师可择优推荐给实训企业。

（三）实训成绩考核

本单元营销策划活动实训成绩考核采取过程考核与成果考核相结合的方式进行，最后按各占 50%的比例计入学生学习这个单元实践实训考核成绩。考核中要特别注重营销策划实践动手能力的考核。

过程考核包括实训态度、出勤情况、策划活动组织能力、职业道德四项考核指标。成果考核包括营销活动策划能力、营销策划书撰写与制作能力、问题思维与创新能力 3 项考核指标。营销策划活动实训成绩考核表如表 3-3 所示。

表 3-3　营销策划活动实训成绩考核表

构成	考核指标	考核标准	成绩	备注
过程考核	实训态度	态度端正，工作积极主动、认真负责	10 分	职业守则包括热爱岗位，忠于职守；遵纪守法，尊师爱徒；讲求信誉，公平竞争；关心企业，善待顾客；热情服务，勤于思考；实事求是，注重调查；严于律己，认真负责；勇于开拓，善于创新
	出勤情况	遵守纪律，出勤良好	10 分	
	策划活动组织能力	能灵活、熟练运用营销策划理论，帮助实训企业解决一些营销活动过程中的策划问题	25 分	
	职业道德	职业观念正确，职业作风过硬，遵守职业守则	5 分	
成果考核	营销活动策划能力	能正确运用营销策划理论，策划一次具有一定创新意义的营销活动	40 分	
	营销策划书撰写与制作能力	撰写内容完整，结构合理，文理通顺，格式规范，制作精美		
	问题思维与创新能力	能揭示实训企业营销策划活动中的不足，能对后续运作提出改进建议	10 分	

项目小结

- 理论教学由撰写营销策划书的原则和技巧、营销策划书的内容结构要求两部分内容构成。撰写营销策划书时应遵循逻辑思维、简洁朴实、可操作、创意新颖四项原则。撰写营销策划书时应注重可信性、可操作性、说服力、视觉效果及良好印象。任何一种营销策划书的构成都必须有 8 个基本要素（5W2H1E）。营销策划书的格式一般包括封面、前言、目录、正文、附录。

- 实训教学由评价分析训练、混合选择训练、案例分析训练、情景模拟演练、实习实训操练五部分内容构成。在实训教学过程中要体现六个有利于原则，即有利于发挥学生的主体作用，有利于培养学生学会学习，有利于培养学生的动手能力，有利于培养学生的创新精神，有利于学生个性和潜能的发展，有利于帮助学生逐步形成良好的职业道德、职业思想、职业作风及职业行为习惯。

课后阅读与欣赏　　　　一个应届生的求职策划书

模块二
营销战略策划

项目四

营销战略策划能力

学 习 目 标

知 识 目 标

- 正确理解营销战略与企业战略的关系，掌握营销战略策划的步骤。
- 掌握市场竞争策划的原则和方法。
- 准确理解企业形象策划的含义，掌握企业形象策划的程序与方法。

能 力 目 标

- 能根据营销战略策划步骤正确进行营销战略策划。
- 能为企业制订出一个比较切合企业实际的竞争方案。
- 能为企业制订出一个比较切合企业实际的企业形象策划方案。

素 养 目 标

- 逐步建立良好的营销战略策划职业观念和职业道德品质，能以积极、认真负责的态度从事营销战略策划工作。

案例导入 蒙牛的营销战略

　　蒙牛是一个有着传奇故事的企业。成立之初，蒙牛处于"无工厂、无奶源、无市场"的三无状态。对乳业市场有着深入了解的牛根生看到，当时有许多乳品企业不景气，但是这些企业并不缺乏厂房和生产设备，他们缺少的是先进的市场开拓经验和规范的管理理念。于是，蒙牛提出了"先建市场，后建工厂"借势营销战略，把有限的资金用于市场的推广，

然后把全国的工厂变成自己的加工车间。其运作方式是，只与对方合作，使用和支配其设备及人员，但不做资产转移。企业所有的设备都归原企业所有，蒙牛只是利用这些资源，用自己的管理和自己的品牌，使双方互惠互利。在短短的几个月里，蒙牛盘活了七八亿元的资产，完成了一般企业几年才能完成的扩张。开创前三年，蒙牛平均每天超越一个同类企业；开创满六年，其销售额增长 200 倍，投资收益率大于 5000%；未满八年，就成为世界同行的"领头人"。在短短的几年时间里，从无到有，从小地方的无名私企到影响整个乳制品行业首屈一指的企业，蒙牛确实是令人惊叹的。（资料来源：根据《蒙牛的营销策略—借势营销》改写）

问题：蒙牛为什么能够在几千家乳品企业的残酷竞争中脱颖而出？蒙牛的成功策划经验说明了什么？

蒙牛之所以能够在几千家乳品企业的残酷竞争中脱颖而出，关键在于它制定的"先建市场，后建工厂"借势营销战略恰当，其营销战略在残酷的市场竞争中起到了"四两拨千斤"的奇特效果，名不见经传的蒙牛在残酷的竞争中脱颖而出也就不足为奇了。

蒙牛的成功策划经验说明了正确的营销战略策划是企业在激烈的市场竞争中取胜的不二法宝。营销战略策划作为高智慧的谋略和高层次的营销艺术越来越受企业重视，那么，什么是营销战略策划，如何进行营销战略策划呢？

理论教学

一、营销战略策划

（一）营销战略与企业战略

战略最早是军事方面的概念，指军事将领指挥军队作战的谋略。在中国，"战略"一词历史久远，"战"指战争，"略"指"谋略"。春秋时期孙武的《孙子兵法》被认为是中国最早的对战略进行全局筹划的著作。企业战略是企业面对激烈变化、严峻挑战的环境，求得长期生存和不断发展而进行的总体性的谋划。企业战略的核心就是要获取竞争优势，形成企业核心竞争力。企业战略从内容上可分为发展战略、竞争战略、营销战略、财务战略、人力资源战略、组织战略、研发战略、生产战略、品牌战略等。因此，营销战略是企业战略的一部分。

营销战略策划是指企业在现代市场营销观念指导下，为适应环境和市场的变化，为实现企业经营目标，以期长期生存和不断发展，对企业一定时期内市场营销发展的总体设计与谋划。现代企业营销战略一般包括战略思想、战略目标、战略行动、战略重点、战略阶段及战略模式等。战略思想是指导企业制定与实施战略的观念和思维方式，是指导企业进行战略决策的行动准则。战略目标为企业发展指明方向。战略行动则以战略目标为准则，

选择适当的战略重点、战略阶段和战略模式。

一般来说，大多数的营销战略都是根据企业总体战略来制定的，很多企业往往都是先由企业的最高领导层为企业描绘出企业的宏伟蓝图，然后再让各职能部门的管理者在此基础上制订各职能部门的战略计划。但是我们也应该看到，随着营销战略在企业实现目标的过程中起到越来越大的作用，营销战略已经逐步挣脱了企业总体战略对其的制约和主导，越来越偏向以目标市场和顾客为导向，同时遵循总体成本领先战略、差异化战略、专一化战略的三大成功通用战略的原则。三大成功通用战略的原则，成为企业战略取胜的不二法宝。在战略制定方向上已经从以前的自上而下变成了自下而上，形成了新的逆向关系。

（二）营销战略策划的步骤

营销战略策划一般包括四个主要步骤：①分析诊断市场，寻找营销机会；②确定营销战略目标，进行 STP 策划；③确定营销策略组合，将营销战略任务具体化；④进行营销活动管理，确保营销战略目标实现。

1. 分析诊断市场，寻找营销机会

进行营销战略策划，首先必须分析诊断市场，寻找营销机会。营销机会就是指市场上存在的尚未满足或尚未完全满足的需求，而企业又具有竞争优势的领域。营销策划者可以采用以下方法寻找、发现营销机会。

（1）市场信息收集法：营销策划者可通过阅读报纸、网上浏览、参加展销会、研究竞争者的产品、召开献计献策会、对消费者展开调查等方式来寻找、发现或识别未满足的需求。

（2）借助产品/市场矩阵：企业可以考虑采取市场渗透、市场开发、产品开发和多角化经营等方式来寻找营销机会。

（3）通过市场细分发现营销机会。必须注意的是，在竞争激烈的买方市场，有利可图的营销机会并不多。企业必须对市场结构、消费者、竞争者行为进行调查研究，识别、评价营销机会，确定最适合本企业的营销机会。

2. 确定营销战略目标，进行 STP 策划

企业应该在正确的营销战略思想指导下制定营销战略目标，为企业发展指明方向。为实现营销战略目标，可根据市场、竞争、企业自身情况，选择采用总体成本领先战略、差异化战略、专一化战略，进行 STP 策划。STP 策划就是通过调查和分析，根据企业的实际情况，对企业的市场进行细分，在细分的基础上确定企业的目标市场，并为企业或产品确定科学的市场地位的谋划活动过程。STP 是 Segmenting Market（市场细分）、Targeting Market（目标市场选择）和 Positioning Market（市场定位）的缩写形式。在市场细分、目标市场选择和市场定位三个环节中，市场定位是核心环节。进行 STP 策划，要求营销策划者必须做到对企业情况全面了解，对当前市场形势有准确的分析，对未来市场走势有科学准确的预测。STP 策划可分为以下三大步骤：首先科学地进行市场细分，然后正确地选择目标市场，最后准确地进行市场定位。通过科学的市场细分，企业可以发现一个或数个符合企业实际情况的营销机会，从而为正确地选择目标市场和准确地进行市场定位奠定良好基础。而企业在对某一市场进行科学细分之后，就需要通过对不同的细分市场进行分析、评估，找出并选取最适合公司经营的一个或几个细分市场作为目标市场。在选定目标市场之后，营销

策划者必须根据市场竞争状况和自身条件，建立和发展差异化竞争优势，使自己的产品在顾客心目中形成区别并优于竞争对手产品的独特形象，即市场定位。STP 策划的每一步对企业的目标市场战略都起着相当重要的作用。

同步思考4-1　　　　南方照相馆的市场定位

某市南方照相馆根据自身是小型店的特点，不是一味地去争那些利润大的热门服务项目，而是开辟一些被人忽视的"化妆套照""婚礼摄像"等服务项目，为市场拾遗补阙，赢得社会各界的好评，连续两年经济效益居全市同行业中小型企业之首。

这个店通过市场调查，发现消费者要求照"化妆套照"的很多，而市内一般照相馆均认为"化妆套照"程序多、利润低，因此不愿推出该项目。于是他们瞄准这一"空当"，投资了 3 万多元，开设了豪华照相馆，在全市首家推出了"化妆套照"服务项目——一次照 4 张相，每套仅收 10 元钱。这一新的服务项目一推出，立即受到了各个层次消费者的欢迎，该店自推出这项服务 5 个月来，仅这项服务共接待顾客 2000 多人次。这家照相馆的经理说："'化妆套照'虽然利润低，但它的社会效果好。我店全盘业务这样红火，'套照'为我们帮了大忙。"这个店随后又在全市首家推出了配合"婚纱照"的"婚礼摄像"和"儿童系列照"等服务项目，这些新的服务项目，与"化妆套照"服务项目相得益彰，使该店知名度日益扩大。

问题思考：从某市南方照相馆的市场定位策划过程中，我们可以获得什么启示？

同步思考 4-1

3. 确定营销策略组合，将营销战略任务具体化

为了满足目标市场的需要，实现企业营销战略目标，企业应对自身可以控制的各种营销要素进行优化组合，将营销战略任务具体化，重点应该在产品策略策划、价格策略策划、渠道策略策划和促销策略策划上。

4. 进行营销活动管理，确保实现营销战略目标

企业营销战略策划的最后一步就是进行营销活动管理，以确保实现营销战略目标。为此，必须做好以下三项工作。

（1）制订正确的营销计划。既要制订长期战略计划，决定企业的发展方向和目标，又要制订具体的市场营销计划，具体实施营销战略目标。

（2）组建一个高效的营销组织机构。营销计划需要由一个强有力的营销组织来执行。根据营销战略目标，需要组建一个高效的营销组织机构，以便对营销组织人员实施筛选、培训、激励和评估等一系列管理活动。

（3）有效实施营销控制。在营销计划实施过程中，需要控制系统来保证营销战略目标的实施。营销控制主要有企业年度计划控制、企业盈利控制、营销战略控制等。

营销计划是营销组织活动的指导，营销组织负责实施营销计划，它们是一种相互联系、相互制约的关系。

同步课堂训练4-1

根据教学情况，灵活安排学生完成本项目实训教学中评价分析训练的第1～3题，混合选择训练的第1题和第2题，案例分析训练的第1题，情景模拟演练的第1题。

二、市场竞争策划

市场竞争是市场经济的基本特征。在市场经济条件下，企业从各自的利益出发，为取得较好的产销条件、获得更多的市场资源而展开竞争。通过竞争，实现企业的优胜劣汰，进而实现生产要素的优化配置。

市场竞争策划是指策划者根据外部环境和企业内部条件，采取恰当方法、适当策略使企业在竞争中处于有利地位，提高企业的经营业绩和抗风险能力，从而使企业在竞争中取胜的谋划活动。

（一）市场竞争战略策划

1. 高质量竞争战略

高质量竞争战略，就是企业以高质量作为主要竞争手段，致力于树立高质量的企业形象，力争在竞争中以高质量超越竞争对手的战略。作为一种竞争战略，高质量竞争战略的优势是明显的，它是一切竞争手段的前提和基础，也是树立良好企业形象的基础。

2. 低成本竞争战略

低成本竞争战略，就是企业以低成本作为主要竞争手段，力求使自己与同行企业相比，在成本方面占有优势地位的战略。实现低成本战略的关键是发挥规模经济的作用，使生产规模扩大、产量增加，使单位产品固定成本下降。

3. 差异优势竞争战略

差异优势竞争战略，就是企业以表现某些方面的独到之处作为主要竞争手段，希望在与竞争对手的差异比较中占有优势地位的战略。这里的差异包括产品的性能、质量、款式、商标、型号、档次、产地、生产产品所采用的技术、工艺、原材料、售前服务、售后服务及销售网点等方面的差异。

4. 集中优势竞争战略

集中优势竞争战略，就是企业致力于某一个或少数几个消费者群体为其提供服务，力争在局部市场中取得竞争优势的战略。

（二）市场竞争策略策划

市场竞争策略策划，就是企业依据自己在市场上的地位，为实现市场竞争战略和适应市场竞争形势而采用具体行动方式的谋划活动。根据企业在市场上的竞争地位不同，企业的市场竞争地位可以分为以下四种类型：市场领先者、市场挑战者、市场跟随者、市场补缺者。

1. 市场领先者策略

市场领先者，就是在同类产品市场上占有率最高的企业。一般情况下，市场领先者要保持自己的领先地位，可采取以下方法。

（1）扩大市场需求量。可采取发掘新的使用者、鼓励更多的人使用、开辟产品的新用途等方法。

（2）保护市场占有率。可采取有阵地防御、侧翼防御、先发防御、反攻防御、运动防御和收缩防御等方法。

（3）提高市场占有率。市场领先者可设法通过提高企业的市场占有率的途径来增加收益、保持自身的成长和主导地位。但在提高市场占有率时必须考虑以下因素：注意不要引起反垄断活动；为提高市场占有率而付出的代价；采用的营销组合策略的恰当性。

2. 市场挑战者策略

市场挑战者策略，就是在市场上处于落后地位的企业在具备一定实力后，为争取达到市场领先地位，勇于向市场领先者发起挑战的策略。

（1）确定战略目标和挑战对象。①攻击市场领导者。②攻击旗鼓相当者。③攻击当地的小企业。挑战者可想办法争取它们的顾客，甚至吞并小企业，以扩大自己的实力。

（2）选择进攻策略。市场挑战者在确定了战略目标和进攻对象后，还必须选择正确的进攻策略。可供选择的进攻策略有正面进攻、侧翼进攻、包围进攻、迂回进攻和游击进攻。

同步思考 4-2　　　　　　　**百事可乐挑战可口可乐**

可口可乐自 1886 年问世以来，在长达半个多世纪的岁月中，一直独霸饮料市场，是饮料王国中名副其实的"巨人"。

继可口可乐问世后，一个名叫凯莱布·布拉伯汉的人把一种叫作布拉德的饮料改名为百事可乐，并向可口可乐发起挑战。但是可口可乐太强大了，百事可乐只能远远地跟在后面充当一个小"兄弟"。

随着时间的推移，百事可乐发现了可口可乐一个致命的弱点：几十年过去，可口可乐的配方和经营原则，甚至连包装都没有任何变化。于是，百事可乐大胆地改变了自己的包装，向市场推出一种 12 盎司（1 盎司=29.27ml）的新型瓶装百事可乐（可口可乐为 6.5 盎司的瓶装），售价同可口可乐也是 5 美分一瓶。一时间，亚特兰大城内到处是"五美分买双份"的喊声。面对百事可乐的挑战，可口可乐束手无策，只好大幅度降价。

百事可乐赢了一局后，针对可口可乐的"老传统"形象，发动广告大战，把自己描绘成"年轻、富有朝气、富有进取精神"的形象，仿佛喝了百事可乐，人也会变得朝气勃勃一样。经过这样一番大张旗鼓的宣传，喝百事可乐成了"新潮流"的象征，而喝可口可乐则成了"因循守旧、不合时尚"的象征，此举让百事可乐的销售额猛增。20 世纪 70 年代，百事可乐还精心策划了一场震撼世界饮料业的"口味"大挑战，在整个策划活动中，百事可乐首先请参与者品尝各种没有品牌标志的饮料，然后请他们说出哪一种口味更好，并对品尝者口味试验进行了全程现场直播。结果，在品尝者中，三分之二的人挑选了百事可乐。百事可乐策划的这场"挑战可口可乐"活动，最终取得了成功。

问题思考：百事可乐在挑战可口可乐的过程中，运用了哪些进攻策略？我们能从中得到哪些启示？

3. 市场跟随者策略

市场跟随者策略，就是那些在市场上处于并安于次要地位的企业，参与竞争但不扰乱市场局面，紧密跟随市场领先者，力争在共处的状态下求得尽可能多的利益的策略。

（1）紧密跟随。

（2）有距离跟随。

（3）有选择跟随。

4. 市场补缺者策略

市场补缺者策略，就是精心服务于总体市场中的某些细分市场，避开与占主导地位的企业竞争，通过发展独有的专业化经营来寻找企业生存与发展空间的策略。

同步课堂训练4-2

根据教学情况，灵活安排学生完成本项目实训教学中评价分析训练的第4题和第5题，混合选择训练的第3~5题，案例分析训练的第2题，情景模拟演练的第2题。

三、企业形象策划

（一）企业形象识别系统

企业形象识别系统（Corporate Identity System，CIS）是为使企业在竞争中脱颖而出，针对企业的经营状况和所处的市场竞争环境，从形象的角度对公司和企业进行理念、行为和视觉方面的规划和管理，有目的、有计划地规范企业的价值观、目标、公关策略、服务营销、产品标识及广告等，将企业的内部文化和外部表现结合起来，内外兼修，构成形象的合力，从而冲击市场，赢得消费者的信任与支持。世界众多知名品牌，如IBM、麦当劳、可口可乐、松下、索尼、佳能等，无不借助CIS这一现代化的经营战略称雄国际。

最早将CIS作为一个系统而列入企业营销策划活动之中的，可追溯到1914年，德国著名设计师彼得·贝伦斯为AGE公司设计的电器商标，并成功应用于各种经营活动，这是CIS最早的雏形。1955年，IBM公司率先将CIS作为一种管理手段纳入企业的改革之中，开展了一系列有别于其他公司的商业设计行动。20世纪70年代，随着世界商业活动的日趋频繁，CIS之风吹遍全球。20世纪80年代初，CIS登陆我国，一些具有远见卓识的企业领导率先引入识别系统，从最早的太阳神到康佳、海尔，它们都通过CIS策划使企业建立了良好的形象，也成为我国最早的受益企业。

CIS由理念识别系统（Mind Identity System，MIS）、行为识别系统（Behavior Identity System，BIS）和视觉识别系统（Visual Identity System，VIS）三部分构成。

MIS的主要内容包括企业精神、企业价值观、企业文化、企业信条、经营观念、经营方针、市场定位、产业构成、组织体制、管理原则、社会责任和发展规划等。企业为了确立自己的经营理念，必须对目前和将来一定时期的经营目标、企业文化、精神标语、经营

方式、方针策略和营销状态等进行总体规划和界定。例如，IBM 公司确定"以人为核心，并向用户提供最优服务"的企业精神，从而把该公司贯穿于生产经营全过程的基本风貌、传统习惯、经营伦理学的基本特色及获得成功的基本经验画龙点睛般地概括出来。MIS 是 CIS 三部分中的核心部分，它给整个系统奠定了理论基础和提供了行为准则，并通过 BIS、VIS 表达出来。所有的行为活动与视觉设计都是围绕着 MIS 展开的，成功的 BIS 与 VIS 必须能够将企业富有个性的、独特的精神准确地表达出来。

BIS 是一种动态识别系统。企业为了实践经营理念与创造企业文化，必须对企业运作方式做出统一规划，从而形成了对内、对外两种活动。对内的活动包括组织制度、管理规范、行为规范、干部教育、职工教育、工作环境、生产设备、福利制度等；对外的活动包括市场调查、公共关系、营销活动、流通对策、产品研发、公益性及文化性活动等。企业通过这一系列活动将企业理念、企业文化的精神实质推展到企业内部的每一个角落，成为凝聚员工的巨大精神力量，形成良好的行为举止，塑造良好的企业形象，赢得社会公众的认同。

VIS 是一种以企业名称、企业标志、标准字、标准色为核心展开的企业视觉静态识别系统。通过 VIS 将企业的经营理念、企业文化、服务内容、企业规范等抽象概念转换为具体符号，塑造出独特的企业形象。在 CIS 策划中，VIS 策划最具传播力和感染力，最容易被公众接受，且具有重要意义。VIS 包括基本要素（企业名称、企业标志、标准字、标准色、企业造型等）和应用要素（产品造型、办公用品、服装、招牌、交通工具等），通过具体符号的视觉传达设计，直接进入人脑，留下对企业的视觉影像。系统化的 VIS 策划，可以帮助人们快速达到认知和识别的目的。

塑造企业形象虽然不一定马上给企业带来经济效益，但它能创造良好的社会效益，获得社会的认同感、价值观，最终会收到由社会效益转化来的经济效益，因此，塑造企业形象是企业一笔重大而长远的无形资产投资。

未来的企业竞争不仅仅是产品品质、品种之战，更是企业形象之战，因此，塑造企业形象已逐渐成为具有发展眼光的企业的长期战略。

同步思考4-3　　　　基德的企业形象塑造

近年来，山东基德生态科技有限公司（以下简称"基德公司"）在稳步提升产品质量和层次的同时，把塑造全新的企业形象摆在了同样重要的位置。

为了规范员工的日常行为，基德公司制定了完善的企业文化手册，对基德人的理念、目标、作风等进行规范，并在每一个车间张贴一系列叩击心扉的宣传标语，如"产品即人品""只为成功想办法，不为失败找理由""大胜靠德、大智靠学、大业靠拼、大牌靠创"等，致力于把企业打造成同心同德、勠力同心的进取型团队。

为了提升企业整体形象，基德公司为全厂 2000 多名员工定做了舒适美观的纯棉工作服，使之成为基德公司一道蔚为壮观的风景线，并在全体员工中推行军事化管理，进一步提升了基德公司的向心力和凝聚力。除此之外，基德公司还投入 10 余万元制作了反映基德公司实力及形象的大型户外广告牌，从而有效地提升了企业的知名度和美誉度。

问题思考：基德公司从哪些方面对其企业进行了形象塑造？试运用 CIS 理论分析。

（二）企业形象策划程序

企业在决定建立 CIS 之后，就必须考虑如何进行企业形象策划问题。一般来说，企业形象策划程序大致可分为五步。

第一步：CIS 策划的准备。

首先，成立以公司最高领导人为中心的 CIS 筹备委员会，成员可从公司各个部门的中层管理者中选出。同时，公司还可以邀请专家来公司指导，或选派主管到已实施 CIS 策划的企业学习请教。然后，CIS 筹备委员会应仔细研究 CIS 策划，明确公司必须实施 CIS 策划的理由，了解实施 CIS 策划的意义和目的。最后，决定 CIS 策划的大概范围，是只改良企业标志、象征造型，还是要彻底改变、重新检讨整个企业理念？

做出决定后，必须责成 CIS 筹备委员会，妥善安排企业形象策划进度时间表，并同时决定是自己还是委托一家专业 CIS 策划机构从事具体策划实施工作。一般而言，CIS 的导入时间约为一年半，最短不低于一年。

第二步：企业现状分析。

企业现状分析包括企业内部环境分析和企业外部环境分析。企业内部环境分析，是指通过与企业最高管理者面谈，对各部门负责人、员工进行企业形象调查、视觉识别审查等活动，找出企业目前存在的问题，使问题明晰化，使企业形象策划主题明确化。企业外部环境的分析是指通过分析社会环境、当前市场和其他竞争企业形象，掌握本公司在同行业中的地位，摸索、探讨公司今后的存在位置。

第三步：企业理念和事业领域的确定。

以企业的经营意志和社会、市场背景为基础，并在科学预测的基础上确定公司的事业领域。同时，将现存的企业理念与现在、未来相对照，据此确定企业活动的范围和方向。

第四步：企业结构的整合。

根据企业理念、事业领域来检讨企业内部结构，着手改善与提高企业整体素质。在专业 CIS 公司或策划人员的协助下，设定企业内的组织和体制，以及信息传递系统，以形成新的企业素质。

第五步：整合行为识别、视觉识别。

行为识别是指对企业结构的整合过程表现出新的企业活动行为。员工行为方面，可积极地推行内部促进运动，帮助企业理念的贯彻实施，使企业整体行为得到统一。

视觉识别是指每个人看到的信息传递标识，应以统一的 VIS，把企业的理念有效地传递给社会公众。

上述五步只是企业形象策划的基本程序。企业形象策划中各个步骤和程序的配合，应根据各企业的具体情况而定。企业在建立 CIS 时，一定要考虑公司本身的需要和状况，只有这样，才能充分发挥出 CIS 的效果。

同步课堂训练4-3

根据教学情况，灵活安排学生完成本项目实训教学中评价分析训练的第 6～8 题，混合选择训练的第 6～10 题，案例分析训练的第 3 题，情景模拟演练的第 3 题。

实训教学

一、评价分析训练

1. 营销战略都是根据企业的总体战略来制定的，很多企业往往都是先由企业的最高领导层为企业描绘出企业的宏伟蓝图，然后再让各职能部门的管理者在此基础上制订各职能部门的战略计划。

2. STP 策划可分为三大步骤：首先正确地选择目标市场，然后科学地进行市场细分，最后准确地进行市场定位。

3. STP 策划，就是通过调查和分析，根据企业的实际情况，对企业的市场进行细分，在细分的基础上确定企业的目标市场，并为企业或产品确定科学的市场地位的活动过程。

4. 今天你跟我做生意，咱们就是朋友。明天，你和别人去做生意，我们就不可能再做朋友啦。

5. 市场竞争就是你死我活。

6. 未来的企业竞争不仅仅是产品品质、品种之战，更是企业形象之战。

7. 企业形象的塑造是一个漫长的过程，不一定马上给企业带来经济效益，因此，企业形象的塑造对于企业而言，并不十分重要。

8. VIS 是 CIS 三部分中的核心部分，企业所有的行为活动与视觉设计都是围绕着 VIS 展开的。

分析要点

二、混合选择训练

1. 营销战略策划的步骤一般包括（　　　）。

　　A. 分析诊断市场，寻找营销机会

　　B. 确定营销战略目标，进行 STP 策划

　　C. 确定营销策略组合，将营销战略任务具体化

　　D. 进行营销活动管理，确保实现营销战略目标

　　E. 进行产品、价格、渠道、促销策划

2. 为实现营销战略目标，可根据市场、竞争、企业自身情况，选择采用（　　　）战略，进行 STP 策划。

　　A. 总体成本领先　　　　　　　　　　B. 个体成本领先

　　C. 差异化　　　　　　　　　　　　　D. 同质化

　　E. 专一化

3．市场竞争战略有（　　　）。

　　A．高质量竞争战略　　　　　　　　　B．低成本竞争战略

　　C．低质量竞争战略　　　　　　　　　D．差异优势竞争战略

　　E．集中优势竞争战略

4．市场领导者要保持自己的领导地位，可采取的方法有（　　　）。

　　A．扩大市场需求量　　　　　　　　　B．缩小市场需求量

　　C．保护市场占有率　　　　　　　　　D．提高市场占有率

　　E．降低市场占有率

5．市场挑战者在确定了战略目标和进攻对象后，还必须选择正确的进攻策略。可供选择的进攻策略有（　　　）。

　　A．正面进攻　　　　　　　　　　　　B．侧翼进攻

　　C．包围进攻　　　　　　　　　　　　D．迂回进攻

　　E．游击进攻

6．企业形象策划的程序有（　　　）。

　　A．CIS 策划的准备　　　　　　　　　B．企业现状分析

　　C．企业理念和事业领域的确定　　　　D．企业结构的整合

　　E．整合行为识别、视觉识别

7．IBM 公司确定"以人为核心，并向用户提供最优服务"的企业精神，这属于（　　　）。

　　A．MIS　　　　　　B．BIS　　　　　　C．VIS　　　　　　D．TVS

8．CIS 包括理念识别、行为识别和视觉识别三个部分。其中，（　　　）。

　　A．理念识别是 CIS 中的核心部分

　　B．行为识别是 CIS 中的核心部分

　　C．品质识别是 CIS 中的核心部分

　　D．视觉识别是 CIS 中的核心部分

9．肯德基餐厅大门口的"KFC"及标准的"肯德基"标识属于肯德基企业形象中的（　　　）。

　　A．理念识别　　　　　B．行为识别　　　　　C．视觉识别　　　　　D．品质识别

10．VIS 包括基本要素和应用要素，以下属于应用要素的是（　　　）。

　　A．企业名称和企业标志　　　　　　　B．标准字和标准色

　　C．办公用品和服装　　　　　　　　　D．企业造型和员工造型

　　E．招牌和交通工具

三、案例分析训练

在线测评

（一）中国联通的营销战略

情境描述：

2020 年 1 月 7 日，在"腾飞中国•5G 智慧医疗峰会"上，中国联通网研院院长在会上进行了专题演讲《5G，推进智慧医疗服务升级与创新》，向现场嘉宾介绍了中国联通在智慧

医疗领域的核心能力及丰硕成果。张院长谈到："中国联通网络技术研究院围绕 5G、物联网、云计算等新技术，聚焦智慧医疗行业的创新业务与产业新模式的发展。中国联通在智慧医疗行业的布局包括辅助智慧院前、院内智能运维、远程院间协同等场景，此次与飞利浦公司的合作，是中国联通网研院在健康医疗产业上的战略布局，将有效推动 5G 技术在健康医疗解决方案中的深入应用，会为民众带来有意义的创新。"会上，飞利浦与中国联通网研院共同签署了战略合作备忘录，充分结合双方优势，推动 5G 技术在健康医疗解决方案中的深入应用。

案例思考与讨论：

针对 5G 智慧医疗这一应用场景，你认为中国联通新的营销战略是否恰当？如果由你来策划具体落地方案，你会如何策划运作？

（二）奥普公司

分析要点

情境描述：

××××年，当中国人"随时在家洗个热水澡"的梦想因热水器的大量上市而变成现实时，人们又感觉到，洗浴时浴室的温度太低（尤其是在冬季的南方）。正当无奈之际，奥普浴霸在中国杭州生产的产品已经下线了。该产品在中国部分城市上市后，立即引起强烈反响，在许多销售点出现供不应求的现象。7 年后，奥普浴霸在中国内地市场已拥有近 300 万用户，用户群对产品的理解已经开始从奢侈品转变为大众适用商品，继而奥普浴霸成为家庭浴室的必备用品。

随着消费需求的不断扩大，浴霸市场迅速成长起来，奥普浴霸的领导地位使众多的后来者纷纷效仿与假冒，各种各样的牌子不下几十个，叫卖声此起彼伏。然而，随着竞争的加剧，许多品牌纷纷败下阵来。

在竞争面前，奥普公司采取的是鼓励竞争对手参与的竞争谋略。奥普公司认为，有竞争才会有发展，有竞争才会有进步。VCD 等小家电的兴衰发展事实告诫了奥普公司，任何一个企业只有通过竞争才能真正成长，奥普公司想要在风云变幻的市场中立稳脚跟，保持领先地位，竞争是必经之路。

奥普公司将竞争对手分为两类：毁灭行业的恶性竞争对手和发展行业的良性伙伴式竞争对手。前一种竞争对手是奥普公司非常反感和必须戒备的，因为那是损害消费者利益的不正当竞争。例如，为了短期利益偷工减料，生产完全没有安全保障的产品，将这些浴霸投入市场无疑是在消费者家中放了一颗定时炸弹，必将把行业推向灭亡。奥普公司真正期望出现的是伙伴式竞争对手，因为它们可以对行业发展起到推进作用，对奥普公司来讲，没有它们，其实是一种潜在的危机，不少企业就是由于没有竞争和居安思危的意识而失掉了整个市场。

所以，奥普公司不但希望有竞争对手，而且希望竞争对手是强大的，如果有强势企业加入浴霸行业，那将是一场真正的竞争，这不仅仅是对奥普公司的一次考验，更会给整个浴霸行业带来新气象。同时，在与它们的竞争中，奥普公司有足够的信心保持自己的专业领先优势。想要成为巨人，就要踩在巨人的肩膀上。正是这样的经营思想，使奥普公司成为一个心态良好的市场领先者。

案例思考与讨论：

奥普公司为什么能够成为市场竞争领先者？它在竞争中使用了什么样的谋略？效果如何？你认为奥普公司还可以使用哪些竞争谋略来提升竞争能力？

分析要点

（三）奔驰公司的形象

情境描述：

《金融时报》曾有报道，由于汽车电子设备和后座安全带设计存在缺陷，奔驰公司被迫在本月召回大量已出售的奔驰 R 级车。被奔驰公司寄予厚望的这款全新设计、全新概念车在北美市场出师不利。

为了维持 R 级车的销量，奔驰公司决定给美国经销商 5000 美元/辆的优惠，但大多数经销商直接将这 5000 美元让利于客户，导致美国市场原本售价在 4.88 万美元的 R 级车卖得比其他低级别奔驰车还便宜，客户对 R 级车的电子设备的质量产生了怀疑，使奔驰公司的形象也大打折扣。

案例思考与讨论：

奔驰公司的形象为什么会大打折扣？我们应从中吸取哪些经验教训？如果请你为奔驰公司出谋划策，你认为奔驰公司可采取什么措施达到重塑形象的目的？

分析要点

四、情景模拟演练

（一）健康的酒，茅台酒

情境描述：

茅台酒曾在中央电视台播放了这样一则广告：妻子为在外归来的丈夫倒上一杯茅台酒，然后柔情蜜意地望着丈夫，这时画外音响起——健康的酒，茅台酒。

茅台酒这则广告促销效果如何？请应用营销战略策划知识谈谈你看到这个广告后的感受，如果由你策划，你会如何构思？

模拟开始：……

模拟要点

（二）因势利导，把不利变有利

情境描述：

河南的刘经理刚刚在一个大型高端社区门口找到一套房子，准备开一家大一点的美容院。开始，刘经理还庆幸自己找到了一个既有巨大市场潜力又没有竞争对手的好位置，没过几天却发现旁边不到 50m 远的地方也有一家美容院正在装修，一打听才知道其租的是两套房子，面积比自己的大一倍，更重要的是原来对方是鹤壁日化线的老大——欧莱雅的代理，而且开前店后院也很多年了，这次是要开一家专业的大型美容会所。面对突如其来的市场变数，刘经理的心情也一落千丈，怎么办？百般无奈之下，刘经理决定求助于某专业营销策划公司。（资料来源：李东，一场先入为主的营销出击战，中国营销传播网）

假如你是该专业营销策划公司的经理，你将如何运用公司策划团队集体的智慧，帮助刘经理改变不利局面，取得市场竞争的胜利？

模拟开始：……

模拟要点

（三）终端信息员小李

情境描述：

5 月下旬，空调逐渐进入销售旺季，某空调厂终端信息员小李（以下采用第一人称）得到一个消息：今年 H 市用电非常紧张，市委市政府为了让电于民，通知市委市政府各部门，在温度低于 35℃ 的时候不许开中央空调，以节约用电。为此，各办公室正准备采购一批空调，并已多次到商场挑选型号。美的、格力等公司都将自己的一些型号进行了降价，以参与市委市政府的这次团购竞争。我了解到这个消息后，经过挑选，选择了我厂 W 系列空调作为竞选型号，并迅速与代理商取得了联系。然后，根据得到的消息，我在 H 市苏宁电器店等了两个多小时，终于在第一时间遇到了市委办公厅前来采购空调的领导，在详细介绍了 W 系列产品的功能特点并报价后，领导对这一产品非常满意，表示愿意先采购 30 台试用。由于已经进入空调销售旺季，顾客购买空调后，安装一般都需要排队等候。因此，他们提出一个要求，就是我厂必须能够立即安排人员上门安装，否则不予考虑。为了争取到这笔生意，在我厂和代理商都没有多余人手的情况下，我表示可以想办法立即上门安装。这笔生意就这么做了下来。第二天，当货送到市委办公厅后，我组织人员并亲自动手进行安装，领导非常惊讶，没想品牌方的人会亲自安装。我向他解释情况后，领导对我们厂的服务非常满意，表示这样的厂和产品让人放心，马上又追加了 30 台订货。经过这件事，我厂品牌空调可立即上门安装，在市委市政府成了人所共知的事情，陆陆续续有不同的部门采购了我厂品牌的空调，数量超过 300 台。

在多个厂家激烈竞争的情况下，小李为什么能够脱颖而出，得到大客户的订单？我们从中可以学到什么知识？如果是你，你将如何构思策划这次销售活动，以确保竞争销售成功？

模拟开始：……

项目小结

- 理论教学由营销战略策划、市场竞争策划、企业形象策划三部分内容构成。营销战略策划是指企业在现代市场营销观念指导下，为适应环境和市场的变化，为实现企业经营目标，求得长期生存和不断发展，对企业一定时期内市场营销发展的总体设计与谋划。营销战略策划一般包括以下四个主要步骤：①分析诊断市场，寻找营销机会；②确定营销战略目标，进行 STP 策划；③确定营销策略组合，将营销战略任务具体化；④进行营销活动管理，确保实现营销战略目标。市场竞争策划是指策划者根据外部环境和企业内部条件，采取恰当方法、适当策略使企业在竞争中处于有利地位，提高企业的经营业绩和抗风险能力，从而使企业在竞争中取胜的谋划活动。市场竞争策划包括市场竞争战略策划和市场竞争策略策划两个方面。市场竞争战略策划有高质量竞争战略、低成本竞争战略、差异优势竞争战略、集中优势竞争

战略；市场竞争策略策划有市场领先者策略、市场挑战者策略、市场跟随者策略、市场补缺者策略。企业形象识别系统（CIS）由理念识别系统（MIS）、行为识别系统（BIS）和视觉识别系统（VIS）三部分构成。MIS 是 CIS 的核心部分，给整个系统奠定了理论基础和提供了行为准则。企业形象策划程序大致可分为五步。第一步：CIS 策划的准备。第二步：企业现状分析。第三步：企业理念和事业领域的确定。第四步：企业结构的整合。第五步：整合行为识别、视觉识别。

- 实训教学由评价分析训练、混合选择训练、案例分析训练、情景模拟演练四部分内容构成。在实训教学过程中要体现六个有利于原则，即有利于发挥学生的主体作用，有利于培养学生学会学习，有利于培养学生的动手能力，有利于培养学生的创新精神，有利于学生个性和潜能的发展，有利于帮助学生逐步形成良好的职业道德、职业思想、职业作风及职业行为习惯。

课后阅读与欣赏　　　　从凉茶之争看企业竞争之道

模块三
营销战术策划

项目五
产品策划能力

学 习 目 标

知识目标

- 掌握新产品开发策划与老产品调整策划的方法和技巧。
- 弄清品牌策划与包装策划的原则、要求和方法。

能力目标

- 能根据要求进行一般的新产品开发策划和老产品调整策划。
- 能根据品牌策划、包装策划的原则和要求进行一般的品牌策划和包装策划。

素养目标

- 形成良好的产品策划职业习惯，能以认真负责的态度进行新产品开发策划、老产品调整策划、品牌策划和包装策划。

案例导入

小小神童洗衣机

每到夏天，衣服的洗涤就成了不少人的难题，因为夏天衣服要经常换，甚至一天换两次，衣服数量少、重量轻，用一般的洗衣机洗既费水又费电还费时，而用惯了洗衣机的人又不愿意用手洗，海尔集团正是看到了消费者的这个难题，开发出中国第一台"即时洗"洗衣机——小小神童洗衣机。它以内衣、外衣分开洗，夏天衣服即时洗的独特优点，开创了人们即时洗衣的新时尚。这种微型洗衣机外形尺寸不到普通全自动洗衣机的三分之一，洗涤 1.5kg 衣物的水电用量相当于普通全自动洗衣机的三分之一。由于小小神童洗衣

机省水、省电、省时，还带有消毒功能，夏天用得放心，特别适宜夏天洗衣，从而风靡市场，颇受消费者欢迎。

海尔集团自推出第一款小小神童洗衣机以来，已对其进行了几十次技术升级并出口到了欧洲、亚洲、美洲、非洲的近百个国家和地区，受到了世界范围内消费者的欢迎。

问题：海尔集团为什么要不断对其洗衣机进行技术升级？

海尔集团对其洗衣机进行不断技术升级，主要是因为随着科技发展的日新月异，消费者的需求正向着个性化、多样化发展，面对千变万化的经营环境，能否不断地、及时地推出新产品去满足市场的需要，将决定着企业的前途和命运。可见，产品策划，特别是新产品开发策划，以及与此密切相关的老产品调整策划、品牌包装策划在市场营销策划中具有十分重要的意义。

理论教学

一、新产品开发策划

（一）新产品开发策划的概念与意义

1. 新产品开发策划的概念

从营销角度看，新产品是指在某个市场上首次出现的或者是企业首次向市场提供的，能满足某种消费需求的产品。只要产品整体概念中任何一部分具有创新、变革和改变，就算新产品。所谓新产品开发策划，是指为实现企业营销目标而设计的，向某个市场上首次推出的或企业首次向市场提供的，能满足某种消费需求的产品的谋划活动过程。

2. 新产品开发策划的意义

企业要想不断发展壮大，必须具备以下两个方面的能力：一是不断开拓新市场；二是不断开发新产品。从市场营销角度说，新产品开发策划对企业有如下意义。

（1）满足需要。人们的生活需要不仅是多方面的，而且是不断发展和变化的，这是社会生产发展和产品创新的基本动力。特别是在科技迅猛发展的条件下，新技术、新材料不断涌现，人们的消费需求日益发展，对新产品的需求日益增强。为了适应人们多样化的消费需求，企业必须不断策划开发出新产品。

（2）增强竞争实力。随着科学技术不断发展和人们生活水平的提高，产品生命周期日趋缩短。今天畅销的产品，明天就可能滞销。只有不断策划开发、创新、改进，增强企业的技术储备，才能提高企业的适应能力，成为强者。

（3）充分利用资源。为了充分利用企业现有的各种经济资源，企业不断策划开发新产品是最有效的方法。

（4）推陈出新，提高经济效益。为了减少现有产品进入衰退期给企业造成的损失，巩

固市场份额，保持或提高企业的盈利水平，企业就应该未雨绸缪、推陈出新，不断策划开发新产品。例如，意大利莱尔市场在进行新产品的开发策划时，独辟蹊径，其独特的经营方法就具有特别重要的借鉴意义。莱尔市场利用消费者的求新心理，策划出专售新产品的经营特色。尽管有些新产品很畅销，许多顾客抢着购买，没抢到手的，要求市场再次进货，可得到的回答竟是"很抱歉，本市场只售首批，卖完为止，不再进货"。对此，有些顾客很不理解，还向旁人诉说。但从此以后，来这里的顾客中意就买，决不犹豫。不难看出，莱尔市场的"割爱"就是个绝妙的创意，它给顾客留下了强烈的印象——这里出售的商品都是最新的，要买最新的商品，就得光顾莱尔市场。

（二）新产品开发策划的要求

为保证新产品开发策划尽可能成功，应注意以下要求。

1. 要有市场

企业必须根据国民经济发展的要求，适应社会经济生活的发展趋势，研究开发适销对路的新产品。只有"对路"，才能适销。这就要对目标市场的消费需求进行调查分析，准确测定市场需求量，保证新产品有一定的市场容量。

2. 要有特色

开发新产品必须创新，新产品的式样要新（能适合消费需求的变化）、功能要全（能满足消费者的不同需要）、性能要特（要具有一定特色），这样才能使开发的新产品具有较强的竞争力，容易为消费者所接受。

3. 要有效益

新产品的开发要综合考虑经济效益和社会效益。对于企业而言，要充分利用现有生产能力，综合利用原材料，并为新产品制定适当的价格，增加企业盈利；对于消费者而言，要使用方便，易于维修，质价相符；对于社会而言，要节约资源，有利于保持生态平衡，防止环境污染。

4. 要有能力

要根据企业的生产条件、技术力量、资金和原材料保证程度等，来研究设计和生产新产品，确保新产品的质量和生产规模。

（三）新产品开发策划的方法

新产品开发策划对企业既至关重要，又充满风险，因此企业在开发新产品方面必须积极谨慎，既要注意不断开发新产品，又要对所准备开发的新产品进行认真研究反复论证，不能知难而不为，更不能盲目投资、草率从事，应严格按照科学的方法进行新产品的开发。根据国内外一些企业的经验，在市场营销策划中，企业的新产品开发策划的方法一般有以下几种。

1. 不断挖掘产品功能

不断挖掘产品功能，就是通过不断赋予老产品新的功能、新的用途，使老产品不断获得新生而重占市场的谋略。例如，20世纪50年代英国瑞奇公司生产的哈比特牌清洁剂曾经风行一时，后来因竞争失败而退出市场。英国瑞奇公司重新调查市场，发现英国人希望得到既卫生又杀菌的清洁剂，就改进原有工艺，研制出能杀菌的哈比特牌清洁剂。通过以后的营销努力，终于使能杀菌的哈比特牌清洁剂家喻户晓。

2. 不断挖掘顾客需求

不断挖掘顾客需求，就是企业在进行新产品开发策划时，把力量放在捕捉、挖掘顾客潜在需求方面，善于以生产促消费，主动为自己不断创造新市场的谋略。例如，人们坐长途汽车出差、旅游，常常因为找不到厕所而苦恼，对于这种特殊的潜在需求，企业就不能放过。日本一家企业看准这一需求，策划推出了一种叫作纸尿袋的新产品，可供人们外出找不到厕所时使用，结果该产品大获成功。

3. 不断开发边缘产品

不断开发边缘产品，就是不断开发跨行业的具有多种功能产品的谋略，如以纸代替布的纸桌布，集洁齿与治牙痛为一体的药物牙膏等。随着市场竞争日趋激烈、边缘科学技术的蓬勃发展，以及各学科、行业间的交流不断扩大，加上消费者的好奇心，边缘产品越来越显示出其旺盛的生命力，因此许多企业都在利用不同行业的协作和不同技术的协作来开发新的边缘产品。

4. 利用别人的优势进行开发

利用别人的优势进行开发，就是善于利用别人的优势来发展本企业新产品服务的谋略。凡是有成就的企业，都很善于利用别人的优势来发展本企业的新产品服务。日本富士通公司利用国内外几十家企业在技术、设备、实验条件、人才、资金、厂房等方面的优势，成功研制具有世界一流水平的工业机器人，并获得多项专利。这一例子告诉我们，别人的优势我们不仅能用，而且还能大量用。利用别人优势的结果是使一个企业的成果变成几个企业的成果，等于推广了新产品技术，通过企业之间的横向联合，使社会效益得到提高。

利用别人的优势当然要花钱，但只要新产品开发成功，获得的利润远远超过购买技术的支出，就值得花钱买。这样，不但有利于企业提高经济效益，还有利于企业产品击败竞争对手。因为通过购买现存的新技术可以节省大量研究时间，从而为产品尽快上市创造有利条件。

5. 利用人们的好奇心进行开发

利用人们的好奇心进行开发，就是针对一般人都有好奇心的特点，开发既能满足人们的好奇心理又具有一定使用价值产品的谋略。例如，国外某企业开发出一种"魔术钱包"，装入硬币后打开能变成纸币，装入纸币也能变成硬币，其实这种魔术只是加了几个夹层而已。实践证明，利用人们的好奇心开发出的新产品，往往能使消费者竞相购买。

6. 利用人们追求节约方便的要求进行开发

"节"是指节约能源，"便"是指产品结构简单、使用方便、易于操作。在消费者需求变化多样而能源问题日渐突出的现代社会，许多企业都利用这一谋略开发新产品，并获得了巨大的成功。例如，一般的家用电冰箱的制冷是通过冰箱后部的散热网将热量散发到空气中，从节约能源的角度来讲，这样做显然是对热能的一种浪费。德国西门子公司生产出一种电冰箱热水器，即在电冰箱后壁安装特制的热交换器和水箱，将本来散向空气中的热量用于冷水加热，这种电冰箱热水器一昼夜可将 75kg 15℃ 的冷水加热到 65℃，可供四口之家一天使用。

同步思考5-1　　　　　**新产品开发**

1．既可书写又可计时的电子笔。

2．在牙膏洁齿功能上增加治病功能的药物牙膏。

3．在普通伞上增加一个折叠功能，从而便于携带的折叠伞。

4．款式新颖的音乐手套。当顾客戴上这种手套把两手交叉在一起时，便会听到一曲悦耳的音乐。

问题思考：上述新产品运用的是什么新产品开发策划方法？为什么？

同步思考5-1

同步课堂训练5-1

根据教学情况，灵活安排学生完成本项目实训教学中评价分析训练的第1~3题，混合选择训练的第1~3题，案例分析训练的第1题，情景模拟演练的第1题。

二、老产品调整策划

（一）老产品调整策划的概念与原因

1．老产品调整策划的概念

产品是企业进行营销活动的基础，企业只有以适销对路的产品去满足消费者的需求，才能生存和发展。然而，产品也和人及其他生物的生命一样，有一个从诞生、成长到成熟，最终走向衰老死亡的过程。为了降低开发新产品的成本，延长产品的生命，必须对老产品进行调整策划，想方设法延长产品的生命，从而提高企业的经济效益。因此，老产品调整策划，就是为实现企业营销目标而设计的，对不适应营销形势变化、无法吸引顾客目光、销售不畅的老产品，及时加以改进的谋划活动过程。

2．老产品调整策划的原因

（1）市场定位不能适应新的情况变化。企业老品牌产品在市场上的最初定位可能很好，但随着时间推移，将可能会有以下两种变化情况：①新品牌参与竞争。竞争对手推出新品牌产品，把它定位于企业老品牌产品旁边，侵占了老产品的一部分市场，使老产品的市场占有率下降。②品牌忠诚度的转移。消费者的偏好发生了变化，他们原来喜欢某企业老品牌产品，现在喜欢其他企业的品牌产品，因而市场对该企业老产品的需求减少。上述情况变化，要求企业必须赶在竞争对手推出新品牌产品之前或消费者的偏好发生变化之时对老产品进行产品定位分析，迅速寻求解决对策。

（2）竞争激烈导致利润减少。由于市场竞争日趋激烈，企业老产品的市场份额被竞争对手大量抢占，企业老产品的利润额在慢慢减少。这种情况的出现，决定了企业必须居安思危，随时对老产品进行调整。

（3）老产品销量出现下滑迹象。当企业发现老产品销量出现下滑迹象时，就应立即进行细致的调查分析，并及时采取应对措施。

（4）老产品正失去市场或未打开销路，已成为企业发展的瓶颈。此时，企业就应当机立断地对老产品进行调整。

同步思考5-2　　　　　　　　　海尔氧吧空调

提起空调行业，大家想到的往往是"价格战"，在其他空调品牌高举价格屠刀腥风血雨地残杀时，海尔却独辟蹊径，推出了一种令消费者眼前一亮的产品——氧吧空调。

氧吧空调的创意其实很简单——室内因封闭而导致氧气不足，通过空调增加氧气含量；原理也很简单——在空调上加上一种特殊的富氧膜，使通过这层膜的氧气浓度提高到30%，然后用气泵将含有30%氧气的空气导入室内，从而保证室内氧气充足，既保证了人们的活力，又避免了空调病的发生。

问题思考：海尔氧吧空调的推出说明了什么？我们能从中获得哪些启示？　　同步思考 5-2

（二）老产品调整策划的方法

1. 对老产品进行重新定位

产品定位是通过分析竞争者产品在市场上所处的位置，调查和分析消费者对这一产品某一属性或特征的重视程度，以便企业合理确定产品个性和形象的过程。

企业要想在目标市场取得优势和更大效益，就必须对企业老产品进行定位分析。首先要了解消费者，因为每个消费者都有其价值取向和认同标准；其次是分析竞争对手的情况，了解竞争对手的老产品在市场上的地位。对企业老产品进行市场定位分析，就是要分析企业老产品是否有特色和个性，以及这种个性和特色是否已经为消费者所接受。如果没有做到这一点，企业就有必要对本企业的老产品进行重新定位。

2. 适当扩展老产品品类

消费需求的多样化，要求企业在生产经营中必须以多品种的产品与之相适应，以满足拓展企业市场业务和促进企业发展的长期目标。

3. 对老产品品类采取新的营销组合策略

当老产品销量出现衰退迹象时，企业就应对该产品采用新的营销组合策略，使销量再一次大幅度提高，从而获得更多的利润，延长产品的生命周期。例如，将国产环丙沙星注射液零售价从40元降到15元，其销量就有很大提高。

4. 适当缩减老产品品类

对相对劣势品类进行调整，实行缩减，以便进行更专业化的经营，从而相对加强了优势品类的经营，这不仅有利于企业采取先进的生产技术和营销方法，提高效率，降低成本和费用，而且还可以提高产品质量和服务水平。

5. 不断开发新市场

当老产品销量出现下滑迹象时，企业为了延长该产品的生命周期，就应该向未开发的地区进军，创造新的市场需求，以达到延长产品生命周期的目的。

6. 主动放弃

对无发展前途或已进入衰落期的亏损老产品品类，企业应立即做出主动放弃的决策，使企业轻装上阵，提高企业的市场竞争能力。

同步课堂训练5-2

根据教学情况，灵活安排学生完成本项目实训教学中评价分析训练的第4题和第5题，混合选择训练的第4题和第5题，案例分析训练的第2题，情景模拟演练的第2题。

三、品牌策划

（一）品牌策划的原则与思路

品牌是指由文字、标记、符号、图案和颜色等要素或这些要素构成的组合，用以识别某个企业的产品或服务，并使之与竞争对手的产品或服务区别开来的商业名称及其标志。品牌是一个集合概念，包括了品牌名称和品牌标志。对于卓越品牌的塑造，关键在于策划和设计，在品牌名称、品牌标志方面塑造差异。

1. 从品牌名称角度分析

1）品牌名称

品牌名称是指品牌中可以用语言称呼的部分，也称品名，如电视机有长虹、康佳；电冰箱有雪花、万宝；饮料有可口可乐、王老吉等；汽车有奔驰、奥迪、桑塔纳等。品牌名称是品牌的基本核心要素，是品牌认知和沟通的基础。更重要的是名称提供了品牌联想，而正是这种联想描述了品牌——它做了什么或者它是什么。换句话说，名称是形成品牌概念的基础。一个好的名称可以提升商品档次和品位，提升企业形象，便于塑造品牌形象，节省大量广告费用，使品牌资产迅速增值。

2）品牌命名策划的原则

（1）易于发音、拼读和辨认。

（2）独特新颖，不落俗套。

（3）提示产品特色。

（4）不触犯法律，不违反社会道德和风俗习惯。

3）品牌命名策划的思路

（1）按产品效用、外观特点命名。

（2）按地名命名。

（3）按产品创始人或企业名命名。

（4）按激发积极联想的文字命名。

（5）按动植物命名。

（6）按神话传说或传奇故事命名。

（7）按数字命名。

（8）按外文译音命名。

4）品牌命名策划的要求

（1）策划构思要巧妙，突出特色，如IT行业内的方正。首先，"方正"二字含义丰富：方正即一方之正、一方之中、一方之主，指北大方正电子系统为全球中文电子排版技术的

主体和正宗，居世界领先地位；方正即方方正正、规规矩矩，体现了北大方正集团有限公司依法经营、诚实经商的经营之道，也反映了北大方正集团有限公司员工朴实、严谨、求实的科学精神；方正即八方之正，有吸纳各方优势之意，体现了北大方正集团有限公司博采众长、广招天下一流人才的博大胸怀；方正还暗含基础雄厚、功底扎实、稳步发展之意。其次，方正的英文是 FOUNDER，其含义是奠基者、创立者、缔造者，表明北大方正集团有限公司是中文电子排版系统的开创者；FOUNDER 音译为方的，与汉字方正实现了有机配合。最后，方正品牌图标的立体形状表现为中间的白色正方形分别与右上角和左下角的黑色部分构成正方体，与文字方正相一致；方正品牌图标的平面形状表现为右上角和左下角的黑色部分像两个箭头，右上角向上的箭头表示科技顶天，左下角向下的箭头表示市场立地，意味着北大方正集团有限公司的高科技产业是顶天立地的事业。

（2）策划要注意内涵，体现情深义重的意境。例如，江苏红豆集团以红豆作为产品的品牌和企业名称。红豆之所以具有较高的知名度，主要是因为"红豆"一词与爱情有关，是美好情感的象征，其英文是 The Seed of Love（爱的种子）。提起红豆，马上就能使人们想起唐代大诗人王维的千古绝句，勾起人们的相思之情。此外，红豆作为品牌，也表达了企业对消费者的关爱。借助红豆传情，年轻的情侣通过互赠红豆服装表达爱慕之意，离家的游子以红豆服装寄托思乡之情。

（3）策划要简洁醒目，易读易记。来自心理学家的一项调查分析结果表明，在人们接收到的外界信息中，83%通过眼睛，11%借助听觉，3.5%依赖触摸，其余的源于味觉和嗅觉。为了便于消费者认知、传诵和记忆，品牌名称的设计要易读、易记、易认、易传；要与品牌形象特点相吻合；发音要响亮、悦耳；要避免与目标消费者所在地的文化背景相悖；要合乎法律规定。

同步思考5-3　　　　　　　　　　　　　　金利来领带

香港"领带大王"曾宪梓先生说，金利来原来叫作金狮。一天，他送两条金狮领带给他的一位亲戚，谁知这位亲戚满脸不高兴，说："我才不用你的领带呢！'金输，金输'，什么都输掉了。"原来香港话"狮"与"输"读音相近，而这位亲戚是位爱赌马的人，显然很忌讳"输"字。为给领带换名字，他当晚一夜未睡，绞尽脑汁，终于想出了将 GOLD LION 改为意译与音译相结合的这个点子，即 GOLD 意为金，LION 音读为利来，金利来这个牌子很快就为大家所喜爱。因为系领带的多为商人或管理人员，香港生意人又多，谁不希望"金利来"呢？

问题思考：金狮领带改名金利来领带说明了什么问题？

同步思考 5-3

2．从品牌标志角度分析

1）品牌标志

品牌标志是指品牌中可以被识别但不能用言语称呼的部分，通常由图案、符号或特殊颜色等构成，如四个平行、两两相交的圆圈就是奥迪的品牌标志。在品牌标志的设计策划中，要使点、线、面、体和色彩巧妙地搭配起来，从而有效地传达预期的视觉效果，如"M"是个很普通的字母，对其施以不同的艺术加工，就形成表示不同商品的标记或标志。鲜艳的金黄色拱门"M"是麦当劳（McDonald's）的标志。它棱角圆润，色调柔和，给人自然

亲切之感。如今，麦当劳的"M"标志已经出现在全世界100多个国家和地区，成为孩子及成人们最喜爱的快餐标志之一。与麦当劳的设计完全不同，摩托罗拉（Motorola）的标志虽然也只取一个字头"M"，但是，摩托罗拉充分考虑到自己的产品特点，把"M"设计得棱角分明，双峰突起，突出了自己在无线电领域的特殊地位和高科技的形象。

2）品牌标志策划的原则

（1）简洁明了，新奇独特。

（2）易懂易记，启发联想。

（3）形象生动，美观大方。

（4）功能第一，传播方便。

3）品牌标志策划的思路

（1）图形方面。在标志的设计过程中，其图形应该与产品特征、所处行业、目标市场的文化习俗等结合起来，有效组合成不同的图案。例如，直线代表了果断、坚定、刚毅、力量、有男性感；曲线（弧形）代表了柔和、灵活、丰满、美好、优雅、优美、抒情、纤弱，有女性感；水平线代表了安定、寂静、宽阔、理智、死亡、大地、天空，有内在感；垂线代表了崇高、肃穆、无限、悲哀、宁静、激情、生命、尊严、永恒、权力、抗拒变化；斜线代表了危险、崩溃、行动、冲动、无法控制的感情与运动；参差不齐的斜线代表了闪电、意外事故、毁灭；锯齿状折线代表了紧张、压抑、痛苦、不安；螺旋线代表了升腾、超然、曲折、脱俗之感；圆形代表了圆满、团圆、简单、结局，给人平衡感和控制力；圆球体代表了完满、持续的运动；椭圆形代表了妥协、中和、不安定；等边三角形代表了稳定、牢固、永恒。

（2）色彩方面。许多品牌通过色彩的合理搭配，具有较强的视觉冲击力和联想，达到了很好的效果，如宜家家居的蓝黄相间。在色彩的选择和搭配过程中，应注意目标对象、季节、文化、潮流与时代等因素，有效组合不同的颜色。例如，白色的负面联想意义是悲哀、投降、恐怖、示弱，正面联想意义是纯真、清洁、明快、洁白、贞洁；黑色的负面联想意义是沉默、绝望、悲哀、恐怖，正面联想意义是静寂、权贵、高档、沉思、坚持、勇敢、神秘；灰色的负面联想意义是廉价、污染，正面联想意义是中庸、平凡、温和、谦让、知识、成熟；红色的负面联想意义是危险、嫉妒、不安、鲜血，正面联想意义是喜悦、幸福、快乐、爱情、热烈、热情；橙色的负面联想意义是欺诈、嫉妒，正面联想意义是积极、乐观、明亮、兴奋、欢乐、果实；黄色的负面联想意义是卑鄙、色情、病态，正面联想意义是权威、辉煌、智慧、快活、财富、黄金；蓝色的负面联想意义是孤独、伤感、忧郁，正面联想意义是深邃、宁静、希望、智慧、追求、大海；绿色的负面联想意义是稚嫩、嫉妒、内疚，正面联想意义是希望、安静、和平、自然、轻松、成长；青色的负面联想意义是沉闷、消极，正面联想意义是诚实、沉着、海洋、广大、悠久、智慧；紫色的负面联想意义是焦虑不安、忧愁、哀悼，正面联想意义是优雅、高贵、壮丽、神秘、永恒、气魄；金色的负面联想意义是浮华，正面联想意义是名誉、富贵、忠诚、果实；银色的负面联想意义是浮华，正面联想意义是纯洁、富有、信仰。

（3）字体方面。在字体的设计过程中，应使字体与商品属性相吻合。根据商品属性，选择恰当的字体，要有美感，使视觉舒适；要能吸引阅读、易于阅读；要易于传播。例如，圆滑的字体易让人联想到香皂、糕饼、糖果；由细线构成的字体易让人联想到香水、化妆品、纤维制品；角形字体易让人联想到机械、高科技、工业用品类的产品。化妆品的品牌

标志多用纤细、秀丽的字体，以显示女性的柔美秀气；手工艺品的品牌标志字体多用不同感觉的书法，以表现手工艺品的艺术风味和情趣；儿童食品与玩具的品牌标志多用充满稚气的"童体"，活泼的字体易与童心相通。一般来说，传统的工艺品、民间艺术品、仿古制品等，其标志字多用古典体；其他产品，特别是与当今科技、生产和生活方式变化息息相关的汽车、电子产品、时装等的品牌标志字制作，都是追求时代感的，因此应采用现代体字体，以与产品的内容属性相吻合。

综上所述，品牌的策划与设计需要在名称和标志两个方面适应市场需求，需要与时俱进，超越时空限制。通过产品类别、包装、价格、产品属性、使用者形象、公共关系、象征符号、广告风格、生产所在区域、公司形象等来塑造品牌个性；通过传播品牌故事，塑造品牌联想，使消费者联想到产品特征、消费者利益、相对价格、产品类别、生活方式、使用对象、竞争对手及使用方式等。通过设计和策划创新对品牌精准定位，进行立体化传播，进而塑造强势品牌。

（二）品牌策划的方法

品牌策划有以下方法可供考虑。

1. 是否建立品牌

在激烈的市场竞争中，品牌作为一种无形资产，其作用是毋庸置疑的，因此，为企业的产品建立品牌，对多数产品来说，就显得十分重要，但并非所有的产品都必须使用品牌。首先，一个品牌要想成功地打入市场，往往需要巨额的费用，导致成本增加，万一经营失利，则可能弄巧成拙，使企业信誉和其他产品销路都受到不良影响。无品牌、简包装的商品能大幅降低营销成本，有利于扩大产品销路。其次，有些产品不会因生产企业不同而形成不同的特点，因而无法用品牌加以区别，如电力、煤炭、面粉、食用糖等，消费者一般根据习惯购买和使用，并不识别品牌。可见，企业是否使用品牌应根据企业的战略目标、经营环境及产品特点等综合考虑。

2. 品牌归谁所有

当企业决定自己的产品需要品牌后，还要进一步考虑这一牌号由谁负责，归谁所有的问题。对此企业有以下三种选择。

一是建立自己的牌号推销产品，即生产者品牌。使用自己的品牌，虽然设计、注册、宣传要花费一定的费用，但可以获得品牌带来的全部利益。享有盛誉的生产者将其著名的品牌租借给他人使用，还可以获得一定的特许使用费。

二是使用中间商品牌，即企业将产品售给中间商，由中间商使用他们自己的品牌将产品转卖出去。一般来说，产品知名度不高的企业，或不如中间商声誉高的企业，大都可以考虑采用这种策略。中间商设立自己的品牌的优点：不仅可控制定价，而且在某种程度上可控制生产者；中间商常常可以找到一些无力创立品牌或不愿自设品牌的厂家、一些生产能力过剩的厂家，使其使用中间商的品牌制造产品，由于减少了一些不必要的费用，中间商不仅可以降低售价，提高竞争能力，还能够保证得到较高水平的利润。中间商设立自己的品牌的缺点：必须额外花费较多的促销费用，以推广其品牌；中间商本身不从事生产，必须向厂家大量订货，这就会使大量资金占压；还要承担各种风险，消费者对某一种中间商品牌的产品不满，往往影响其他品牌的销售。

三是使用混合品牌，即企业一部分产品采用自己的品牌，另一部分产品则采用中间商的品牌。选择的标准是看哪种品牌方式对企业更有利。具体方式有三种：①部分产品使用自己的品牌，部分产品使用中间商品牌，这样，既能保持本企业的特色，又能扩大销路；②为了进入新市场，企业先使用中间商品牌，取得一定市场地位后再使用自己的制造商品牌；③两种品牌并用，即一种制造商品牌与一种中间商品牌或另一种制造商品牌同时用于一种产品，以兼收两种品牌单独使用的优点，或说明某些不同特点。

3. 品牌相对应的质量

当企业决定使用自己的品牌后，还要进一步考虑这一牌号产品的质量。企业应该为不同质量的产品建立不同的品牌，并为其确定相应的市场位置。不同的产品质量也不同，企业在建立一个品牌时，必须确定产品的质量水平，以便确定这一品牌在市场上的位置。品牌的质量水平一般可分为四级：低级品、中级品、高级品、超级品。一般来说，企业的投资收益是随着品牌质量的提高而提高的，但产品质量并非越高越好。在达到一定水平后，企业为产品质量提高及宣传促销所付出的代价将越来越大，从而在一定程度上抵消企业应获得的利润。因此，在确定品牌质量时，要综合考虑企业的成本、目标市场的需求及消费者购买力状况等因素。另外，在品牌质量确定之后，还存在如何管理品牌质量的问题。例如，是不断提高质量、创名牌、保名牌，还是根据消费者反应，保持目前的质量水平不变。坚决杜绝一旦产品畅销就偷工减料的行为，因为这种做法在损害消费者权益的同时，也损害了企业的长远利益。

4. 使用什么品牌名称

企业在决定使用自己的品牌之后，还面临着如何选择品牌名称的问题。选择品牌名称一般有以下四种方法。

（1）使用个别品牌名称，即企业生产的每种产品分别采用不同的名称。使用这种方法的优点：不会因个别产品出现问题而影响整个企业的声誉，为新产品推出和品牌变更提供了方便。使用这种方法的缺点：需要分别为每一个品牌做广告宣传，促销费用开支较大。

（2）使用统一的品牌名称，即企业生产的所有产品都采用统一的品牌，如郁美净系列化妆品、中意冰箱等。使用这种方法的优点：在统一品牌下的各种产品可以互相声援、扩大销售，推出新产品时可节省大量设计和宣传促销费用，特别是在原有产品已有很好声誉的情况下，可以很容易地使消费者接受企业的新产品。使用这种方法的缺点：任何一种产品的失败都可能使其他产品和企业声誉受到影响。因此，采用这种方法必须具备的条件是品牌已经在市场上获得了一定的信誉，企业的所有产品都具有相同的质量水平。

（3）使用统一与个别相结合的品牌名称，即企业生产的各类产品分别命名，每一类产品使用一个品牌。这种方法可以区分在需求上具有显著差异的产品类别，对于多角化经营企业尤其适用。例如，某公司经营的商品有服装、食品、化肥、农机等，采用此方法可避免各类产品相互混淆，便于消费者区别和购买产品。

（4）使用企业名称加个别品牌名称，即在每一品牌名称前冠以企业名称，以企业名称表示产品出处，以品牌名称表示产品特点。这种方法有利于企业推出新产品并相互声援，壮大声势，节省广告宣传费用，保持相对的独立性。

5. 是否进行品牌延伸

品牌延伸也称品牌扩展，是指企业利用已获成功品牌的声誉推出改进型产品或新产品。

品牌延伸的方法：一是纵向延伸，即企业先推出某个品牌，成功以后，再推出新的经过改进的该品牌产品，如海尔集团在中国市场上，先推出海尔半自动洗衣机，后又推出海尔滚筒式洗衣机，再后来又推出海尔小小神童洗衣机等产品；二是横向延伸，即把成功的品牌用于新开发的不同产品，如耐克品牌最初从运动鞋起步，后来逐步扩大到运动服和其他运动产品；杭州娃哈哈集团有限公司在娃哈哈口服液有了知名度后，先后推出了果奶、冰糖燕窝、纯净水等。横向延伸可以降低广告宣传费用，有利于新产品投入市场，也有利于企业创立名牌。

6. 是否使用多种品牌

多种品牌是指同一企业在同一种产品上设立两个或多个相互竞争的品牌，如美国的宝洁公司，它曾在一种清洁剂上同时使用9个品牌。这种谋略不仅可以为不同的消费者提供满足不同需求的方法，而且品牌之间也可以形成竞争，但也可能导致每个品牌的市场份额较少而无利可图。

同步课堂训练5-3

根据教学情况，灵活安排学生完成本项目实训教学中评价分析训练的第6～10题，混合选择训练的第6～11题，案例分析训练的第3题，情景模拟演练的第3题。

四、包装策划

（一）市场营销必须重视包装策划

任何产品商品化后都需要包装，包装是现代商品生产、储存、销售和人类社会生活中不可缺少的重要组成部分。人们常用"三分人才，七分打扮""人靠衣装，佛靠金装"来形容穿衣打扮的重要性。商品包装，就是商品的衣裳，是商品的"沉默推销员"。包装策划是企业为了储运商品、保护商品、美化商品、宣传商品和推销商品而对产品进行包装或捆扎的谋划活动过程。

从市场营销的角度看包装策划，包装一般可分为包装欠缺、适度包装、过度包装三类。包装欠缺就是企业比较重视商品内在质量，但不注意改进产品包装装潢，造成"一等的商品，用二等包装，卖三等价钱"的现象。在过去的岁月里，由于我们对商品包装策划重视不够，每年外销商品由于包装不好而损失的金额高达数亿元。过度包装就是包装与产品价值和质量水平不相匹配，包装在商品价值中所占的比重过高，让消费者产生名不副实之感，甚至产生"金玉其外，败絮其中"的感觉。过度包装不仅增加了消费者的负担，而且造成了资源的浪费和对生态的破坏。据调查，全国600多座城市当中，有200多座城市被各种垃圾包围，其主要原因就是包装过度，目前城市生活垃圾的30%是由各种包装物构成的。特别是逢年过节时，大量取材于塑料、纸浆、藤木、金属的漂亮包装盒被当作垃圾扔掉，这些垃圾美得让人心疼。其实，这种奢侈的包装不只在逢年过节时出现，在日常生活中也随处可见，而且绝大多数包装都含有难以处理的材质，不利于环保，这些"美丽垃圾"既浪费了资源，又污染了环境。随着消费者越来越理性，对产品价值的判断、对环境的关爱

等都要求产品的包装必须适度。同时，在法律层面，2005年4月修订实施的《中华人民共和国固体废物污染环境防治法》明确规定，国务院标准化行政主管部门应当根据国家经济和技术条件、固体废物污染环境防治状况及产品的技术要求，企业制定有关标准，防止过度包装造成环境污染。法律还规定，生产、销售、进口依法被列入强制回收目录的产品和包装物的企业，必须按照国家有关规定对该产品和包装物进行回收。国家鼓励科研、生产单位研究、生产易回收利用、易处置或者在环境中可以降解的薄膜覆盖物和商品包装物。国际经验数据表明，包装不能超过商品本身价值的 13%～15%。适度包装就是包装与产品价值和质量水平相匹配。适度包装既避免了商品损坏变质，又美化和保护了商品，还节约了资源，防止了对生态环境的破坏。在市场营销活动中，对商品进行适度包装，是包装设计策划最基本的要求。

✂ 同步思考 5-4　　　　　产品换衣裳，身价不一样

苏州檀香扇，小巧玲珑，华美精致，香气馥郁，驰名中外。但它原来的包装比较平淡，没有特色。在香港市场上，每件售价只有 65 元。后来它改成锦盒包装，古香古色，具有浓郁的民族特色，有的还加配红木或有机玻璃插座，成为极好的工艺品。改进包装虽使每件成本提高 5 元，但售价却提高到 165 元，而且销售量还大幅度增长。湖南醴陵出口到英国的 18 头莲花茶具，原包装采用瓦楞纸盒，既不美观，又不知道里面装的是什么。伦敦一销售商将该商品重新打扮，加印了一个以实货为内容的彩色照片，再配制了精致美术盒套在原包装外面，结果其售价由 1.7 英镑增至 8.99 英镑。

问题思考："产品换衣裳，身价不一样"说明了什么问题？

同步思考 5-4

（二）包装设计策划

1. 包装材料的选择

包装材料的选择：一是方便用户使用；二是节省包装费用；三是符合审美情趣；四是有利于环保；五是包装材料与包装内容在价值上要对称，表里如一，能显示产品特点和风格。

2. 包装标签的设计

包装标签是指附着或系挂在商品销售包装上的文字、图形、雕刻及印制的说明。包装标签一般应包括制造者或销售者的名称、地址、商品名称、商标、成分、品质特点、包装内商品数量、使用方法、用量、编号、储藏应注意的事项、质检号、生产日期和有效期等内容。

3. 包装标志的设计

包装标志是在运输包装的外部印制的图形、文字、数字或它们的组合。包装标志一般主要有运输标志、指示性标志、警告性标志三种。

（三）包装设计策划的原则

一般而言，包装策划的整体设计应体现安全性、经济性、功能性、生产性、流通性、方便性和观赏性等要求。包装设计策划的原则如下。

1. 安全

包装材料的选择及包装物的制作必须适合产品的物理、化学、生物性能，以保证产品不损坏、不丢失、不变质、不变形、不渗漏、不对环境安全构成威胁。

2. 适用

在保证产品安全的前提下，尽可能缩小包装体积，节省包装材料和运输、储存费用，以便于运输、保管、陈列、携带和使用。

3. 美观大方，突出特色

因为美观大方的包装能给人以美的享受，有比较强的艺术感染力，从而可以激发顾客购买欲望。与此同时，包装还应突出产品个性，运用包装的外形或色彩表现产品的特点和风格，以增加对顾客的吸引力。

4. 造型别致、图案生动、色彩协调、避免雷同和模仿

包装形状除了追求利于储运、陈列和产品销售，还要新颖别致，造型、颜色、图案必须体现现代人的审美情趣、思维方式和消费心理，具有吸引力。

5. 包装与产品价值和质量水平相匹配

既要避免"金玉其外，败絮其中"现象的出现，也要避免"一流商品，二流包装"现象的出现。如果包装在商品价值中所占的比重过高，就容易让消费者产生名不副实之感。而贵重商品自然就需要高档包装来烘托商品的高贵，以提高商品的身价。

6. 尊重消费者的宗教信仰和风俗习惯

企业在包装设计中，必须尊重不同国家和地区的宗教信仰和风俗习惯，切忌出现有损消费者宗教情感、容易引起消费者忌讳的颜色、图案和文字。

7. 符合法律规定，兼顾社会利益

企业在包装设计实践中，首先必须严格依法行事，如包装设计应按法律规定在包装上标明企业名称及地址，对食品、化妆品等与身体健康密切相关的产品，应标明生产日期和保质期等；其次要兼顾社会利益，努力减轻消费者负担，节约社会资源，禁止使用有害包装材料，实施绿色包装策略，有利于社会主义精神文明建设等。

（四）包装策划方法

1. 类似包装策划

类似包装策划，就是企业所生产的各种产品均使用相同的包装，或在所有包装上使用共同的特征，如同一颜色、同一图案等，使消费者容易意识到是同一企业产品的策划。类似包装策划的优点：节省包装设计费用，同时能够强化消费者对本企业的印象，壮大企业声势，还有利于介绍新产品。类似包装策划只适用于质量水平相近的产品。

2. 不同包装策划

不同包装策划，就是企业不同的产品使用不同包装的策划。不同包装策划的优点：不会因一种产品失败而影响其他产品声誉。不同包装策划的缺点：用于包装设计和宣传促销的费用较高。

3. 配套包装策划

配套包装策划，就是把使用时互有关联的多种产品组合装入一个包装物中，同时出售的策划。例如，将地方特产组装在一起，将乒乓球、球拍、球网组装在一起，将化妆品组

装在一起等。这样既方便了消费者购买和使用，又扩大了销路。

4. 等级包装策划

等级包装策划，就是企业把所有产品按品种和等级分别采用不同等级包装的策划。目的在于满足不同购买心理、不同购买水平的消费者需要。

5. 再使用包装策划

再使用包装策划，就是将商品包装物回收使用或移作他用的策划。再使用包装策划的优点：使消费者产生"合算"的感觉，有利于诱发消费者的购买动机，扩大商品销售，同时，印有商标的包装物再使用，又为企业起到广告宣传的作用。

6. 附赠品包装策划

附赠品包装策划，就是在商品包装物内附赠奖券或实物，以吸引消费者购买的策划。

7. 改变包装策划

改变包装策划，就是当产品出现由于包装材料差、设计落后、产品销量减少、包装款式陈旧等问题，而难以实现促销目的时，用改换包装的办法来达到扩大销售目的的策划。

（五）包装策划的发展方向

1. 对包装进行延伸策划

包装作为产品整体概念中的有形产品部分，对其进行创新策划能够有效促进产品的销售。

在包装策划中，一般采取对包装进行延伸的方法进行策划。因为一个完整的包装概念由商品的前包装、功能包装、商品的后包装三个过程构成。其中商品的前包装和后包装是无形包装，功能包装是有形包装，有形包装是无形包装的信息载体，无形包装为有形包装提供指导并使商品增值的经济行为得以实现。因此，包装在设计和策划过程中包含科技、文化、艺术、社会心理、生态价值等多种因素，超越了原有的单一功能性包装概念。例如，液态牛奶不仅有塑料袋包装，还有塑料瓶包装、玻璃瓶包装、铁罐包装、环保纸盒包装等，通过对包装的构思和策划来吸引消费者的目光，引导市场潮流和消费理念，超越固定模式等。

2. 实施和谐包装策划

社会的建设需要和谐，产品的包装同样需要和谐，一方面，为了提升产品在市场上的竞争力和增强产品的附加值，对产品有必要进行包装策划与创新；另一方面，包装应该适度，不应该以污染环境和耗费资源为代价，破坏生态平衡，因此，企业应该实施和谐包装策划。

1）进行包装物的科技创新

在实施和谐包装策划的过程中，对包装的科技创新是关键，如大力发展食品专用包装纸，这种纸能将熟食在包装后继续保持香、鲜、热度，供人们方便食用，以适应生活的快节奏，这种纸的原理就像太阳能集热器一样，能够将光能转化为热能。通常人们只需把这种特制的纸放在阳光能照射的地方，该纸所包围的空间就会不断有热量补充进去，从而使纸内的食物保持一定的热度。

2）绿色包装

在保护和美化商品的基础上，包装的体积与质量要尽量小和轻；包装物要能重复使用

若干次，不能重复使用的包装物要能够再生利用；包装物没有效用后，要能够降解而不是成为有害垃圾。实行生产责任延伸责任，即生产者不仅要对生产过程中的环境污染承担责任，还需要对报废后的产品或使用过的包装物承担回收利用或处置责任。

3）加强对消费者的教育

加强对消费者法律意识、环保意识和额外成本意识的教育也是有效地推进和谐包装的重要途径。例如，香港特区政府推行的"月光宝盒计划"就比较有借鉴意义。中秋节过后，香港特区政府在香港的大型商场、煤气公司客户中心及店铺设置回收站，收集纸质和铁质月饼盒，市民每交回 1 个月饼盒可得到 1 套优惠券，在指定的消费场所消费可享受折扣或免费品尝美食等优惠。此外，要让消费者明白，购买过度包装的产品需承担额外的购买成本和处理成本。

同步课堂训练 5-4

根据教学情况，灵活安排学生完成本项目实训教学中评价分析训练的第 11 题和第 12 题，混合选择训练的第 12~15 题，案例分析训练的第 4 题。

实训教学

一、评价分析训练

1．新产品开发策划是指为实现企业营销目标而向市场推出全新产品以满足消费者某种产品消费需求的谋划活动过程。

2．药物牙膏就是在牙膏洁齿的功能上增加了治病的功能，折叠伞就是在普通伞上增加了一个折叠功能，从而便于携带。这是新产品开发策划中不断挖掘顾客需求的方法。

3．德国西门子公司生产的一种电冰箱热水器，就是在电冰箱后壁安装特制的热交换器和水箱，将本来散向空气中的热量用于冷水加热，一昼夜可将 75kg 15℃的冷水加热到 65℃，可供四口之家一天使用。这是新产品开发策划中不断开发边缘产品的方法。

4．老产品调整策划是指为实现企业营销目标而设计的，对不适应营销形势变化需要、无法吸引顾客目光、销售不畅的老产品，及时加以改进的谋划活动过程。

5．如果企业的老品牌产品在市场上的最初定位很好，那么，就为产品畅销奠定了良好基础，其定位就可一直延续下去。

6．品牌标志是品牌的基本核心要素，是品牌认知和沟通的基础。

7．品牌的策划与设计不需要在名称和标志两个方面同时适应市场需求，只需要与时俱进，超越时空限制就可以了。

8．一般来说，产品知名度高的企业，或比中间商声誉高的企业，大都可以考虑使用中间商品牌策略。

9．企业利用已获成功品牌的声誉推出改进型产品或新产品属于使用多种品牌策划方法。

10．一般来说，企业的投资收益是随着品牌质量的提高而提高的，因此，在品牌策划时，应树立产品质量越高投资收益越好的观念。

11．为了提高商品的身价，烘托商品的高贵，自然需要采用高档包装，包装费用可以超过商品本身价值的30%。

12．社会的建设需要和谐，产品的包装策划同样需要和谐，而加强对消费者法律意识、环保意识和额外成本的教育也能够有效地推进和谐包装。

分析要点

二、混合选择训练

1．从市场营销角度来说，新产品开发策划对企业的意义是（   ）。
    A．满足需要 　　　　　B．增强竞争实力 　　　C．降低成本
    D．充分利用资源 　　　E．提高经济效益

2．企业要想不断发展壮大，必须具备的能力有（   ）。
    A．不断开拓新市场 　　　B．不断开拓国际市场 　　C．节约开支
    D．不断开发新产品 　　　E．不断开拓国内市场

3．为保证新产品开发尽可能成功，新产品开发策划应注意要求有（   ）。
    A．要有市场 　　　　　B．要有特色 　　　　　C．要有效益
    D．要有能力 　　　　　E．没有风险

4．老产品调整策划的方法主要有（   ）。
    A．对老产品进行重新定位
    B．适当扩展老产品品类
    C．对老产品品类采取新的营销组合策略
    D．适当缩减老产品品类或主动放弃
    E．不断开发新市场

5．引起老产品调整策划的原因是（   ）。
    A．市场定位不能适应新的情况变化
    B．竞争激烈导致利润减少
    C．老产品销量出现下滑迹象
    D．老产品正失去市场或未打开销路
    E．领导意图改变

6．品牌命名策划的要求主要有（   ）。
    A．策划构思要巧妙，突出特色
    B．策划要注意内涵，体现情深义重的意境
    C．策划要简洁醒目，易读易记

D．策划要体现领导意图

E．策划要便于立体化传播

7．品牌标志策划应遵循的原则有（   ）。

A．简洁明了，新奇独特　　　　B．易懂易记，启发联想

C．寓意深刻，经济实惠　　　　D．形象生动，美观大方

E．功能第一，传播方便

8．品牌策划的方法有（   ）。

A．是否建立品牌　　　　　　　B．品牌归谁所有

C．品牌质量　　　　　　　　　D．使用什么品牌名称

E．是否进行品牌延伸　　　　　F．是否使用多种品牌

9．当企业决定自己的产品需要品牌后，还要进一步考虑这一牌号由谁负责，归谁所有的问题。对此企业可以选择（   ）。

A．使用生产者品牌　　　　　　B．使用中间商品牌

C．使用消费者品牌　　　　　　D．使用混合品牌　　　E．使用独特品牌

10．企业在决定使用自己的品牌之后，还面临着选择品牌名称的问题。一般有以下方法可供选择（   ）。

A．使用个别品牌名称

B．使用统一的品牌名称

C．使用统一与个别相结合的品牌名称

D．使用企业名称加个别品牌名称

E．使用独特品牌名称

11．杭州娃哈哈集团有限公司在娃哈哈口服液出名后，先后推出了果奶、冰糖燕窝、纯净水等。这是品牌策划中品牌延伸的（   ）。

A．纵向延伸方法　　　　　　　B．横向延伸方法

C．纵向与横向结合延伸方法　　D．与延伸方法无关

12．从市场营销的角度看包装策划，包装一般可分为（   ）。

A．包装欠缺　　　　　　B．适度包装　　　　　　C．经济包装

D．过度包装　　　　　　E．政治包装

13．在包装策划中，一般采取对包装进行延伸的方法进行策划。因为一个完整的包装概念由商品的前包装、功能包装、商品的后包装三个过程构成。其中有形包装是（   ）。

A．商品的前包装　　　　B．商品的功能包装　　　C．商品的后包装

14．一般而言，包装策划的整体设计应体现（   ）。

A．安全性　　　　　　　B．经济性　　　　　　　C．功能性

D．生产性和流通性　　　E．方便性和观赏性

15．在市场营销活动中，包装设计策划最基本的要求是（   ）。

A．对商品进行简单包装　　　　B．对商品进行适度包装

C．对商品进行经济包装　　　　D．对商品进行豪华包装

在线测评

三、案例分析训练

（一）秦观酒

情境描述：

湖南郴州酒厂厂长在《华夏酒报》上看到一则消息——名优好酒将会在市场上走俏。当时，正在为销售不畅而发愁的他对此消息特别敏感，并引发了一连串的思索。这些年来，他们厂生产的几乎都是低档酒，没有一个是在市场叫得响的"拳头"产品，因而不能引起社会各界的关注。其实，他们厂已有几十多年的酿造历史，有生产名优酒的能力，只是由于在生产经营上抓重点不突出，创优意识不太强，才造成这种被动局面。要改变这种状况，显然平均使力是不行的。"伤其十指不如断其一指"，只有先集中力量创立一个"拳头"产品，才能惊动四周，招徕百客。主意打定后，他们厂在经济极为困难的情况下，先后两次派出20多名生产骨干和技术人员赴贵州学习，同时，还请来了贵州食品研究所的技术人员帮助厂里改造酿造技术，集中力量开发一种新产品，并千方百计提高新产品的质量。经过精心配方制作，终于酿出麸酱型优质白酒。俗话说得好，"好马要配好鞍"，好酒也要取一个有特色的牌名，才能给消费者留下深刻印象，为此，该厂发动厂内外人士广泛征名。有人说，郴州是宋代文化名人秦观遭贬后居住过的地方，北宋绍圣四年（公元1097年）秦观还在此写下流传千古的著名词作《踏莎行·郴州旅舍》，后经苏轼作跋、米芾书写，因而在郴州苏仙岭留下了著名的"三绝碑"，此酒为何不以秦观之名为牌，使它带有地方文化色彩呢？他们听了觉得言之有理，便把新酒命名为秦观酒。

秦观酒问世后，他们邀请了30多位知名人士和40多名业务单位的代表品尝。没想到来宾们一杯酒下肚，便赞不绝口，都说秦观酒近似茅台酒的风味、浓香醇甜、回味悠长，当场就有十几家单位订货，金额达200多万元，大大超过了预期效果。

秦观酒的问世，在社会上产生了轰动效应，来厂买酒的人络绎不绝。这家前不久还严重亏损、资不抵债的企业，打了一场漂亮的翻身仗，企业生产经营有了勃勃生机。

案例思考与讨论：

秦观酒的诞生说明了什么问题？其策划对企业搞好市场营销有何借鉴意义？

分析要点

（二）黄鹤楼酒的曲折发展变化

情境描述：

武汉黄鹤楼酒业集团股份有限公司（以下简称"黄鹤楼酒业公司"）是生产黄鹤楼酒（"中国十大名酒"之一）的企业。黄鹤楼酒起源于清末，其时有"武昌鱼、汉阳藕、汉口酒"的民间传唱，可见当时的汉口酒是颇合消费者口味的。20世纪60年代，黄鹤楼酒业创出的清浓香型的"特制汉汾"非常受酒客们的喜爱。可是，在1979年的全国名酒评比中遭到专家的批评——非清非浓，不能参评。于是，他们改变风格，去"浓"保"清"，使黄鹤楼酒成为清香型酒家族中的一员。在1984年的全国名酒评比中，黄鹤楼酒一举夺得清香型酒第一名，捧回了国家金奖，迈进了中国名酒行列。然而，好景不长，进入20世纪90年代，白酒市场渐起新风，高质、烈性的清香型酒市场日见萎缩。变，还是不变？

黄鹤楼酒业公司很迟疑，如果跟着市场变，得来不易的名牌根基岂不化为乌有？或许再等待一下，市场的风向还会变回来。

由于没有及时改造产品，糟糕的局面不期而至，产品开始积压，市场先后被白云酒、孔府宴酒等外地名酒抢占。

困则思变。调查发现，人们的口味已向清淡转移，酒厂要生存必须变"味"。他们拿出资金数百万，集中全厂技术人员，经过千百次的勾兑、品尝，一种深受酒客喜爱的新口味的黄鹤楼窑酒问世了。这一变，非同小可，一下子变出了市场，产品又变得供不应求了。

案例思考与讨论：

武汉黄鹤楼酒的曲折发展历程说明了什么问题？我们在进行老产品调整策划时，能从中得到哪些启示？

分析要点

（三）将进酿酒厂的商标战略

情境描述：

某年 3 月，山东某市将进酿酒厂决定在提高产品质量的同时，从市场调查入手，运用商标战略进一步开拓市场。为此，该厂专门成立了商标科，采取多种形式对市场进行调查。调查发现，沿海渔民对白酒的需求量很大，且渔民们出海盼望捕捞丰收的心情难以言表。根据渔民们的这一需求心理，他们设计了"鱼满舱"白酒商标。3 月中旬，厂领导在成都一家宾馆开订货会时，与几个同行厂家议论，南方几个大城市的人致富心切，如果根据民间传说申请注册"赵公"白酒商标，投放南方市场必定好销。当晚这位领导就与厂里联系，决定立即着手设计"赵公"白酒商标。

3 月下旬，在市工商局等单位领导的指导和协助下，两个商标设计完毕。为抢时间，该厂立即派专人进省城、上北京，仅用两个月时间，就办妥了两个商标的注册手续。

5 月中旬，该厂又了解到近邻的长岛县没有酒厂，而长岛县人渴望有自己的品牌。商标科立即以最快速度将该县旅游景点"月牙湾"设计成白酒商标。用同样方法注册投放市场后，该酒被长岛县的"扇贝节"定为专用酒。

"鱼满舱"白酒和"赵公"白酒是 7 月投放市场的，"月牙湾"白酒是 8 月投放市场的，到该年年底，这 3 种酒就销售了 1072 吨，净增产值 400 多万元，产值、利税分别比上年同期增长了 13% 和 21%。

将进酿酒厂在市场竞争十分激烈的情况下，由于商标设计快、注册及时，促使其生产经营出现了勃勃生机。

案例思考与讨论：

将进酿酒厂"鱼满舱""赵公"和"月牙湾"白酒品牌相继策划问世并取得经营成功说明了什么？我们从中能获得哪些启示？

分析要点

（四）包装战略助市场开拓

情境描述：

在湖南省益阳皮蛋厂的产品陈列室里，陈列着造型别致、制工精巧的各式皮蛋包装，有的像散花仙女手中的花篮，有的如江上渔姑腰间的鱼篓，有的似寿仙葫芦，有的如民间腰鼓，还有的像金砖、玉钵，姿态各异，栩栩如生。一种松花皮蛋产品，包装竟达 17 种。

以前，这个厂只重视产品质量，忽视了包装更新，尽管产品获得了中国首届食品博

览会银奖，但包装一直样式单调，难以激起顾客的购买激情，顾客称其是"俏妹子穿大布衣——内优外劣"。后来，他们狠抓了包装的更新改造，从满足各种顾客的需要出发，先后设计出48种样式。东北人把"4"作为最吉利的数字，于是他们设计了一种"四时吉祥"的四方形手提式包装，每件40枚。广东人喜欢数字"8"（与"发财"的"发"谐音），出门办事也会选择逢8的日期，于是他们设计了一种金砖形状的8枚包装，并印上"恭喜发财"4个烫金大字。产品刚一上市就被抢购一空。

案例思考与讨论：

益阳皮蛋厂造型别致、制工精巧的各式皮蛋包装策划相继问世并取得经营成功说明了什么问题？我们从中能获得哪些启示？如果由你来策划，你将如何运作？

分析要点

四、情景模拟训练

（一）柠檬香皂

情境描述：

台湾一家专门生产肥皂的公司推出一种柠檬香皂。这种柠檬香皂不但以柠檬为原料制造，而且在造型上也和真实的柠檬一模一样，完全以柠檬的形状、颜色、香味取胜，一时引起消费者的好奇，刺激了购买欲。但消费者使用之后发现，它的优点也正是它的缺点，圆滚的皂身，沾水之后不容易被握住，而且凹凸不平的表面擦在身上的时候也不舒服。于是，许多消费者在用过一次之后就不再使用了。

款式、造型很新颖的柠檬香皂为什么遭到了消费者的拒绝，你能通过策划让它起死回生吗？

模拟开始：……

模拟要点

（二）吴老板的难题

情境描述：

吴老板是学医学药的科班出身，掌管一家颇具规模并且有着地域知名度的制药企业。最令吴老板引以为豪的是，以他为首组成的"研发智囊团"苦心研制出来的国药准字号阿胶壮骨胶囊产品。

阿胶壮骨胶囊作为补钙补血又兼具治疗功效的准字号产品，从五年前刚一进入市场就显现出了强大的市场生命力，为企业的发展壮大做出了不朽的贡献。但近一年多来，吴老板开始闷闷不乐，忧心忡忡，因为阿胶壮骨胶囊的销量从第四年开始，就呈现出下滑趋势，且一滑再滑。他本想在新的一年运用一些策略能够使这种局面得到缓解，没想到到了第五年，不仅下滑势头没有得到有效扼制，下滑速度反而明显加快了，回款更是寥寥无几，好在还有几个辅助产品在勉强维持，可这也不是长久之计。

面对阿胶壮骨产品销量不断下滑的现状，销售人员和营销主管已无计可施，吴老板虽然没有表现出着急的样子，还不断鼓励安慰员工想办法挺住。但实际上他比谁都着急，毕竟企业是他的，阿胶壮骨胶囊又是企业的主推产品，如果销量再这样滑落下去，企业的生

存就有可能受到威胁。

如何力挽狂澜使阿胶壮骨胶囊销量下滑的局面得到缓解和扼制？如何使这个产品重新焕发青春？吴老板一时也苦无良策。如果他现在问计于你，你认为吴老板应该怎样运作，才能摆脱目前的困境？

模拟开始：……

模拟要点

（三）多品牌策略

情境描述：

时至今日，大家对多品牌策略这一概念已经不再陌生，并且能举出诸如宝洁、欧莱雅等以多品牌策略在品牌竞争中胜出的全球化企业。其中宝洁被称为多品牌策略的"教父"，旗下品牌飘柔、潘婷、海飞丝、佳洁士、玉兰油等在各自领域无不拥有强大的市场地位和较高的知名度。另外，从未主动对外宣称旗下拥有兰蔻、美宝莲、薇姿等众多知名品牌的欧莱雅企业，也因多品牌策略的推行而在化妆品领域举足轻重。它们的成功让国内许多成长企业认识到多品牌策略的优势，于是竞相模仿，如五粮液、班尼路等，但这些推行多品牌策略的国内企业，似乎除了第一品牌，并没能让旗下的其他品牌做到与第一品牌并驾齐驱的地步，与全球化企业旗下品牌的市场状态相差甚远。

难道是中国市场不适合多品牌策略生存？那宝洁、欧莱雅等国际化企业在中国市场上取得的显著成就又怎么解释？是中国企业尚未成熟到具有能够运作多品牌策略的实力？成长企业推行多品牌策略的机会与挑战在哪里？你能通过策划改变这种局面吗？

模拟开始：……

项目小结

模拟要点

- 理论教学由新产品开发策划、老产品调整策划、品牌策划、包装策划四部分内容构成。新产品开发策划是指为实现企业营销目标而设计的，向某个市场上首次推出的或企业首次向市场提供的，能满足某种消费需求的产品的谋划活动过程。新产品开发要求：要有市场、要有特色、要有效益、要有能力。新产品开发方法：①不断挖掘产品功能；②不断挖掘顾客需求；③不断开发边缘产品；④利用别人的优势进行开发；⑤利用人们的好奇心进行开发；⑥利用人们追求节约方便的要求进行开发。老产品调整策划是指为实现企业营销目标而设计的，对不适应营销形势变化、无法吸引顾客目光、销售不畅的老产品，及时加以改进的谋划活动过程。老产品调整策划的方法：①对老产品进行重新定位；②适当扩展老产品品类；③对老产品品类采取新的营销组合策略；④适当缩减老产品品类；⑤不断开发新市场；⑥主动放弃。品牌的策划与设计需要在名称和标志两个方面适应市场需求，要与时俱进，超越时空限制。通过产品类别、包装、价格、产品属性、使用者形象、公共关系、象征符号、广告风格、生产所在区域、公司形象等来塑造品牌个性；通过传播品牌故事，塑造品牌联想，使消费者联想到产品特征、消费者利益、相对价格、产品类别、生活方式、使用对象、竞争对手、使用方式等。通过设计和策划创新对品牌精准定位，进行立体化传播，进而塑造强势品牌。品牌策划方法：①是否建立品牌；②品牌归

谁所有；③品牌的质量；④使用什么品牌名称；⑤是否进行品牌延伸；⑥是否使用多种品牌。包装策划就是企业为了储运商品、保护商品、美化商品、宣传商品和推销商品而对产品进行包装或捆扎的谋划活动过程。包装设计策划原则：①安全；②适用；③美观大方，突出特色；④造型别致、图案生动、色彩协调、避免雷同和模仿；⑤包装与产品价值和质量水平相匹配；⑥尊重消费者的宗教信仰和风俗习惯；⑦符合法律规定，兼顾社会利益。包装策划方法：类似包装策划、不同包装策划、配套包装策划、等级包装策划、再使用包装策划、附赠品包装策划、改变包装策划。包装策划的发展方向：①对包装进行延伸策划；②实施和谐包装谋略。

- 实训教学由评价分析训练、混合选择训练、案例分析训练、情景模拟演练四部分内容构成。在实训教学过程中要体现六个有利于原则，即有利于发挥学生的主体作用，有利于培养学生学会学习，有利于培养学生的动手能力，有利于培养学生的创新精神，有利于学生个性和潜能的发展，有利于帮助学生逐步形成良好的职业道德、职业思想、职业作风及职业行为习惯。

课后阅读与欣赏　　　　史玉柱谈脑黄金、脑白金的策划经过

项目六

价格策划能力

知识目标

- 了解价格策划的步骤。
- 掌握价格调整策划中的涨价策划方法和降价策划方法。

能力目标

- 能根据价格策划的步骤对某个具体价格策划活动进行正确安排。
- 能根据价格调整策划的要求进行一般的价格调整策划。

素养目标

- 形成良好的价格策划职业习惯,能以认真负责的态度进行产品价格策划。

案例导入   上海大众启动"飓风行动"

  2005 年 8 月 8 日,上海大众启动"飓风行动",旗下普桑、桑塔纳 3000、高尔、帕萨特四大品牌十余款车型全面降价。"飓风行动"之后,上海大众围绕营销新思路策划的动作频频。2005 年 9 月 4 日,上海大众"飓风行动"服务篇——"大众走近您,关爱零距离,汽车周末免费检测暨销售推广活动"在全国近 50 个主要城市首批同时启动。与一般售后服务活动不同的是,此次活动强调的是一种"主动式、走出去"的服务思路,直接深入广场、社区、卖场,甚至旅游集散地等私家车用户集中的地方,为上海大众用户提供检测、维修和咨询服务,以营造一种"我在你身边"的零距离关爱感受。2005 年 10 月,上海大众出击服务领域，正式推出全新服务品牌"Techcare 大众关爱"。同时也对该公司经销商网络做了调整。

问题：如何评价上海大众策划的"飓风行动"？

尽管目前汽车行业的降价已经构不成什么重大的营销事件，但当时上海大众策划的"飓风行动"在营销战略上可以说是"出其不意，攻其不备"。在各大汽车厂家都没有意识到要降价的时候，大众进行了全方位的降价，在降价的同时又提升服务水准，这就超出了单纯降价的意义，是一场"出手之狠，高举快打"的营销战。同时我们也可以看出，大众是在充分解消费者需求和市场需求的基础上，最大限度地满足消费者所做的一次调整。市场最直接看到的也许只是价格，但是除了价格，上海大众紧紧围绕着消费者需要，还在渠道、经销商网络和客户服务等领域陆续展开了一系列活动，打的是一套价格调整策划组合拳，为稳固和拓展市场奠定了良好的基础。

由此可见，价格策划是相当复杂的，它直接关系着市场对产品的接受程度，影响着市场需求和企业利润的多少，涉及生产者、经营者、消费者等各方面的利益。因为价格策划必须考虑企业的营销战略、目标市场需求、市场竞争、顾客心理、营销渠道、促销方式等诸多因素，所以价格策划就成为产品营销策划的关键环节之一。

理论教学

一、价格策划的步骤

价格策划是指为实现企业营销目标而设计的能使企业产品的价格或价格体系适应和满足消费者需要的谋划活动过程。随着同质化竞争激励程度的加强和消费者需求的不断变化，产业和市场的逐渐成熟，价格策划在市场搏击要素中的地位日益凸现。对于价格策划，可按如下思路与步骤进行。

（一）研究价格策划背景

价格策划的背景主要是指价格策划的环境，价格策划的环境包括影响企业生产经营活动的一切外界因素和力量的总和。企业就是在这些因素和力量的作用下进行价格策划的。因此，企业要想进行价格策划，首先必须研究影响价格策划的环境因素。

1. 社会经济环境

社会经济环境是价格策划的基本背景，社会经济环境的内容主要包括市场体系的培育、社会经济发展的近远期目标、经济发展的指导方针、经济发展速度、产业结构、区域经济布局等。

2. 市场环境

市场环境是价格策划的基础，主要是指市场供求状况及竞争者的状况。进行价格策划，

必须以市场为背景，注意对其进行分析研究。

3. 企业营销环境

企业营销环境是制约价格策划的微观经济条件，企业营销环境的内容主要包括企业所处的地理位置、交通状况、供应渠道、销售形式、消费对象等。

（二）策划合适的定价目标

在研究价格策划背景的基础上，考虑选择合适的定价目标。定价目标是指企业通过定价所要达到的目的和标准。定价目标是整个价格策划的灵魂。一方面，定价目标要服务于产品营销目标和企业经营战略；另一方面，定价目标还是定价方法和定价策略的依据。常见的定价目标一般有以下几种。

1. 以获取最大利润为目标

最大利润可分为长期利润和短期利润两种。如果以短期利润为目标，可通过为商品制定较高价格或以某种促销手段使商品销量大增来完成。以短期利润为目标的前提条件：企业的产品质量和生产技术、生产能力处于领先地位，竞争对手的力量较弱；消费者对商品的边际需求评价较高或商品供不应求。如果不具备这两个前提，就盲目提价，不但达不到提高利润的目的，反而会阻塞产品的销路。如果以长期利润为目标，则应制定相应时期的营销战略，必要时不惜牺牲一些短期利益，如企业在开辟新市场或在新产品投放市场的初期，为了吸引消费者，加速市场渗透，在一定时期内采用低价策略。以长期利润为目标的前提条件：产品的长期市场前景看好；企业有望迅速扩大生产能力和提高技术水平。否则，将入不敷出。

2. 以获取投资报酬为目标

任何企业对于所投资金，都希望获得一定的预期报酬。由于预期报酬是通过销售产品来实现的，因此产品的价格水平应努力确保预期投资报酬的实现。选择此目标的企业，一般都应具备一些优越条件，如产品拥有专利权或产品在市场竞争中处于有利地位等。否则，要实现这一目标就比较困难。

3. 以确保或提高市场占有率为目标

市场占有率就是企业产品销售量在同类产品市场销售总量中所占的比重，它反映了一个企业的经营状况和产品在市场上的竞争能力。维持或提高市场占有率，对企业来说有时比获取投资报酬更为重要。因此，实力雄厚的企业常以实行低价策略来巩固和提高其市场占有率。选择这一目标的着眼点是要追求长期的利润。因此，企业必须具备一定的生产能力，有较高的管理水平，能使总成本的增长速度低于总产量的增长速度。否则，盲目降价促销，不但不能增加总利润，还可能影响企业的扩大再生产。

4. 以稳定价格为目标

保持价格稳定是获得一定的投资收益和长期利润的重要途径。一些在同行业中有较大优势的大企业，为长期稳定地占领目标市场并获得利润，通常采用此目标。对大企业来说，这是一种稳妥的保护政策，中、小企业一般也愿意追随大企业制定价格。这种定价目标，可避免不必要的价格竞争或价格骤然波动的风险。

在选择不同的定价目标时，应全面地、综合地考虑企业的实力、企业所处的阶段和发展战略。价格策划人员必须牢牢把握产品自身特点，结合公司经营优势，顺应市场行情，

通盘策划，理性抉择，结合消费者的有效需求和情景，用价格去撬动销售。

（三）选择合适的定价方法

定价方法就是根据定价目标确定产品基本价格范围的技术思路。常见的定价方法有成本导向、竞争导向、需求导向三种。成本导向定价就是指按开发成本和人为订立的利润比例确定价格。竞争导向定价就是以企业所处的行业地位和竞争定位而制定价格的一种方法。需求导向定价就是以消费者的认知价值、需求强度及对价格的承受能力为依据，以市场占有率、品牌形象和最终利润为目标，真正按照有效需求来策划产品价格。

（四）提出价格策划方案

在确定了合适的定价目标和定价方法的基础上，就可考虑根据企业的具体情况提出价格策划方案，它是价格策划内容的具体体现，主要包括以下几点。

（1）产品成本的估计。

（2）测算顾客需求。

（3）竞争对手产品的价格分析。

价格策划人员必须熟知企业竞争者产品的价格，并对其产品特性和质量等进行详细分析，以此作为定价及实施相应价格策略的主要依据。竞争实力对比分析可以使企业对制定适宜的价格做出准确判断。

同步思考6-1   **轰动东京的折扣销售法**

日本东京银座绅士西装店，曾首创"打一折"销售法。具体的操作：商店先发一则公告，向顾客介绍某商品品质、性能等一般情况，再宣布此商品打折扣的销售天数及具体日期，最后说明折扣的办法。第一天九折，第二天八折，第三天、第四天七折，第五天、第六天六折，第七天、第八天五折，第九天、第十天四折，第十一天、第十二天三折，第十三天、第十四天二折，第十五天、第十六天一折。

实际情况是第一天来的客人并不多，如果来也只是看看，一会儿就走了，从第三天开始，就有一群一群的顾客光临，第五天客人就像洪水般涌来开始抢购，接下来连日爆满，当然等不到一折，商品就全部卖完了。

问题思考： 日本东京银座绅士西装店策划的"打一折"销售法划算吗？为什么？

同步思考6-1

（五）选择价格策划方案

价格策划方案必须制定两套以上，以便进行选择，并付诸实施。价格策划方案的选择标准如下。

（1）企业效益与社会效益相结合。价格策划方案要以社会效益为主，兼顾企业效益。

（2）经营风险与科学预测相结合。价格的高低直接影响商品的出售，因此价格策划方案的选择必然涉及企业经营风险。一般来说，风险大，收益高；风险小，收益低。对于企业家来说，既要有冒险精神，也要讲究科学，还要善于识别风险、衡量风险、分析风险、规避风险，力争最大限度地实现价格策划目标。

（3）方案构想与方案实施相结合。价格策划方案必须具有可行性、可操作性。

（4）对选中的策划方案进行科学分析。为避免失误，一般在策划方案全面投入实施前可进行小范围的实验，试探消费者与竞争对手的反应并进行科学分析，以便进行修改和调整，确保策划方案顺利实施，实现价格策划目标。

同步课堂训练6-1

根据教学情况，灵活安排学生完成本项目实训教学中评价分析训练的第1~3题，混合选择训练的第1~4题，案例分析训练的第1题，情景模拟演练的第1题和第2题。

二、价格调整策划

价格是市场营销组合中最灵活的因素之一，企业在价格制定好之后，为了适应竞争、季节性、式样偏好等变化必须进行价格调整策划。

价格调整有两种形式：提价与降价。提价就是在原有价格之上增加价格，这是在需求增大时或成本上升时运用的。降价就是降低商品的原有销售价格，这是在需求减少、竞争激烈或成本下降时运用的。

（一）涨价策划

在现实生活中，涨价始终是一个非常敏感的话题，顾客往往会产生抵触心理。因此，企业只有针对不同时期、不同产品及顾客的不同心理，采取有效的提价策划方法，才有可能做到即使提价，也不会遭到顾客的太大反对，甚至还有可能吸引顾客上门。因此，企业在进行涨价策划时，必须注意以下问题。

1. 将实情告诉顾客

其实，某些涨价的原因消费者是可以接受的。例如，当采购成本上涨时，企业维持原价销售已无法经营，不得不提高售价。因此，为了减轻顾客的抵触心理，企业可采取将商品采购成本的真实情况向顾客公布的方法，以便取得顾客的谅解，说服顾客接受涨价的事实，顾客便会在理解的心态下接受涨价。需要注意的是，当使用这一理由涨价时，企业必须在采购成本降下来之后立即将商品价格降下来，如果只有升，没有降，几次事件之后顾客便会有被愚弄的感觉。

2. 分步骤涨价

在现实生活中，不可能所有商品的采购成本都会同时上涨，因此，在进行提价策划时，企业必须采取分步骤涨价方法。如果全部商品涨价，就可能导致顾客大量流失。因此，企业即使需要对所有商品涨价，明智的做法也只能分阶段分步骤进行，否则，欲速则不达，难以实现涨价的目的。

3. 选择适当涨价时机

涨价时机非常重要，除非商品采购成本突然大涨，不得不应急涨价。因此，企业必须选择恰当的时机进行涨价，商品才容易被顾客接受。

4. 一次涨价幅度不能过高

尽管商品的采购成本可能短时间内上涨过快，商店已经将采购成本实情公之于众，但

大多数顾客一般并不关心商品因为什么原因涨价，只是关心自己能否接受这一新价格，即涨价后的价格与心目中的价格标准是否接近。如果涨价幅度过高，不管什么原因，都会导致顾客弃买，或转去其他商店。因此，商品的一次涨价幅度不能过大，尤其是顾客价格敏感度较高的商品，涨价更要谨慎。从经济数据来看，一次上调幅度，不宜超过 10%。如果需要调整的价格幅度较大，最好采取分段调整的办法。

5. 附加馈赠

为了降低顾客对涨价的反应，企业可采取搭配附属商品或赠送一些小礼物，提供某些特别优惠的方法，给顾客一种商品价格虽然提高了，但由于搭配了附属商品，仍然划算的感觉，过了一段时间后，再取消附加馈赠，效果会比较好。但这样做要特别注意时间的配合。

（二）降价策划

当商品销售缓慢、商品过时，或者为了打击竞争对手，提高市场占有率时，企业通常会采取降价的方式加速商品周转，增加现金流量和顾客流量。然而，降价策划要想收到预期效果必须注意以下问题。

1. 有计划进行

首先，企业必须对过去的销售记录进行审核，跟踪过去降价的商品类型；其次，必须对目前的销售情况进行分析，了解商品库存；再次，必须对竞争对手的价格策略进行预测，只有这样，才有可能制订出一个完善的降价促销计划。

2. 选择适当的降价时机

在需求还很旺盛的时候，如果选择早降价，第一，可以大大地刺激消费者的购买欲望；第二，可以为新商品腾出销售空间；第三，可以加快商店资金的周转。

如果选择迟降价，第一，可以减少由于降价带来的利润损失；第二，可以有充分的机会按原价出售商品，避免频繁降价对正常商品销售的干扰。

此外，还可以选择交错降价，即将早期降价和晚期降价策略结合起来运用。

3. 选择适当的降价幅度

如果一次降价幅度过小，则不易引起顾客的注意，往往不能起到促销的作用；如果一次降价幅度过大，顾客则可能对商品的使用价值、商品质量等产生怀疑，同样会阻碍商品销售。

4. 采取巧妙的降价方法

（1）自动降价，即采取让顾客对降价情况了如指掌，顾客甚至能说明某种商品某月某日降价百分之几的一种降价方法。实际操作步骤：首先，要标出商品价格及首次上架时间；其次，要确定商品降价幅度和不同价格的保持时间，并将其公之于众；再次，在整个销售过程中，商店应对商品拥有量保密。若是泄露了商店的存货量，这种降价促销技巧也就失去了刺激性，商店就会遭受不必要的损失。

自动降价既满足了顾客的购买欲望，又牢牢抓住了顾客怕失去良机的心理。因而自动降价是一种比较好的降价方法。

（2）全店出清存货降价，也称一次性清仓大处理，是指商店定期集中性一次降价的一种降价方法，通常一年可进行三次全店出清存货降价。

（3）限时降价，就是利用顾客趋利心理，人为地在短时间内以特价优惠顾客的一种降

价方法。这种方法在超级市场经常被采用。例如，某店曾贴出告示："定于今日下午3时至5时，部分商品做2小时的最低价优惠大酬宾，敬请光临。"有统计数字表明，2小时的销售额是平时一天的两倍，取得了微利多销的效果。

同步思考 6-2　　　　　腾飞公司的价格调整策划

腾飞公司是生产和经营营养麦片的专业公司，其生产的"人人爱"营养麦片在营养麦片市场享有较高的声誉，占有率一度达20%以上。另一家公司推出一种新型营养麦片，其质量不比"人人爱"营养麦片差，每包价格却比"人人爱"营养麦片低1元。

面对此种情况，按照惯常做法，腾飞公司将采用以下三种对策：第一，降价1元，以保住市场占有率；第二，维持原价，通过增加广告费用和推销支出，与竞争对手竞争；第三，维持原价，听任其市场占有率降低。

然而该公司的营销人员经过深思熟虑后，却采取了对方意想不到的第四种策略，即将"人人爱"营养麦片的价格再提高1元，同时推出一种与竞争对手新营养麦片价格一样的"人人乐"营养麦片和另一种价格低一些的"人人爽"营养麦片。其实这三种营养麦片的味道、营养成分和成本相差不大。但该项策略却使该公司扭转了不利局面，一方面提高了"人人爱"营养麦片的地位，使竞争对手的新产品成为一种普通的品牌；另一方面不影响公司的销售收入，而且由于销量大增，使利润大增，令人拍案叫绝。

问题思考：腾飞公司的价格调整策划如何？为什么？

同步思考 6-2

同步课堂训练 6-2

根据教学情况，灵活安排学生完成本项目实训教学中评价分析训练的第4～6题，混合选择训练的第5～7题，案例分析训练的第2题，情景模拟演练的第3题和第4题。

实训教学

一、评价分析训练

1. 价格策划是指为实现企业营销目标而设计的能使企业产品的价格或价格体系适应和满足消费者需要的谋划活动过程。价格策划尽管是产品营销策划的一个组成部分，但并不是产品营销策划的关键所在。

2. 价格策划的背景主要是指价格策划的环境，包括社会经济环境、市场环境、企业营销环境。其中社会经济环境是价格策划的基本背景，市场环境是价格策划的微观经济条件，企业营销环境指的是制约价格策划的宏观经济条件。

3. 实力雄厚的企业常以实行低价策略来巩固和提高其市场占有率。但运用这一策略的企业必须具备一定的条件，否则，可能导致收不抵支。

4. 自动降价就是采取让顾客对降价情况了如指掌，顾客甚至能说明某种商品某月某日降价百分之几的一种降价促销谋略。采用自动降价方法时，不仅要标出商品价格及首次上架时间，而且要确定商品降价幅度、不同价格的保持时间和商品拥有量，并将其公之于众。

5. 如果商品的采购成本在短时间内上涨过快，商店在将采购成本实情公之于众的情况下，涨价也可一步到位。但从经济数据来看，一次上调幅度不宜超过 20%。

6. 降价幅度越大，越能引起顾客的注意，其促销效果就越好。

分析要点

二、混合选择训练

1. 常见的定价方法有（　　　）。
   A. 成本导向　　　B. 价值导向　　　C. 竞争导向
   D. 需求导向　　　E. 消费导向

2. 定价目标（　　　）。
   A. 是整个价格策划的灵魂　　　　B. 要服务于产品营销目标
   C. 要服务于企业经营战略　　　　D. 是定价方法的依据
   E. 是定价策略的依据

3. 常见的定价目标一般（　　　）。
   A. 以获取最大利润为目标
   B. 以获取投资报酬为目标
   C. 以稳定价格为目标
   D. 以确保或提高市场占有率为目标
   E. 以确保实现上级要求或领导意图为目标

4. 对价格策划方案的选择应遵循的原则有（　　　）。
   A. 企业效益与社会效益相结合
   B. 经营风险与科学预测相结合
   C. 方案构想与方案实施相结合
   D. 对选中的策划方案进行科学分析
   E. 对竞争对手产品的价格进行分析

5. 无论什么原因，产品涨价都是一个很敏感的话题，以下哪些提价技巧，可以做到即使提价，也不会遭到顾客的激烈反对，还可能吸引顾客上门（　　　）。
   A. 将实情告诉顾客　　　　　　B. 分步骤涨价
   C. 一次涨价幅度不能过高　　　D. 附加馈赠
   E. 选择适当涨价时机

6. 降价要想收到预期效果必须注意的问题有（　　　）。
　　A．降价必须有计划进行　　　　B．正确选择降价时机
　　C．选择适当的降价幅度　　　　D．降价必须一步到位
　　E．采取巧妙的降价方法
7. 巧妙的降价方法包括（　　　）。
　　A．自动降价法　　　　　　　　B．全店出清存货降价法
　　C．限人限量降价法　　　　　　D．限时降价法
　　E．明降暗升法

在线测评

三、案例分析训练

（一）手表价格战

情境描述：

××××年春，全国百货钟表订货会在山东济南召开。当时，全国市场上机械手表已经滞销，连续三次降价，销路仍不见好转。行家估计，手表市场萎缩已成定局。因此，很多手表厂担心这次订货会会使手表"大放血"甩卖。上海表是全国钟表行业的"大哥"，各地厂家都盯着上海表，探听上海表会不会降价。得到的回答是"不降，不降，上海表降价要市委批，你放心。"大家听说上海表不降价，都放心挂出了自己的老牌价。

订货会开了两天，商家在会上转来转去，只看样品，问价格，不订货，厂家直发愁。大家还没愁完，第三天一早，就被这样一条消息弄蒙了——所有上海表降价30%以上。有的上海表甚至降价一半。各厂家销售科长们纷纷打电话回厂请示。厂长不敢拍板，又是开会研究，又是请示报告。待研究、请示完毕，几天又过去了，上海人已把生意做完了。各厂纷纷叫"惨"，都责怪上海不够"大哥"，但已无法挽回败势。

订货会后，各厂纷纷寻求对策。青岛厂家认为，此时跟着降价，实在不是时候，因为顾客会认为便宜没好货。他们算了一笔账：青岛生产的"铁锚"牌手表，每块原价80元，如果降价，一块表顶多只能赚1～2元，要将100多万块表卖出去实在太难；如果不降，每块表可赚30元，售出6万～7万块表，基本上能将100万块表的利润收回。他们选择了后者，有意在电视上做了不降价的广告，效果不错，而其他很多厂家步入上海厂家的后尘，结果大亏，如重庆钟表公司，一年就亏损了600多万元。

与此同时，深圳的"天霸"表更是大爆冷门，每块表从124元上涨到185元。他们的策略是不断在样式上求新，在质量上求精，"求"一次价格就涨一次。他们轰炸式进行广告宣传，不仅在国内消费者心中树立了良好的产品形象，而且还将手表销往澳大利亚等国。那一年，"天霸"表究竟赚了多少，只有他们自己清楚，从市场上看，"天霸"表是相当走俏的。（资料来源：任天飞，中外经典营销案例评析，中南工业大学出版社，2000年）

案例思考与讨论：

这场手表价格战，可以说是几家欢喜几家愁，试分析其价格策划的思路，我们能从中得到哪些启示？如果由你来策划，你将如何运作，为什么？

分析要点

项目六

（二）格兰仕策划的降价营销

情境描述：

在微波炉市场上，格兰仕素有"价格杀手""价格屠夫"的称号。通过多次降价，格兰仕不断抢占了竞争对手的市场。格兰仕的绝对低价不仅令消费者趋之若鹜，同时又对竞争对手产生强大的威慑力，最终成就了格兰仕在全球微波炉市场上的霸主地位。

××××年，格兰仕进入微波炉行业之后，为了使总成本绝对领先于竞争者，卖掉了年盈利上千万元的金牛型产业——羽绒厂和毛纺厂，把资金向微波炉生产集中。这一战略决策充分体现了格兰仕领导层的高瞻远瞩与精明睿智。当时许多城市的居民还不知微波炉为何物，更不习惯用微波炉来烹饪。此时，微波炉市场几乎没有竞争对手，格兰仕倾全力投入，就在规模上把对手远远甩在后面，并使单机成本大大低于竞争对手的品牌，从而迅速占领尚未充分成熟的市场，格兰仕正是以这种敏锐的洞察力紧紧抓住机会，选择规模战略，利用价格手段而迅速崛起，并取得了不菲的成绩。

同年8月，格兰仕为了扩大市场占有率，率先在全国宣布大幅度降价，幅度达45%。当时的国内外竞争对手没有意识到这是格兰仕抢先一步争夺市场份额的狠招，反而错误地认为格兰仕降价销售是在清理积压品。等到他们醒悟过来时，格兰仕已远远地冲在前面，与他们拉开了距离，使那些国内外品牌再也无力追赶。通过降价，该月格兰仕的市场占有率超过50%，全年的占有率也达到了35%。

第二年春节之后，格兰仕的促销手段更是一招狠似一招，花样翻新，层出不穷。在北京、上海这两座城市，格兰仕实施了"买一送一"的营销策略，即买一台微波炉同时送一台价值380元的电饭煲。活动取得的成效之大甚至都超出了格兰仕人的期望。以北京为例，在活动的5天有效期内，格兰仕共售出15 000台微波炉。由于大大地超出了期望，以至于赠品远远不够，最后只得在报刊上刊登启事——格兰仕日后一定补偿赠品以答谢新老客户的厚爱。当6月微波炉进入销售淡季时，格兰仕反而加大了促销力度。先是在众多媒体上作势，宣布开展与上次活动内容一样的"买一送一"活动，并且将活动时间延长到1个月。接着从7月上旬开始，又将活动从"买一送一"升级为"买一送三"，赠品包括微波炉专用饭煲、电风扇和电饭锅，同时将这一活动扩展到了全国20多个大中城市。

案例思考与讨论：

有人认为，格兰仕策划的降价营销只不过是其发动价格战的一种表现形式，而真正在背后支持价格战的是格兰仕以规模经济为基础的总成本领先战略，这种观点你认同吗？从价格策划的角度分析，你认为格兰仕策划的降价方法如何？如果由你策划，你会怎样运作呢？

分析要点

四、情景模拟演练

（一）价格异议

情境描述：

高价产品是企业重要的盈利来源，但很多高价产品尚未与消费者见面，就被经销商封

杀在渠道中，因为经销商对经销高价产品总是有太多的顾虑。摆出诸多拒绝理由，如"你们的产品太贵了，人家同样的产品比你的便宜多了！""你们产品太贵了，消费者买不起啊！""我们小店穷，进不起高价货啊！""价格太高了，向下面铺货时，他们不会接受的。""产品价格这么高，我需要投入这么多资金，什么时候可以收回成本，什么时候可以赚到钱啊？"

面对如此多的拒绝理由，如何策划才能消除经销商的顾虑，让其觉得经销您的高价产品很值呢？

模拟开始：……

（二）肯德基策划的价格战术

情境描述：

肯德基的汉堡 10 元一个，购买套餐时价格相当于 8 元一个，加上定期的派发优惠券，可能你购买一个汉堡实际支付的价格只有 7 元，"实惠看得见，心动到永远"。但是如果你只买汉堡，10 元就是 10 元，9.5 元也不可以，这就是美国的快餐价格文化，也是肯德基带给中国的独特经营价格文化。

肯德基汉堡的这种价格战术奥妙何在？如果由你来经营，你将如何策划运作呢？

模拟开始：……

模拟要点

（三）成本压力剧增，要不要涨价？

情境描述：

为了达到大幅度提高市场份额的目的，2010 年 3 月，美丽家电公司李总在老板的支持下，发动了一场轰轰烈烈的针对行业领导品牌名格的价格战。李总决定降价的原因如下。

首先，当时公司的产品利润足够支持降价；其次，通过压减不必要的成本，可以为产品降价腾出一定的空间；再次，行业处于迅速成长阶段，未来，谁能把总额做大，谁就能获得成本优势和市场份额优势，谁就能笑傲江湖，老板的战略也是支持先把量做上去；最后，名格在产品力和品牌力上均强于美丽，如果没有价格优势，美丽很难获得突破性业绩。

在价格战开始后，李总通过全面压缩管理成本、降低采购价格，使得产品出厂均价下降了 200 元，零售价下降了近 800 元。销售精英、经销商一片欢腾。然而，降价并没有换来预期的效果。随着前两个月经销商的热情一过，到 2010 年 6 月时，公司订单只比降价前增加了 1%左右。全年下来，业绩增长也仅有 3 个点。随着年中材料成本上涨，公司全年利润同比少了 6000 万元。更为严峻的是，受国际钢铁市场和中国稀土出口限制影响，公司主要材料钢铁和磁铁价格还将大幅上涨。而主要竞品被迫加入价格战，也将零售价格下调。美丽家电公司要想保住先前降价换来的优势，就必须再度降价。美丽家电公司面临成本和竞品价格下降的两大压力，陷入泥潭不能自拔。2011 年第一季度，公司业绩报表非常不乐观，销售额、市场份额、利润均持续下滑。如果这样发展下去，亏损将难以避免。老板一看财务报表，脸都黑了，于是下了死命令，必须在第二季度扭转业绩颓势。否则……

2011 年 4 月 1 日，美丽家电公司召开营销会议，公司各职能部门领导、各大区销售精英围坐在李总边上。每个人都眉头紧锁，会场气氛相当沉重。

财务部周经理首先发言，"李总，我们自从去年 3 月价格下降后，利润同比少了 6000 万元，今年一季度，更是只有 1000 万元的利润。现在公司卖 1 台产品才赚 60 元。我们要

模拟要点

不涨价，下季度就没钱赚了！"

采购部王经理立即接过话茬，说："是啊，李总，去年9月开始原材料价格大涨，光是磁铁就涨了20元。我们1台60元的利润，很难消化成本压力啊！我看下个月，宝钢的钢材还要涨！我建议公司将材料成本转嫁一下。"

市场部赵经理眉头一皱，说道："两位老哥，公司产品降价，那是为了夺取市场份额，是公司针对名格品牌的战略方针。这价格一降下去，再涨上来就难了。之前夺取的市场份额，可能又回到别人手上啊！"

销售部何经理大为赞同，说："李总，这个价格降下去了，涨是肯定涨不上去的，消费者不答应，经销商更不答应啊！"

南部大区销售总监方总也很赞同，说："李总，我们现在想涨价，那是肯定涨不起来了。不说经销商吧！现在名格公司的产品也已经降价了，我们涨，那不是失去价格优势了吗？我们本来产品力、品牌力就比不过人家。很难竞争啊！"

一天的会议，大家就围绕着涨价还是不涨价争论不休。现在的问题是如果不涨价，材料上涨成本无法消化，企业利润下降，无法向老板交代；如果涨价，则消费者和经销商不答应，必将导致市场份额下降，同样无法向老板交代。

面对这样一个两难问题，李总一时也无计可施，如果李总问计于你，请你谈谈，美丽家电公司策划的降价行动为什么不成功？怎样进行策划运作，才能帮助李总摆脱目前的困境，达到既能提高价格，增加利润，又能不降低市场份额，甚至还能提升市场份额的目的？（资料来源：中国营销传播网，根据方亮庆的《4步，摆脱价格战泥潭！》原文改写）

模拟开始：……

模拟要点

（四）利用"超女"作形象代言的神舟电脑

情境描述：

2005年8月26日，"超级女生"决赛结束。在"超级女生"落下帷幕的24小时之内，凭借价格攻势在中国电脑市场掀起PC普及风暴的神舟电脑，用7位数的代言费签下炙手可热的李宇春，一时间令神舟电脑成为全国媒体和年轻人关注谈论的焦点，在签约李宇春后，神舟电脑也增加了更多的信心和底气，一向以"4999、3999超低价笔记本"闻名的神舟电脑同时进行了高端产品线的扩张，推出了由李宇春代言的"万元笔记本电脑"。此后，凭借"超女"的代言，神舟电脑取得了良好的销售业绩，同时其广告代理公司也获得了以实效为评判标准、用销售力说话的"2005中国艾菲奖"。

神舟电脑利用"超女"作形象代言，从而达到提升价值，达到扩展高端产品市场的营销价格策划如何？如果由你策划，你准备如何运作呢？

模拟开始：……

项目小结

模拟要点

- 理论教学由价格策划的步骤和价格调整策划两部分内容构成。价格策划的步骤：第一，研究价格策划背景；第二，策划合适的定价目标；第三，选择合适的定价方法；

第四，提出价格策划方案；第五，选择价格策划方案。价格调整策划包括涨价策划和降价策划。涨价策划要想收到预期效果必须注意以下问题：①将实情告诉顾客；②分步骤涨价；③选择适当涨价时机；④一次涨价幅度不能过高；⑤附加馈赠。降价策划要想收到预期效果必须注意以下问题：①有计划进行；②选择适当的降价时机；③选择适当的降价幅度；④采取巧妙的降价方法。

- 实训教学由评价分析训练、混合选择训练、案例分析训练、情景模拟演练四部分内容构成。在实训教学过程中要体现六个有利于原则，即有利于发挥学生的主体作用，有利于培养学生学会学习，有利于培养学生的动手能力，有利于培养学生的创新精神，有利于学生个性和潜能的发展，有利于帮助学生逐步形成良好的职业道德、职业思想、职业作风及职业行为习惯。

课后阅读与欣赏　　　　一次成功的啤酒夜场策划经历

项目七

渠道策划能力

学 习 目 标

知 识 目 标

- 掌握选择、激励渠道成员的方法。
- 掌握营销渠道设计策划的原则和程序。

能 力 目 标

- 能正确运用营销渠道设计策划的原理进行一般的营销渠道策划。
- 能正确进行渠道建设与管理策划。

素 养 目 标

- 形成良好的营销渠道策划职业习惯，能以认真负责的态度进行营销渠道策划。

案例导入　　　　　占仓压货，提前抢夺控制市场

某食品有限公司是一家以生产醋饮和果饮为主的食品生产厂家，××××年春节前，为避免造成春节市场缺货而公司库存过多的压货现象，策划实施了一套"占仓压货，提前抢夺控制市场"的方案。

一、凡在春节前20天内批量进货的经销商，一律给予10%的随车搭赠奖励。

二、与经销商签订书面协议，凡在春节前批量进货的二批商和零售商，一律给予每购10件"虞美人"苹果醋赠送名牌不粘锅一套的促销奖励。

三、箱内增设刮刮卡，刮刮卡形式新颖，有现金奖、礼品奖等多种奖项，100%中奖。

该公司通过策划这套"占仓压货，提前抢夺控制市场"的方案，有效地刺激了各级销售渠道购进的积极性，并直接促进了产品的终端消费和购买及产品流的畅通，使其产品在春节无论是流通渠道还是餐饮酒店终端都较好地火了一把。

问题：该食品有限公司策划的这套"占仓压货，提前抢夺控制市场"的方案取得成功的奥妙何在？有何启示？

该食品有限公司策划的这套"占仓压货，提前抢夺控制市场"的方案取得成功的奥妙就在于抓住了各级销售渠道经销商和产品终端消费者的求利、求实、投机心理，通过利益再分配和终端拉动措施，有效地调动了各级销售渠道经销商进货的积极性和消费者购买的积极性，其策划思路是可以借鉴的。

由此可见，营销渠道策划与产品策划、价格策划、促销策划一样，是在企业营销战略指导下的营销战术策划的重要部分之一，只有重视营销渠道策划，妥善处理好与各级渠道经销商和终端消费者的关系，利益分配恰到好处，才能够确保货畅其流。

理论教学

一、营销渠道设计策划

（一）营销渠道设计策划的原则

营销渠道设计策划是指企业为了实现自己的营销目标，对各种备选的营销渠道结构进行深入的评估和选择，以开发全新的市场营销渠道或对已有的市场营销渠道结构进行改进的谋划活动。

衡量营销渠道设计策划好坏的标准是能否以最快的速度、最好的服务、最低廉的费用，把商品送到消费者手中，实现经营者的利益。为了使营销渠道设计策划达到这一标准，企业必须遵循以下几个原则。

1. 高效畅通原则

企业在进行营销渠道设计策划时，必须使企业的产品，在合适的时间、合适的地点、以合适的价位快速、顺利送到消费者手中。

2. 顾客导向原则

企业在进行营销渠道设计策划时，必须将顾客需求放在第一位，通过周密细致的市场调查研究，摸清消费者需求，让渠道为目标顾客的购买提供方便，想方设法满足消费者在购买时间、购买地点及售后服务上的要求。

3. 适度覆盖原则

企业在进行营销渠道设计策划时，不仅要考虑加快速度、降低费用，而且还要考虑是否有较高的市场占有率、能否覆盖目标市场。

4. 稳定可控原则

企业在进行营销渠道设计策划时，必然花费相当大的人力、物力和财力。所以，企业一般不会轻易更换渠道成员，更不会随意转换渠道模式。只有保持渠道的相对稳定，才有可能进一步提高渠道的效益。

5. 协调平衡原则

企业在进行营销渠道设计策划时，不能只追求自身的效益最大化而忽略其他渠道成员的局部利益，必须合理分配各个成员间的利益。渠道成员之间存在合作、冲突、竞争是正常的，企业必须掌握协调平衡原则，能统一、协调、有效地引导渠道成员良好合作，鼓励渠道成员之间进行有益的竞争，减少冲突的发生，确保总体目标的实现。

6. 发挥优势原则

企业在进行营销渠道设计策划时，特别要注意发挥自己的特长，确保市场竞争中的优势地位。企业如果能够扬长避短，发挥优势，选择合适的渠道网络模式来保证渠道成员的合作，就能较好地贯彻企业的战略方针。

同步思考7-1　　志高空调的渠道深度变革

渠道历来被视为空调企业的命脉，"得渠道者，得天下"，空调制造厂家对渠道资源的争夺，甚至胜过了产品、价格和服务。2006年，志高空调在江苏挂牌成立首家销售公司，拉开了空调业又一次渠道深度变革的序幕。新成立的销售公司是由志高空调与原江苏的几位代理商共同出资组建的，属于股份制性质，董事长由志高委派，总经理由空调行业资深经理人担任。"格力模式"曾经是中国空调业的学习榜样，效仿者蜂拥而至，长虹、美的先后试水，曾经的"直营＋代理"模式的缔造者，曾经的传统代理制的恪守者，都开始将销售公司纳入自身的渠道体系。"志高模式"是一种有别于"格力模式"的全新渠道模式，"格力模式"采取的是"省销售公司＋专卖店"的渠道模式，而"志高模式"采取的是"省销售公司＋综合家电卖场"的渠道模式。综合家电卖场指的是国美、苏宁等连锁大卖场、江苏当地的地方卖场，以及区域代理商、经销商等的总称。

问题思考：如何评价志高空调策划的渠道深度变革？

（二）营销渠道设计策划的程序

首先，分析顾客对渠道服务提出的要求。这些要求通常表现在批量小、交货时间短、购买方便、花色品种多，以及提供服务能力与费用等方面。

其次，建立渠道目标。企业可根据用户需求，划分出若干分市场，然后决定其服务于哪些分市场，并提出具体目标。

再次，提供可供选择的方案。每套渠道方案应包括选择的中间商类型、确定的中间商数目、规定的渠道成员条件和责任等。

最后，对渠道方案进行评估。评估可从经济性、可控性和适应性等方面进行。经济性评估就是比较每一个方案可能达到的销售额水平及费用水平。可控性评估就是估计企业对渠道的可控程度高低。适应性评估就是考察企业在每一种渠道承担的义务与经营灵活性之间的关系，包括承担义务的程度和期限。

同步课堂训练7-1

根据教学情况，灵活安排学生完成本项目实训教学中评价分析训练的第1～3题，混合选择训练的第1～3题，案例分析训练的第1题，情景模拟演练的第1题和第2题。

二、渠道建设与管理策划

（一）渠道成员的选择

1．选择渠道成员应考虑的因素

1）覆盖范围

首先，要考虑所选分销商的经营范围所包括的地区与企业产品的预期销售地区是否一致；其次，分销商的销售对象是否是企业所希望的潜在顾客。

2）经营信誉

经销商的信誉不仅直接影响回款情况，而且还直接关系到市场的网络支持。一旦经销商中途有变，企业就会欲进无力，欲退不能，不得不放弃已经开发起来的市场。而重新开发，往往需要付出巨大的代价。

3）历史经验

企业在决定某分销商是否可以承担分销商品的重任时，往往会考察分销商的一贯表现和盈利记录。而且，经营某种商品的历史经验，是分销商自身优势的另一个来源。经营历史较长的分销商早已为周围的顾客或消费者所熟悉，他们拥有一定的市场影响力和一批忠实的顾客，是周围顾客或消费者光顾购物的首选。

4）合作意愿

分销商与企业合作意愿强，则会积极主动地推销企业的产品。否则，合作不可能成功。

5）产品组合

在合作过程中，一般企业认为如果分销商经销的产品与自己的产品是竞争产品，就应避免选用。其实，如果其产品组合有空当，或者自己产品的竞争优势非常明显，也可选取。

6）财务状况

生产企业一般倾向于选择资金雄厚、财务状况良好的分销商，因为这样的分销商能保证及时付款，还可能在财务上向企业提供一些帮助，如分担一些销售费用，提供部分预付款或者直接向顾客提供某些资金融通，如允许顾客分期付款等，从而有助于扩大产品销路和生产发展。反之，若分销商财务状况不佳，则往往会拖欠货款。

7）区位优势

分销商所处的理想位置应该是交通方便和顾客流量较大的地点。

8）促销能力

分销商的促销能力直接影响其销售规模。促销能力强，则销售效果好；促销能力弱，则销售效果差。

2. 选择渠道成员的方法

选择渠道成员的方法很多，评分法是许多企业经常采用的一种方法。评分法就是对拟选择作为合作伙伴的每个分销商，就其从事商品分销的能力和条件进行打分评价的一种方法。使用这种方法，应根据不同因素对分销渠道功能建设重要程度的差异，分别赋予一定的权数。然后计算每个分销商的总得分，选择得分较高者为渠道成员。

（二）渠道成员的激励

渠道成员的激励就是指制造商企业激发渠道成员的动机，使其产生内在动力，朝着企业所期望的目标前进的活动过程，其直接目的是调动渠道成员的积极性。激励渠道成员的形式多种多样，但大体上可以分为两种：直接激励和间接激励。

1. 直接激励

直接激励是指通过给予渠道成员物质或金钱的奖励来激发其积极性，从而实现公司的销售目标的一种激励方法。直接激励主要有以下几种形式。

（1）返利。制定返利政策时要考虑：①返利的标准。一定要分清品种、数量、等级、返利额度。制定标准时，一要参考竞争对手的情况，二要考虑现实性，三要防止抛售、倒货等。②返利的形式。是以现价返，还是以货物返，还是二者结合，一定要注明；货物返能否作为下月任务数，也要注明。③返利的时间。是月返、季返还是年返，应根据产品特性、货物流转周期而定。要在返利兑现的时间内完成返利的结算，否则时间一长，搞成一团糊涂账，对双方都不利。④返利的附属条件。为了能使返利这种形式促进销售，而不是相反（如倒货），一定要加上一些附属条件，如严禁跨区域销售、严禁擅自降价、严禁拖欠货款等，一经发现，取消返利等。

（2）价格折扣。①数量折扣。经销数量越多、金额越大，折扣越丰厚。②等级折扣。中间商依据自己在渠道中的等级，享受相应的待遇。③现金折扣。回款时间越早，折扣力度越大。④季节折扣。在旺季转入淡季之际，可鼓励中间商多进货，减少厂家仓储和保管压力；在进入旺季之前，加快折扣的递增速度，促进渠道进货，达到一定的市场铺货率，以抢占热销先机。⑤根据提货量，给予一定的返点，返点频率可根据产品特征、市场销货等情况而定。

（3）开展促销活动。生产者开展促销活动时要注意以下几个问题：①促销的目标。不能认为促销就是增加销售额，还应该考核增加二批多少、渗透终端店多少等。②促销力度的设计。设计促销力度，一要考虑是否刺激经销商的兴趣，二要考虑促销结束后经销商的态度，三要考虑成本的承受能力。③促销内容。是送赠品、抽奖，还是派送，甚至返利，促销内容一定要能够吸引人。④促销时间。什么时间开始，什么时间结束，一定要设计好，并让所有的客户知道。⑤促销考评。对促销效果进行考评，不仅可以督促经销商认真执行，而且还可以从中总结经验教训。⑥促销费用申报。费用申报时一定要上报促销方案、实施情况、考评结果、标准发票及当事人意见等，以保证促销费用的有效使用。⑦促销活动管理。无论是公司统一企业统一实施，还是分区企业分区实施，在提交方案、审批、实施、考评方面，都应当有一个程序，从而确保促销活动顺利进行。

2. 间接激励

间接激励是指通过帮助中间商获得更好的管理和销售方法，从而提高销售绩效的一种

激励方法。间接激励主要有以下几种形式。

（1）帮助经销商建立进销存报表，做好安全库存数和先进先出库存管理。进销存报表的建立，可以帮助经销商了解某一周的实际销售数量和利润；安全库存数量的建立，可以帮助经销商合理安排进货；先进先出的库存管理，可以减少即将过期商品的出现。

（2）帮助零售商进行零售终端管理，包括铺货和商品陈列等，如定期拜访、帮助零售商整理货架、设计商品陈列形式等。

（3）帮助经销商建立客户档案，并加强管理。客户档案应包括客户的店名、地址、电话，并根据客户的销售量将他们分成等级，对不同等级的客户采用不同的支持方式，提高客户的忠诚度。

（4）伙伴关系管理。从长远看，应该实施伙伴关系管理，也就是制造商和中间商结成合作伙伴，风险共当，利益共享。

同步思考 7-2　　面对下级经销商的步步紧逼，朱老板应该怎么办

朱老板新经销一个食品品牌，前期为了尽快启动所辖 3 个乡镇市场，选择了一个网络实力较强的二批肖某负责 3 个乡镇的销售。肖某不负所望，使产品在所辖市场份额迅速上升，稳坐头把交椅，其他品牌在当地几乎无法动销；并且，肖某的销量占到了朱老板总销量的 1/5。

肖某迅速坐上头把交椅的原因：①肖某在这 3 个乡镇具有一定的影响力，家里有 3 辆可以覆盖 3 个乡镇的运输车辆；②朱老板的大力支持。为了支持肖某迅速启动市场，朱老板把厂家的促销费和促销品给肖某的要高于其他二批数倍。但随着市场逐渐做大，肖某的胃口也越来越大，不断提出更多的要求。尽管如此，朱老板还是想方设法尽量给予满足，最后几乎是按厂价给肖某供货。朱老板只希望肖某能稳住销量，自己则可以从其他市场赚取利润。

出乎朱老板意料的是，肖某的贪欲太大了，发展到最后其竟要求提供更大的价格优惠和更大的市场区域。如果朱老板答应，那么他给肖某的价格将低于厂价，并且由于肖某进货价比其他乡镇的二批低，肖某的货已经开始冲向其他乡镇；而其他乡镇的二批为了稳定自己的客源，不得不降价销售。通路价格开始陷入混乱，市场危机亟待解决。

问题思考：面对肖某的步步紧逼，朱老板陷入了两难境地：取消对肖某供货，面临的将是 3 个乡镇销量的急剧下滑，而且肖某必将销售竞争品来抢占市场，极有可能在区域市场陷入鏖战，且胜负难料；如果任由肖某如此发展下去，则不久整个市场将一塌糊涂，产品价格将继续下降，价格的穿底将直接导致产品迅速死亡！朱老板应该怎么办？

同步思考 7-2

同步课堂训练 7-2

根据教学情况，灵活安排学生完成本项目实训教学中评价分析训练的第 4 题和第 5 题，混合选择训练的第 4～9 题，案例分析训练的第 2 题，情景模拟演练的第 3 题和第 4 题。

实训教学

一、评价分析训练

1．企业在进行营销渠道设计策划时，必然花费相当大的人力、物力和财力。因此，只有保持渠道的绝对稳定，才能进一步提高营销渠道的效益。

2．企业在进行营销渠道设计策划时，主要考虑如何加快速度、降低费用，至于是否有较高的市场占有率、能否足以覆盖目标市场则不是企业要考虑的问题。

3．企业在选择、管理营销渠道时，必须追求自身效益的最大化，其他渠道成员的局部利益必须服从企业的整体利益。

4．在合作过程中，一般企业认为如果分销商经销的产品与自己的产品是竞争产品，就应避免选用。

5．渠道成员的激励就是指制造商企业激发渠道成员的动机，使其产生内在动力，朝着企业所期望的目标前进的活动过程，直接目的就是获得更多的利益。

分析要点

二、混合选择训练

1．营销渠道设计要达到预期标准，必须遵循（　　）原则。

    A．高效畅通　　　　　B．顾客导向　　　　　C．适度覆盖

    D．稳定可控　　　　　E．协调平衡　　　　　F．发挥优势

2．评估渠道方案可从（　　）方面进行。

    A．政治性　　　　　　B．战略性　　　　　　C．经济性

    D．可控性　　　　　　E．适应性

3．企业在进行营销渠道设计策划时，通常要经过的程序有（　　）。

    A．分析顾客对渠道服务提出的要求

    B．建立渠道目标

    C．提供可供选择的渠道方案

    D．对渠道方案进行评估

    E．设计新的销售渠道方案

4．选择分销商应考虑的因素主要有（　　）。

    A．覆盖范围

    B．历史经验和经营信誉

    C．合作意愿和产品组合

D．财务状况

E．区位优势和促销能力

5．直接激励的形式主要有（　　）。

A．返利

B．价格折扣

C．开展促销活动

D．帮助经销商建立进销存报表

E．帮助零售商进行零售终端管理

6．间接激励的形式主要有（　　）。

A．开展促销活动

B．帮助经销商建立进销存报表

C．帮助零售商进行零售终端管理

D．帮助经销商建立客户档案并加强管理

E．伙伴关系管理

7．制定返利政策时要考虑（　　）。

A．返利的标准　　　　B．返利的形式　　　　C．返利的时间

D．返利的空间　　　　E．返利的附属条件

8．价格折扣包括（　　）。

A．数量折扣　　　　　B．等级折扣　　　　　C．现金折扣

D．季节折扣　　　　　E．根据提货量，给予一定的返点

9．生产者开展促销活动时要注意的问题有（　　）。

A．促销的目标和促销内容

B．促销力度的设计

C．促销的时间

D．促销费用申报

E．促销考评和促销活动的管理

在线测评

三、案例分析训练

（一）舒蕾脱颖而出

情境描述：

1996 年 3 月，武汉丝宝集团的全新护理洗发露——舒蕾上市，按既定营销策划方案展开全国战役，一炮打响，掀起一股"红色"热潮，舒蕾风暴很快席卷全国。2000 年，舒蕾销售回款额超过 15 亿元人民币，全国的市场占有率为 15%，跃居洗发水市场第二名，作为单一品牌在市场上仅次于飘柔，超过了宝洁的海飞丝、潘婷等品牌，武汉丝宝集团也由一个中小化妆品企业一举成为国内仅次于宝洁、联合利华的化妆品巨头。

舒蕾策划的营销渠道方案是在各地设立分公司，对主要的零售点直接供货并管理，建立由厂商直接控制的垂直营销体系，以便更有效地控制渠道终端资源，方便更多自有品牌

的销售，并充分保证经营一处、成功一处、收获一处，使资金迅速回笼，实现营利性拓展。在各大卖场，舒蕾积极争夺客源，争取比竞争对手更多的展位与陈列空间，通过人员促销开发市场，最大限度发挥终端战略优势，促进消费者的品牌偏好转换到舒蕾品牌，从而有效地遏制了竞争产品的销售。经营业绩充分表明，舒蕾大量利用相对便宜的人力推销、终端促销来抢占洗发水市场，不失为"投入少、产出大、见效快"的营销利器。

案例思考与讨论：

舒蕾为什么能够在如此激烈的竞争环境中脱颖而出？其策划的营销渠道方案有何优势？如果由你来策划，你将采取何种策略策划呢？为什么？

分析要点

（二）快乐神仙酒迅速打开市场局面的奥妙

情境描述：

快乐神仙酒是一个新品牌，于2019年进入某市场。快乐神仙酒策划人员策划的营销方案，并不像大多数进入某市场的白酒品牌一样，从终端起步，硬拼竞争对手，而是充分利用渠道力量，结合终端铺货和促销技巧，活用渠道激励，迅速地掌控当地白酒市场的腰部，为品牌快速切入市场打下良好的基础。

方法一，现金返利。快乐神仙酒针对分销商直接控制的餐饮网点，推出由分销商执行的盒盖返利政策。过去，分销商仅仅只是针对批发和零售的客户，而快乐神仙酒的现金返盒盖政策极大地推动了分销成员的经营热情。

方法二，分级返利。针对分销商的销量大小，推行分级返利。分销商每多完成一件产品的销售，将多增加1%的额外利润。

方法三，堆箱促销。针对规模大、人流集中的分销成员的商行，销售人员用堆箱、割箱来营造产品的热销局面，并在周末两天开展针对消费者的有奖游戏、有奖竞猜和有奖销售活动。

方法四，捆绑销售。联合当地市场最畅销的燕京啤酒经销商及众多的燕京啤酒分销成员，达成销售网络共享、促销人员共享、产品联合捆绑销售的意向，并在市内最大的10家餐饮终端推行这个活动。

案例思考与讨论：

快乐神仙酒作为一个新品牌，为什么能迅速打开市场局面？其策划的营销渠道激励方案有何优势？如果由你来运作，你将如何策划？为什么？

（三）董明珠直播带货成功的秘密

分析要点

情境描述：

2020年6月1日，董明珠代表格力电器在网上直播带货，当日累计销售额高达65.4亿元，创下了家电行业的直播销售记录。

一天65.4亿元。这是什么概念？这相当于格力电器2020年一季度营业收入（203.96亿元）的32%。这个成绩太惊人了！而在一个多月前（4月24日）董明珠的直播首秀上，当天的销售额才不到23万元。从4月24日到6月1日，董明珠一共做了四场直播。销售额分别是：22.5万元、3.1亿元、7亿元、65.4亿元。

这爆炸式增长是怎么做到的？有人说，其中不少都来自于格力经销商的"刷单"。情况真的是这样吗？

下面通过对一位格力经销商的采访，可以了解董明珠直播背后的商业逻辑。

问：董明珠直播背后的逻辑是什么？经销商在其中扮演什么样的角色？

答：董明珠的直播带货，和李佳琦、薇娅直播带货背后的逻辑是不一样的。董明珠的直播带货，是由经销商在线下获得流量，然后由董明珠在线上直播间完成转化。

首先，大量的经销商会在线下用各种各样的方法聚集流量。比如，去周边小区摆摊，以地推的方式把周围住户的微信收集起来。等到董明珠做直播的时候，给这些用户发一个专属二维码，用户可以扫码进入直播间。系统可以通过二维码来识别客户是哪个经销商带来的流量。这一步非常关键，一旦用户产生购买，格力就能给相应的经销商奖励。所以，董明珠的直播带货，本质上是直播分销逻辑。经销商的价值是引流，而直播间的价值是转化。从经销商引流，到直播间转化，这其中还有很多促进转化的小活动。比如，膨胀金。参加直播之前，客户先付给经销商 9.9 元，在直播间购买的时候，这 9.9 元就可以当成 50 元、100 元来抵用。

案例思考与讨论：

董明珠直播带货成功的秘密是什么？格力电器这种网上直播带货获得成功需要具备什么条件？我们能够从中得到哪些启示？

分析要点

四、情景模拟演练

（一）销售模式变革难题

情境描述：

某农化有限公司改组将近三年，年销售额基本在 1200 万元左右徘徊。该公司有 10 余个农药制剂品种，主要用于小麦、水稻等农作物病虫草害的防治。当今农药市场，农药制剂的销售模式基本为代理销售。该公司一直沿用这种销售模式，每年都有大量退货，货款难收，产品库存也不少，企业经营质量较差。

现董事长要求改变当前赊销的做法，转向现款现货的销售模式。根据董事长的意见，王总马上把销售部的牛部长叫到办公室商量解决办法。牛部长很坦率地说出了自己的看法，他认为，公司马上实施现款现货销售尚不成熟，理由：第一，公司缺乏品牌影响力，还没有取得用户及经销商的普遍信赖；第二，产品缺乏竞争优势，我们有的别人都有，价格还比别人高；第三，没有鼓励经销商的销售政策；第四，销售队伍老化，销售人员年龄偏大，观念守旧，如果实施现款现货会遇到很大的阻力；第五，公司十分缺乏宣传推广活动，现在的市场基本上是靠改组前的老客户来维持，新市场开发几乎是空白；第六，如果强制性推行现款现货的销售模式，公司业务可能显著滑坡。

王总觉得牛部长的分析符合当前公司现状，但是，董事会的意见是明确的，只有执行。作为总经理，王总也很想实行现款现货销售模式，这不仅可大幅度减少使他烦心的事情，还可以把精力更多地转向新产品开发和企业管理。面对这样的难题，他该怎么办呢？

模拟要点

假设现在王总问计于你，你认为他应该怎么办？请为他策划。

模拟开始：……

（二）头疼的窜货

情境描述：

新年伊始，刚过完快乐的新年，小王就被市场上突如其来的窜货搞得晕头转向。第一个月任务也没能完成，客户埋怨小王无能，公司批评小王玩忽职守。小王自己也搞不清楚这么多的窜货从什么地方钻出来。公司给小王下了死命令，第二个月完不成任务就离职。客户要求小王尽快查明真相，否则要求公司换业务员。

面对如此尴尬的局面，小王应该如何开展工作呢？

小王开始对区域内的窜货原因进行调查。年前，临近的区域市场为了完成任务，给经销商制定了较高的任务，并设置了可观的超额奖。经销商为了拿到超额奖，对小王管理的区域市场进行了低价窜货。调查中还发现，这次低价窜货影响比较大的是流通渠道的大批发客户，而终端商店、小超市等销售终端没有受到影响。

小王如实向公司做了汇报，公司对窜货区域经销商和业务员进行了处罚。但是面对大规模低价窜货造成的区域价格混乱局面，小王应该如何应对呢？

假定现在小王向你求援，请你帮助他策划一下，怎样才能解决这个问题？

模拟开始：……

模拟要点

（三）坚盾地板漆的渠道推广策划

情境描述：

某公司对地板漆进行了技术升级，推出了新的地板漆系列——坚盾地板漆。此地板漆系列具有旧系列不具备的三大优点：第一，耐用、耐高温，耐用性比同类产品高出10年，长达20年，能够经受冷、热、水、火等不同程度的考验而不变形，不起皱；第二，柔韧性能卓越，抗敲击能力比同类产品高出两倍；第三，硬度达到3H，比公司旧系列的硬度高出1H。（H是国家标准中用来表示硬度的单位）

推广困难之处：第一，批发价格过高，比一般5kg一套的地板漆价格高出20元，零售价高出40元，甚至更多；第二，油漆是半成品，看不到直观效果；第三，施工技术难度高，稍有不慎便会出现问题，从而达不到最好的效果，失去优势。

现公司要求营销人员尽快策划出将坚盾地板漆通过众多二级分销商推向市场的渠道推广方案。

模拟开始：……

模拟要点

（四）三、四级市场代理商的经营

情境描述：

曾经被家电厂家视为"鸡肋"的三、四级市场，如今获得了不少厂家的垂青，特别是那些在一、二级市场的贴身肉搏中累得虚脱又没捞到多少好处的厂家，开始把三、四级市场视为最好的"休养生息"之所，视为真正的富矿。但三、四级市场这蹚水到底有多深，厂家也十分迷茫。显然，一、二级市场的网点布局不能在此简单复制，毕竟一、二级市场有家电专业连锁的血拼和零售大卖场的密集布局，家电厂家虽身陷其中，但以直供的方式，在忍气吞声的前提下销量还是有保证的，三、四级市场有其特殊性，厂家们怀着一颗博爱之心来到这里，感受更多的是爱之越深，痛之越切，感觉更多的是有心无力后的无奈，代

理商理所当然地扮演了厂家三、四级市场"拓荒者"的角色，但优秀的代理商作为厂家"拓荒"的稀缺资源，自然成了各厂家争夺的对象，资源的稀缺性暂且不说，这些仅有的资源能否有效利用也将是一大考验，这些代理商手中握着三、四级市场的网点资源，因而在厂家与代理商的利益博弈中，代理商往往恃宠而骄，经常违背厂家的意愿或不积极主动去经营厂家的产品。

在商者逐利的游戏规则下，厂家应如何调动三、四级市场代理商主动营销的积极性，这显然是一门学问，而且是一门考验厂家营销功力的大学问。对此，你将如何运作策划呢？

模拟开始：……

模拟要点

项目小结

- 理论教学由营销渠道设计策划和渠道建设与管理策划两部分内容构成。衡量营销渠道设计策划好坏的标准是能否以最快的速度、最好的服务、最低廉的费用，把商品送到消费者手中，实现经营者的利益。为了使营销渠道设计策划达到这一标准，必须遵循高效畅通原则、顾客导向原则、适度覆盖原则、稳定可控原则、协调平衡原则、发挥优势原则。进行营销渠道设计策划应首先分析顾客对渠道服务提出的要求；其次建立渠道目标；再次提供可供选择的方案；最后对渠道方案进行评估。选择渠道成员应考虑覆盖范围、经营信誉、历史经验、合作意愿、产品组合、财务状况、区位优势、促销能力等因素。激励渠道成员的形式有直接激励和间接激励。直接激励是指通过给予渠道成员物质或金钱的奖励来激发其积极性，从而实现公司的销售目标的一种激励方法。直接激励主要有返利、价格折扣、开展促销活动3种形式。间接激励是指通过帮助中间商获得更好的管理和销售方法，从而提高销售绩效的一种激励方法。间接激励有如下形式：①帮助经销商建立进销存报表，做好安全库存数和先进先出库存管理；②帮助零售商进行零售终端管理；③帮助经销商建立客户档案，并加强管理；④伙伴关系管理。
- 实训教学由评价分析训练、混合选择训练、案例分析训练、情景模拟演练四部分内容构成。在实训教学过程中要体现六个有利于原则，即有利于发挥学生的主体作用，有利于培养学生学会学习，有利于培养学生的动手能力，有利于培养学生的创新精神，有利于学生个性和潜能的发展，有利于帮助学生逐步形成良好的职业道德、职业思想、职业作风及职业行为习惯。

项目七

课后阅读与欣赏　　　渠道争夺　　智者必胜

项目八

推销与推广策划能力

学习目标

知识目标

- 懂得怎样制订人员推销策划方案。
- 懂得怎样制订营业推广策划方案。

能力目标

- 能运用人员推销策划的知识进行一般的人员推销策划。
- 能运用营业推广策划的知识进行一般的营业推广策划。

素养目标

- 形成良好的人员推销策划和营业推广策划职业习惯,能以认真负责的态度进行人员推销策划和营业推广策划。

案例导入 机票促销计划

台湾一家航空公司为了缓解财务危机,紧急制订了一项新的机票促销计划,对在某条选定航线乘机的顾客一律实行"买一送一"政策,即花费买一趟机票的钱,可搭乘两趟飞机。这项计划推出后,短期内的确成效斐然,机票多卖了 25%。为这家航空公司代售 50%以上机票的旅行社生意也非常好,可是随着时间的推移,旅行社发现机票卖得越多,产生的问题就越多。

促销计划吸引了大批外地游客购买机票,致使那些固定搭乘该公司航班的生意人无票

可买,而且受载客量的影响,公司的航班加班次数也有限,应付高峰需求心有余而力不足,在无法充分提供服务的情况下,使不少老顾客感到不满。于是,旅行社为了留住老顾客,开始限制游客购买机票的数量,结果连外地顾客也感到不满。旅行社在顾客的怨声载道中向航空公司要求多供应机票,但飞机有限,航空公司无法满足其要求,因而又造成航空公司与旅行社之间的怨隙越来越大。一怒之下,旅行社就不再代售该航空公司的机票了。

问题:原来诱惑力十足的促销方案,到最后为什么使旅行社、老顾客、新顾客都不满意了呢?失败的原因是什么?有何启示?

纵观案例,原来诱惑力十足的促销方案,到最后之所以使旅行社、老顾客、新顾客都不满意,主要原因是没有精心策划和悉心准备。航空公司在运量未达到一定程度时即展开大规模促销活动的做法,是造成全盘皆输的根本原因。

启示:推出一项新的促销方案是一件花钱和冒险的事情,一招不慎就有可能满盘皆输,因此一项新的促销方案的推出,必须要有一系列策划严谨、准备充分的方案与之配合,才有可能成功实施。

那么,怎样进行人员推销策划和营业推广策划,才有可能顺利实现营销策划目标,取得竞争胜利呢?

理论教学

一、人员推销策划

(一)人员推销方案的策划

1. 影响人员推销方案策划的主要因素

(1)推销人员的素质。同一个企业、同样的产品,由不同的推销人员来做,效果大不一样。

(2)对推销人员的管理。同一个企业、同样的推销人员,由不同的管理人员来管理,产生的效果是不一样。人的潜能是无限的,关键看管理人员能否充分挖掘出来,能否充分调动推销人员的积极性。管理得好,每个推销人员都能够以一当十,业绩一路飙升。

(3)企业的支持。企业的支持包括两方面:一是对推销人员的支持,推销人员在外工作非常辛苦,还要承受很多委屈,所以需要企业给他们提供尽可能多的方便,让他们没有后顾之忧,如创造好的工作环境,提供好的产品给顾客,建立完善的售后服务体系等;二是企业对分销渠道的支持,如果企业和分销商关系密切,推销人员的工作做起来会更顺畅。

(4)产品的性质。不同的产品,要求推销人员在销售时所付出的努力是不一样的。

2. 人员推销方案的组织与程序策划

1)推销组织策划

(1)按产品结构组织推销,即按产品品种分配推销人员的工作。优点:容易在企业内

部形成竞争，有利于业绩的提升。缺点：由于地域跨度大，因而旅行费用大，而且由于在同一市场上有多种产品的不同推销人员，不利于在同一市场内制定统一的促销策略。

（2）按销售区域组织推销，即指定业务员在指定的区域活动。优点：①推销人员的责任明确，便于详细地了解该地区的顾客、市场方面的状况，规划在该区的推销工作；②也便于掌握推销重点，与顾客建立长期联系，而且旅行费用相对较少，比较经济。缺点：①不利于推销人员熟悉各种产品的性能、结构、特点；②有碍于开展有效的咨询、维修服务；③妨碍推销人员人际关系的充分利用；④还可能出现窜货现象。

（3）按顾客结构组织推销，即将企业的顾客进行分类，每一个推销人员面向某一类顾客进行推销。优点：有利于加深对顾客的了解，建立顾客档案，满足特定顾客的需求。缺点：①如果顾客地域过于分散，推销线路过长，费用就会较高；②可能造成推销对象的重叠或模糊。

（4）按混合结构组织推销，即综合运用上面三种形式来组织推销。当企业规模大、产品多且市场范围广、顾客分散时，单独采用上面三种形式中的任何一种都无法达到理想的效果。这种情况下，企业可以采用上述三种方法中的两种甚至三种进行配合构建，在不同地区，向很多不同类型的顾客，出售多种产品。

2）推销程序策划

推销程序策划就是对推销步骤的合理安排。一个完整的推销过程包括以下几个步骤。

（1）寻找顾客。可通过下列途径寻找顾客：①利用社会信息寻找新顾客；②利用流通渠道寻找老顾客；③利用社会关系寻找新顾客；④运用公共关系活动寻找新顾客；⑤主动游说寻找新顾客；⑥推销相关产品寻找新顾客；⑦利用老顾客寻找新顾客；⑧利用中介机构寻找新顾客；⑨挖掘老顾客的新需求。

（2）事前准备。为了保证推销任务的顺利完成，推销人员在开始工作之前，要进行充分的准备，具体包括：①掌握基本情况，如熟悉产品的设计、结构、性能、特点、规格、使用操作原理，以及商标、包装和设计特色等；②设计推销路线；③订立谈判原则；④制定具体的洽谈要点（怎样做自我介绍？开场白讲什么？何时出示产品或进行产品介绍？准备为顾客提供哪些服务？对顾客可能提出的疑问如何解答？要达到怎样的目的等）。

同步思考8-1　　　　杨洋的推销方法

杨洋，35岁，从事推销工作多年，逐步形成了独特的推销方法：在拜访客户之前，杨洋总是先收集掌握客户的一些基本资料，然后常常以打电话的方式先和客户约定拜访的时间。

从上午7点开始，杨洋便开始了一天的工作。杨洋除了吃饭的时间，始终没有闲过。今天是星期四，下午4点刚过，杨洋便精神抖擞地走进办公室，他5点半有一个约会。4点—5点半，他打电话向客户约定拜访的时间，以便为下星期的推销拜访做安排。打完电话，他又开始整理客户的资料卡片，卡片上记载着客户的姓名、职业、地址及电话号码等资料。他的客户来源有以下3种：一是现有的客户提供的新客户的资料；二是从报刊上的人物报道中收集的资料；三是从职业分类上寻找的客户。在拜访客户以前，他一定要先弄清楚客户的姓名。例如，想拜访某公司的执行副总裁，但不知道其姓名，他会打电话到该公司，

向总机人员或公关人员询问该执行副总裁的姓名。在知道了姓名后，才进行下一步的推销活动。杨洋拜访客户是有计划的，他把一天当中所要拜访的客户都选定在某一区域内，这样可以减少来回奔波的时间，有效利用时间。根据其经验，利用 45 分钟的时间做拜访前的电话联系，即可在某一区域内选定一天需要拜访的客户。

同步思考 8-1

问题思考：你认为杨洋的推销方法如何？为什么？

（3）接触顾客。推销人员要想方设法吸引顾客的注意力，为此，要注意：一是说好第一句话，让顾客爱听、想听；二是要用肯定的语气说话；三是要抓住顾客关心的问题；四是要拿出新招。新产品、新包装、新的广告宣传、新的推销方式，都能引起顾客的注意。

（4）介绍产品。最好的办法是做示范，通过面对面的示范表演，让顾客耳闻目睹，或让顾客自己进行试验，直接体会产品的性能、特点。如果产品不便携带，可进行间接示范，如出示鉴定书、用电脑投影展示等，以激发其购买兴趣。

（5）处理异议。生意经云，"褒贬是买主，喝彩是闲人"。对商品进行褒贬的人，其实就是对商品持异议的人。应该认识到，提出异议的顾客实际上是对产品有兴趣的人，通过顾客提出来的异议，推销人员可以了解顾客的真实想法。顾客表示异议常常只是避免自己被对方认为是一个容易争取的、没有主见的顾客，他想表明自己是一个精明的、有鉴别力的、不易被说服的顾客。此外，许多顾客提出的异议常带有炫耀的成分，这时，优秀的推销人员可以抓住机会，赞扬他们的聪明，让他们沾沾自喜，而不再纠缠他们所提出的问题，推销人员可以将话题转移到其他方面。顾客表示的异议，有些是可以忽略的，但有些是必须解决的。为此，我们在处理顾客异议时应遵循以下原则：①避免争论；②避开枝节问题；③既要消除异议，又不能伤了感情。处理异议的方法：①弄清楚顾客的真实想法；②正面澄清；③间接否定；④举例证明；⑤抢先提出异议。

（6）促成交易。方法：①优点汇集法，即把顾客感兴趣的商品优点与从中可得到的利益汇集起来，在推销结束前，将其集中再现，促成购买；②假定法，即假定顾客已经购买，然后询问其所关心的问题，或谈及其使用商品的计划，以促进购买；③优惠法，即利用顾客追求实惠的心理，通过提供优惠条件，促使其立即购买；④保证法，即通过售后服务保证，如包修、包换、定期检查等，克服顾客购买的心理障碍，促成购买行为的实现。

（7）提供服务。这是推销的最后环节，也是新的推销工作的起点。服务能加深顾客对企业和产品的信赖，促使其重复购买，同时也可获得各种反馈信息，为企业决策提供依据。

同步思考 8-2　　　　　　　　　　　　**推销话术**

"这种收音机可以收听调幅短波、中波、长波及调频立体声。收音效果清晰，受干扰小，并且外形轻巧，耗电少。可以随身携带，随时享用。这里还有'质量优异证书'及保修三年的'保修卡'，你可以放心大胆选购，放心大胆使用。"

"这种暖气片，是目前市场上的最新产品，耗电不大，而且可以迅速制暖。最大的优点是电脑化的控温装置，在室温高于20℃时自动停止，在室温低于18℃时又能自动启动制暖。这样既防止火灾，又省却了您的许多麻烦和担心。目前，它的销售业绩是十分喜人的，并且出现了销售的'火爆'劲头，您可以参看一下××报×月×日的专题采访——送你冬天的温暖，你就可以了解到它到底是怎样一种优良产品。"

问题思考：这种推销策划方法是按什么顺序介绍产品的，能让顾客对产品产生什么样的感觉？怎样评价上述推销话术？

同步思考 8-2

（二）对推销人员的管理策划

1. 招聘策划

（1）推销人员的素质要求。第一，要具备较高的道德水准；第二，要有良好的心理素质；第三，要有高度的事业心和敬业精神；第四，要有良好的智能素质；第五，要有良好的外表和较强的沟通能力。

（2）推销人员的选拔。一是从企业内部选拔；二是面向社会公开招聘；三是通过各种渠道从别的公司挖人。企业要对应聘者进行评价和筛选。评价可以从以下几方面进行：①有无成功销售的记载；②前任上司对其评价如何；③语言表达能力怎样；④自信心强不强；⑤对紧急情况如何反应；⑥仪表、仪态怎样；⑦是否热情；⑧是否有干好工作的决心和思路。筛选的程序因企业而异，一般可分为初步面谈、填写申请表、测验、第二次面谈、学历与经历调查、体检、决定录用与否、安排工作等程序。

2. 培训策划

培训策划的内容包括以下几点。

（1）介绍企业各方面的情况，如企业历史、经营目标、企业机构状况、主要负责人、主要的产品、销量、财务状况及应对措施等。

（2）介绍企业目标市场中各类顾客和竞争对手的特点。

（3）分析产品情况。

（4）推销知识的培训。

（5）明确销售实际工作流程和责任，包括怎样拜访新客户、挖掘潜在顾客、合理支配各种费用、选择销售路线等。

（6）注意训练工作的组织和安排，包括训练所要达到的目标，由谁主持训练工作，在何时、何地从事训练，使用何种教学方法和训练技巧，以及如何评价训练计划的效果等。

3. 激励策划

（1）物质激励，主要是制定合理的薪酬体系。物质激励一般有以下四部分：①底薪；②奖金、红利或利润分成；③费用津贴；④各种福利。

（2）精神激励，就是要建立一套科学的激励制度。精神激励一般有以下三部分：①领导关怀；②以绩效和经历为依据，设计一套合理的职务升级制度；③荣誉等。

4. 考核策划

要建立推销人员的定期报告制度和工作检查制度，及时了解推销人员的工作计划完成情况、销售收支情况和市场状况等。对推销人员应建立责任制，规定合理定额，并使之与推销人员的个人收入情况挂钩，超奖欠罚，以保证推销任务的完成。

（1）推销人员绩效的纵向比较，即将推销人员本期业绩与前期业绩进行比较。这样可以看出一个推销人员的进步情况，从而判断其发展前景。同时还可以检查预定目标的完成程度。

（2）推销人员绩效的横向比较，即将每位推销人员的绩效同企业或同行业的推销人员的平均绩效进行比较。常用的人均考核指标有一定时间内的销售量、每天的访问次数、访问成功率、每一次访问的费用、每百次访问得到的订单数、一定时间内新增客户数、一定时间内失去的老客户数。要注意的是，由于不同责任区域的市场潜力、工作负荷、竞争水平、公司促销效果和其他因素不同，推销人员的绩效可能会有差异。

（3）推销人员的定性评估，包括推销人员对企业、产品、顾客、竞争者、销售地区及本身职责的认识，还有人格、举止、仪表、口才等方面。这些考核标准应传达给推销人员，让他们了解，以便使他们通过努力，得到改进和提高。

同步课堂训练8-1

根据教学情况，灵活安排学生完成本项目实训教学中评价分析训练的第1~3题，混合选择训练的第1~4题，案例分析训练的第1题和第2题，情景模拟演练的第1~3题。

二、营业推广策划

（一）营业推广策划的概念和作用

1．营业推广策划的概念

自20世纪90年代以来，营业推广已成为中国企业市场营销中最常见的营销方式之一。营业推广，就是指企业在特定的时间里，在某一目标市场中所采取的能够刺激消费者或中间商迅速或大量购买某一特定产品的一系列销售活动与手段。营业推广策划，就是对企业开展营业推广促销所进行的谋划活动过程。营业推广的手段很多，常用的有有奖销售、优待券、赠送样品、展销、产品陈列与现场表演、竞赛、交易印花、消费者信贷、俱乐部制与VIP卡制、咨询与服务、津贴、交易折扣、会议促销、免费培训、免费旅游等。在现实生活中，营业推广这些手段的运用，既可能迅速起到正面促销作用，也可能产生负面的影响作用，因此，营业推广能否充分发挥其正面促销作用，避免可能产生的负面影响，关键在于策划运作是否恰到好处。

2．营业推广策划的作用

1）营业推广策划可能产生的正面作用

（1）营业推广策划可以在短时间内增加产品的销售量。由于营业推广是在某一特定的时间里给消费者某种购买的好处，这种好处可以是金钱，可以是商品，也可以是一项附加的服务。在这种好处的作用下，营业推广的商品一般都会出现销量上的明显增加，且增加的速度几乎是立竿见影的，这对长期销售不畅的产品和库存积压的商品销售，其促销效果是非常明显的。

（2）营业推广策划可以有效地加速新产品进入市场的速度。一个新产品特别是没有品

牌力量带动的新产品，要想顺利地进入消费者的视野并且使之购买，在当前市场竞争状态下是很困难的。因此，必须采取一些必要的营业推广促销措施，才有可能在短时间内迅速地为新产品开辟道路。例如，可以让消费者免费使用新产品样品，从而引起消费者对该产品的兴趣和了解，以其获得的亲身感受来取得他们对新产品的认同。

（3）营业推广策划可以使消费者迅速产生兴趣并采取购买行为。促销的实质其实就是买卖双方之间的信息沟通，通过营业推广策划活动，可以传递企业或产品在性能、特征等方面的信息，帮助消费者认识产品带给他们的利益，从而引起消费者注意，使其迅速产生兴趣并采取购买行为。

2）营业推广策划可能产生的负面作用

凡事有利就有弊，我们在充分认识营业推广促销的优势并加以应用的时候，也应该看到其本身所具有的弊端。只有全面认识营业推广，积极利用其正面作用，尽可能避免其负面不良影响，才有可能取得良好的促销效果。

（1）营业推广难以建立品牌忠诚度和品牌美誉度。众所周知，知名度可以通过各种各样的手段在短时间内迅速提升，而忠诚度只有通过消费者长期使用并在此基础上产生信任，在内心高度认可的情况下才能形成，它需要一个长期的、持之以恒和不断加强的促销工作才能实现。而营业推广策划通常只做短期的考虑，为了迅速启动市场而设计，尽管在增强品牌知名度和增加短期销量方面确实有效，但促销活动一旦停止，消费者就可能因为好处的丧失而不再购买你的产品，可见，营业推广难以建立品牌忠诚度。同时，一个产品过于频繁地进行营业推广活动，事实上对其美誉度也是不利的。赠品、降价、抽奖、以旧换新……尽管促销把更多的实惠留给了消费者，但很多时候，他们会这样想：如果是很好的产品，为什么要打折，为什么有赠品，肯定产品不怎么好。可见，过多使用营业推广这种促销手段对建立品牌美誉度也是不利的。

（2）营业推广促销使品牌的获利能力降低。由于消费者在营业推广促销活动时购买可以得到更多的实惠，因此，营业推广促销活动的频繁开展将使消费者产生尽可能地控制和压缩平时的正常购买，等待促销活动开展期间再购买的行为。相关研究表明，在促销活动开展期间产生的购买量，80%左右是原来准备正常购买者的行为所致。同时我们还应看到，营业推广促销期间单个商品的获利是远远低于正常情况下的，同时促销费用也是一笔不小的开支，这笔开支如果操作不当，也难以达到促销的目的。在现实生活中，像这种花钱不讨好的营业推广促销活动并不少见，以降低品牌获利能力为代价换取的也许仅仅是表面的热闹而已。

（3）营业推广促销使企业在发展上更看重短期效益。营业推广促销的方法，不是通过提高产品质量、增加产品功能、完善技术工艺等产品本身的特性来实现的，也不是依靠品牌影响力、企业声誉、售后服务等延伸产品来完成的，而是通过让消费者获得额外的利益的各种手段来刺激销售，降低单个商品利润来赢得销售总量的提升。虽然这种方法可能比较有效，但容易误导企业管理者对营业推广促销的过分"依赖"，从而忽视广告、公共关系等其他促销手段的运用，忽视对品牌的建设与维护。

（4）某些拙劣的营业推广促销对企业形象的损害几乎是毁灭性的。促销中拙劣促销活动的表现有以下几种。

一是利用人性中有爱占小便宜、易冲动等弱点，塑造现场氛围以刺激消费者冲动购物。

二是利用美色来吸引关注。

三是制造"事端"。例如，某饭店为揽客，让服务生剃成"月亮头"等。

四是利用动物和小孩。例如，某狗肉特色餐饮店为了促销，竟让店员举着店标牵着两只狗在街上游走，还专门请了4个老乡表演唢呐合奏；某些商场开业或促销，总是让一些小孩在现场助兴，在舞台上折腾。

如此促销，都是在没考虑企业后续影响的基础上的"短视"促销。

同步思考 8-3　　　　　　　免费拍照促销

美国有一家经销帽子的商店，长期经营不景气，为了扩大销量，该店想出了一种巧妙的促销方法，凡在该店购买帽子的顾客，均可免费拍摄一张戴帽子的照片，作为纪念。当时照相机还不普及，拍照是日常生活中的一件大事，这一促销方法极大地吸引了顾客，顾客对能出示戴帽子的照片给亲友们欣赏而感到十分自豪。因此活动一开始，就吸引了大批的顾客，有的顾客甚至来自数十千米以外的地方。凭借这一促销方法，该店一改以前生意冷淡的局面，从此生意兴旺起来。

问题思考：美国这家帽子商店的商品由滞转畅的奥妙何在？从免费拍照促销这个营业推广策划方案中，我们能得到哪些启示？

同步思考 8-3

（二）营业推广策划程序

第一步，建立合适的营业推广目标。

一般来讲，营业推广目标是从总的促销组合目标中引申出来的，并受企业市场营销总目标的制约。在不同类型的目标市场上，营业推广的具体目标是各不相同的。如果营业推广的对象是消费者，那么，营业推广的目标可以确定为鼓励大量购买和重复购买、吸引潜在购买者试用、说服竞争者的品牌使用者放弃原有品牌而改用本企业产品等。如果营业推广的对象是中间商，那么，营业推广的目标就可以确定为吸引中间商购买新的产品项目、提高购买水平、鼓励非季节性购买、对抗竞争者的促销活动、建立零售商的品牌忠诚和获得进入新的零售网点的机会等。如果营业推广的对象是推销人员，那么，营业推广的目标就可以确定为鼓励对新的产品或型号的支持、刺激非季节性销售、鼓励更高的销售水平等。企业促销部门要通过分析多种因素，确定一定时期内营业推广的特定目标，并尽可能使其量化，确保现实可行。

第二步，选择适当的营业推广方式和规模。

由于营业推广的每一种方式都有其适应性，因此，必须选择适当的营业推广方式。例如，为了配合新产品上市，可采取赠送样品或现场表演的方式；推销产品时，采用优待券或廉价包装可能更为适合。

策划营业推广活动，还必须考虑营业推广促销成本，确定营业推广促销的规模。要想获得营业推广活动的成功，一定规模的激励是必要的，但并不是越大越好。营业推广活动的规模如果过大，虽然可促使销售额上升产生较多的销售利润，但经济效益将相对减少。例如，企业选择一种或几种刚上市的新产品实行有奖销售，效果是不错的，但如果所有经营品种都这样做，就可能得不偿失了。

项目八

第三步，确定适当的营业推广时间。

开展营业推广促销活动的时间长短对促销产生的影响极大，如果策划的推广时间过短，其影响力可能还不足以波及大多数可能的购买者，增加的销量有限；如果策划的推广时间过长，又可能使人产生企业是否在推销过剩产品，是否变相降价等疑问，而不敢购买。因此，策划的推广周期一般应与消费者的平均购买周期相符合。

第四步，限定营业推广的对象。

首先，营业推广的对象必须限定在企业潜在的消费者中；其次，在采用有奖销售等方式时，应严格控制本企业职工或家属参加，以显示其公正性，避免给人留下弄虚作假、徇私舞弊的印象。

第五步，做好营业推广的预算。

营业推广活动是一项较大的支出，必须先进行筹划预算。营业推广预算可以通过以下方法来确定。

（1）逐级逐项归总预算法，就是营销策划人员根据每项营业推广活动的内容、所运用的营业推广工具及相应的成本费用自下而上、逐级逐项归总来确定营业推广预算的方法。营业推广总成本等于管理成本（如印刷费、邮寄费和促销活动费）与激励成本（如赠送奖品或减价等成本）之和乘以在这项营业推广活动交易中预期售出的单位数量。

（2）习惯比例预算法，就是营销策划人员根据企业营业推广总预算，按照习惯比例来确定各项营业推广预算占总预算比例的方法。

从营业推广策划实践来看，有一些营业推广预算工作的失误值得引起我们的注意。主要表现为以下三个方面：第一，缺乏对成本效益的考虑；第二，预算决策简单化，如将总的促销预算减去当期的广告支出，剩余的就是营业推广费用；第三，广告预算和营业推广预算分开制定，而不是结合起来综合考虑。

同步思考8-4　　　　促销赠品的成本管理

赔钱赚吆喝是某方便食品公司以前做促销活动时的真实写照。该公司以前举行促销活动，向来没有预算概念，本来准备好的一个季度的促销赠品，很多时候两个月不到便被赠送而空。结果销量上去了，却以赔钱为代价。直到该公司进行企业改革和流程再造时，在经过对运营成本和赠品成本等仔细地"盘算"后，才发现问题的严重性。后来，该公司营销中心配合财务部门，连连出台措施和规定，终于使促销赠品成本管理得到了有效规范，使促销费用超标而导致赔钱的状况得到了彻底的改观。

问题思考：该公司是如何策划操作的，才终于使促销赠品成本管理得到了有效规范？

同步思考8-4

第六步，做好营业推广方案的实施工作。

营业推广方案的实施工作具体包括以下3点。

（1）明确推广工作的具体任务。

（2）实行责任管理制。

（3）做好方案实施情况的监督检查。

第七步，正确评估营业推广效果。

营业推广活动结束后，应立即对其进行效果评估，以总结经验与教训。评估内容主要有以下两方面：一是关于营业推广效果的评估，包括经济效益评估和社会效益评估；二是营业推广评估的方法。

经济效益评估，主要看通过营业推广促销，商品结构状况是否得到改善，商品的促销额是否得到扩大，产品成本是否下降，企业盈利是否增长，企业总体经济效益是否上升。社会效益评估，主要是总结好的经验，分析失败的原因，调整推广方案，提高推广效率，激发消费者购买动机，指导消费需要，提高人民群众的获得感、满足感、幸福感，为进一步提高企业和产品的知名度和美誉度，树立良好的企业和产品市场形象，开拓市场奠定基础。评估的方法主要有推广前后销售额比较法、跟踪反馈法和全面评估法。

同步课堂训练8-2

根据教学情况，灵活安排学生完成本项目实训教学中评价分析训练的第 4~7 题，混合选择训练的第 5 题和第 6 题，案例分析训练的第 3 题和第 4 题，情景模拟演练的第 4~6 题。

实训教学

一、评价分析训练

1. 只要销售牵涉人们态度和看法的交流，异议就会产生，那些提出异议的顾客其实就是对产品没有兴趣的人。

2. 推销人员绩效的纵向比较，就是将每位推销人员的绩效同企业或同行业的推销人员的平均绩效进行比较。这样可以看出一个推销人员的进步情况，从而判断其发展前景。

3. 按销售区域组织推销的优点是容易在企业内部形成竞争，有利于业绩的提升；缺点是由于地域跨度大，因而旅行费用大，而且由于在同一市场上有多种产品的不同推销人员，不利于在同一市场内制定统一的促销策略。

4. 由于营业推广促销具有可以在短时间内增加产品的销售量，可以有效地加速新产品进入市场的进程，可以使产品获得更多的注意力等诸多优点，因而得到了日益广泛的应用。应该说营业推广促销是一种完美的促销方法。

5. 营业推广活动是一项支出较大的促销活动，事先必须进行营业推广预算。预算只有通过逐级逐项归总预算法才能确定。

6. 营业推广活动的时间如果过短，可能使一些潜在顾客错过机会而无法获得推广利益，达不到预期的效果。因此，营业推广活动的时间拉得越长越好。

7. 要获得营业推广活动的成功，一定规模的激励是十分必要的，其关系是激励规模越大，营业推广活动成功的概率就越大，效果就越好。

分析要点

二、混合选择训练

1. 处理顾客异议应遵循（　　　）的原则。
   A．据理力争
   B．避免争论
   C．避开枝节问题
   D．既要消除异议，又不能伤了感情
   E．先否定，后肯定

2. 处理顾客异议的方法主要有（　　　）。
   A．弄清楚顾客的真实想法
   B．正面澄清
   C．间接否定
   D．举例法
   E．抢先提出异议

3. 促成交易的方法主要有（　　　）。
   A．优点汇集法　　　　B．假定法　　　　C．满足法
   D．优惠法　　　　　　E．保证法

4. 把顾客感兴趣的商品优点与从中可得到的利益汇集起来，在推销结束前，将其集中再现，促成购买的促成方法叫作（　　　）。
   A．利益满足法
   B．优点汇集法
   C．实惠法
   D．优惠法

5. 营业推广策划的工作程序主要有（　　　）。
   A．建立合适的营业推广目标
   B．选择适当的营业推广方式和规模
   C．选择适当的营业推广时间
   D．限定营业推广的对象
   E．做好营业推广的预算和方案的实施工作
   F．正确评估营业推广效果

6. 营业推广活动结束后，应立即对其进行效果评估，评估的方法主要有（　　　）。
   A．推广前后销售额比较法
   B．预测分析法
   C．跟踪反馈法
   D．个别评估法
   E．全面评估法

在线测评

三、案例分析训练

（一）赞美推销术

情境描述：

有一个推销员走进某银行经理办公室推销伪钞识别器，她见女经理正在埋头写一份东西，表情很糟糕的样子，从桌上的凌乱程度就可以判定经理一定忙了很久。她心想："怎样才能使经理放下手中的工作，高兴地接受我的推销呢？"她观察发现，经理有一头乌黑发亮的长发。于是她赞美道："好漂亮的长发啊，我做梦都想有这样一头长发，可惜我的头发又黄又少。"只见经理疲惫的眼睛一亮，回答说："没以前好看了。太忙，瞧，乱糟糟的。"她马上送上一把梳子，说："梳一下更漂亮，你太累了，应该休息一下。注意休息，才能永葆青春。"这时经理才回过神来问："你是？"她马上说明来意。经理很有兴趣地听完介绍，并当场决定买几台伪钞识别器。

案例思考与讨论：

这位经理为什么这么快就接受了那位推销员的推销？其成功达到推销策划目的的原因是什么？

分析要点

（二）美国汽车推销大王乔·吉拉德的一次推销失败经历

情境描述：

有一次，一位名人向吉拉德买车，吉拉德推荐一种最好的车型给他，那人对车很满意，并掏出 10 000 美元现钞，眼看生意就要成交了，对方却突然变卦，掉头离去。吉拉德对此事懊恼了一个下午，百思不得其解。到晚上 11 点忍不住打电话向其询问突然离去的原因。对方说："今天下午你根本没有用心听我说话，就在签字之前，我提到儿子吉米即将进入密歇根大学念医科，我还提到儿子的学科成绩、运动能力及他将来的抱负，我以他为荣，但是你却毫无反应。"

吉拉德不记得他说的这些事了，因为当时他根本没有注意。吉拉德认为已经谈妥那笔生意了，就无心听对方说什么，而是在听办公室内另一个同事讲笑话。

案例思考与讨论：

吉拉德的推销为什么会失败？我们从中能得到哪些启示，如果由你来策划这次推销，你认为应该从哪些方面进行准备，成功的机会才会比较大？

分析要点

（三）"三级跳"抽奖促销活动

情境描述：

2003 年 12 月，某体育学院附近的"雄狮"体育用品专卖店策划了一次名为"三级跳"的抽奖促销活动。从 2003 年 12 月 1 日起至 2004 年 1 月 31 日，凡在此期间内来该店购物达 100 元以上者，均可参加。活动设一、二、三等奖。奖品分别为寒假回程机票一张或现金 500 元、丁丁迪斯科广场"缤纷圣诞夜"门票两张和运动休闲帽一项。抽奖办法是销售现场设有 3 个抽奖箱，各装有 3 个、10 个、20 个乒乓球，每个箱子里都有一个黄色的球（仅有一个），购物超过 100 元者从有 3 个球的箱子开始，抽中黄球者即获三等奖，同时也有资格向下一个奖迈进。幸运者可连过三关，直至从装有 20 个球的箱子中抽出黄球，赢得

一等奖，获得寒假回程机票一张或现金500元。

案例思考与讨论：

"雄狮"体育用品专卖店策划的"三级跳"抽奖促销活动，站在营业推广策划的角度分析，你认为其创意如何？如果由你来运作，你将如何策划呢？为什么？

分析要点

（四）手机经销商面临的难题

情境描述：

随着行业发展的逐渐成熟，国内手机行业中也出现了越来越多的大卖场，凡接触过大卖场的经销商们，都有这样的感受：进场费给了，店庆费给了，促销员也配了，专区、专柜也支持了，但是大卖场们的零售价格照样很乱；每到周末、节假日，总有自己的几款产品在大卖场的柜台中标出很低的特价；大卖场对各种促销活动的配合也不尽人意，礼品被滞留，促销费用只有一半能真正落实到位等。

广东某手机经销商曾对某大卖场实行直供政策。直供期间，总是不定期地收到其传真文件："我司于×年×月×日，××新店开张。为答谢广大供应商一直以来的鼎力支持，回馈消费者，在开张期间，需要贵公司赞助花篮一只、升空气球一只，合计费用600元，由我司统一采购。请贵公司于×年×月×日前给予回复，费用将从贵公司货款中直接扣除……"而且，经销商的业务人员每天都会接到厂家投诉："某大卖场的价格太低了，无论如何在下午2点前把价格调上来；他们把我们的赠品拿来单独销售，这样做不行，我们要马上停止赠品的供应……"

案例思考与讨论：

目前，大卖场在手机的销售渠道中占有着最重要的位置，在供大于求的买方市场时期，大卖场对经销商们总是漫天要价，想方设法榨取各种市场费用。在这种情况下，经销商们应该怎样应对呢？

分析要点

四、情景模拟演练

（一）小陈的推销

情境描述：

一次，电脑推销员小陈向一家规模不小的公司推销电脑。虽然竞争相当激烈，但是由于小陈跑得勤，功夫下得深，深得承办单位的支持，成交希望非常大，最后该公司只留下两家品牌，等着做最后的选择。承办人将报告呈递给总经理决定，总经理却批送该公司的技术顾问——咨询电脑专家陈教授的意见。于是，承办人陪同陈教授再次参观了两家品牌的机器，详细地听取了他们的示范解说，陈教授私下表示，两种品牌各有优缺点，但在语气上，似乎对与小陈竞争的那一家品牌颇为欣赏，小陈一看急了，"煮熟的鸭子居然又飞了？"于是，他又找了个机会向陈教授推销。他使出浑身解数，详细讲解他所代理的产品如何优秀，设计如何特殊，希望借此改变陈教授的想法。最后，陈教授不耐烦地说："究竟是你比我行，还是我比你懂？"此话一出，这笔生意算是彻底搞砸了。小陈垂头丧气地回到公司，

他已无计可施了。

小陈的推销为什么会失败？假如现在他问计于你，你准备如何策划这次推销呢？

模拟开始：……

模拟要点

（二）小林的电话预约推销

情境描述：

"陈先生吗？你好！我姓林，是××公司业务代表。你是成功人士，我想向你介绍……"

陈先生直率地说："对不起，林先生。你过誉了，我正忙，对此不感兴趣。"说着就挂断了电话。

上面是新业务员小林在进行电话预约时的一段真实对话记录。其主管王经理观察了他进行电话预约的全过程后，问他："小林，你知道为什么客人总是拒绝你吗？"

小林想，"约见客人难，大家都知道，我约不到，有什么稀奇。"

见小林并不知道他进行电话预约总遭客人拒绝的原因，王经理决定帮助他分析原因，并亲自进行示范。现在假定你就是王经理，请以角色扮演模拟方式进行。

模拟开始：……

模拟要点

（三）家用电器推销

情境描述：

一位推销员在顾客家里推销某种家用电器，他是这样推销的："这种家用电器的价格是 19 000 元，包括长达 5 年的保证期，你喜欢一次付清还是分期付款？你每月大约能支付多少钱？分期付款可分 36 期和 48 期，如果是 36 期，利息负担大约是××元。如果是 48 期，利息负担大约是××元。你喜欢采用 36 期还是 48 期？"

如果你是一位推销员，你认为这位推销员策划的推销方法如何？请谈谈你的看法。

模拟开始：……

模拟要点

（四）赠品促销

情境描述：

随着市场竞争的日益激烈，赠品促销已经成为厂家在大卖场争夺战中最常用的武器之一。你也送，他也送，送来送去，商家、商场对促销赠品早已习以为常，大家都想当然地认为促销赠品对他们就是一种"配送"，我提多少货，你就应该送多少赠品。卖场也认为赠品是厂家送我的，怎么处理由我决定。导致厂家辛辛苦苦策划的促销活动，花大钱买的赠品在卖场没有起到应有的作用。

同时，在卖场只要顾客买你的产品，就送赠品，其实也未必是件好事。首先，赠品很容易得到，顾客会认为天下没有免费的午餐，要么是赠品质量有问题，要么是羊毛出在羊身上，产品质量肯定没有不送赠品的商品那么好或根本就是滞销品，不仅不感动还心生一堆猜忌。

真是吃力不讨好，那么，我们应该如何策划运作，才能充分发挥赠品促销的作用呢？

模拟开始：……

模拟要点

（五）赠品无端流失的难题

情境描述：

某酒业公司在市场操作当中，经常采用买产品送赠品的形式，来拉动通路销售和终端消费，但该酒业公司在使用和发放赠品的过程中，却经常面临赠品无端流失的尴尬，该酒业公司配备的赠品不是被经销商当作商品卖掉，就是促销人员在终端促销时发放赠品无原则、随意性太强，经常是产品还有很多，但赠品已经"箱底朝天"了。

如果你是该酒业公司营销主管，你认为应该如何策划才能避免赠品无端流失这种状况呢？

模拟开始：……

模拟要点

（六）路演

情境描述：

路演，顾名思义，就是在马路上进行表演。这个词是个舶来品，是从外国引进过来的。以前在美国的华尔街股票经纪人为了说服别人来买他的股票，就站在马路上大声吆喝，后来转入交易大厅，而且都有先进的电子交易手段，但是，路演的这种方式却保留下来了。大家在电视里经常可以看到，在嘈杂的大厅里面，有一个讲台，主持人在那里声嘶力竭地叫喊。这也是路演的方式之一，只不过是从马路上转到了大厅里。目前这种路演的方式，已经成为国际上发行股票的推广方式。

随着商业的发展，这种路演方式被移植到企业产品推广上来，而且形式越来越丰富多彩。例如，媒体发布会、产品发布会、产品展示、产品试用、优惠热卖、以旧换新、现场咨询、填表抽奖、礼品派送、有奖问答、卡拉OK比赛、文艺表演、游戏比赛等。采取这种路演推广方式不仅能跟顾客面对面地进行交流、沟通，非常具有亲和力，在文艺活动中不知不觉地扩大了企业的品牌知名度，是群众喜闻乐见的一种形式，而且这种路演推广方式的费用比起动辄几十上百万元的媒体广告来说，要便宜得多，划算得多。因此，这种路演推广方式已被企业广泛采用。

既然路演效果这么好，那么，如何策划一次成功的路演活动呢？请以角色扮演模拟方式进行。

模拟开始：……

模拟要点

项目小结

- 理论教学由人员推销策划和营业推广策划两部分内容构成。人员推销策划包括人员推销方案的策划和对推销人员的管理策划。在进行人员推销方案的策划时，首先要分析影响人员推销方案策划的主要因素；然后着手进行推销组织策划和推销程序策划。对推销人员的管理策划包括招聘策划、培训策划、激励策划和考核策划。营业

推广策划可能产生的正面作用：可以在短时间内增加产品的销售量；可以有效地加速新产品加入市场的速度；可以使顾客迅速产生兴趣并采取购买行为。营业推广策划可能产生的负面作用：难以建立品牌忠诚度和品牌美誉度；营业推广促销使品牌的获利能力降低；营业推广促销使企业在发展上更看重短期效益；某些拙劣的营业推广促销对企业形象的损害几乎是毁灭性的。营业推广策划程序：第一步，建立合适的营业推广目标；第二步，选择适当的营业推广方式和规模；第三步，确定适当的营业推广时间；第四步，限定营业推广的对象；第五步，做好营业推广的预算；第六步，做好营业推广方案的实施工作；第七步，正确评估营业推广效果。

- 实训教学由评价分析训练、混合选择训练、案例分析训练、情景模拟演练四部分内容构成。在实训教学过程中要体现六个有利于原则，即有利于发挥学生的主体作用，有利于培养学生学会学习，有利于培养学生的动手能力，有利于培养学生的创新精神，有利于学生个性和潜能的发展，有利于帮助学生逐步形成良好的职业道德、职业思想、职业作风及职业行为习惯。

课后阅读与欣赏　　　　　　　　　风花啤酒上市策划

项目九
广告策划能力

知 识 目 标

- 掌握广告策划的原则和工作流程。
- 了解广告的类型，懂得如何选择广告媒体。
- 掌握广告促销策划方法。

能 力 目 标

- 能运用广告策划的原理进行一般的广告策划。

素 养 目 标

- 形成良好的广告策划职业习惯，能以认真负责的态度进行广告策划。

案例导入 　　　　　　两家酒店的广告竞争

据说，有两家酒店是这样策划广告进行竞争的。一家酒店在店门口贴出告示："本店以信誉担保，出售的全是陈年好酒，绝不掺水。"另一家酒店在门口贴出告示："本店素来崇尚诚信，出售的一概是掺水一成的陈年好酒。不愿掺水者请预先说明，但饮后醉倒，概与本店无关。"两家酒店的竞争结果是后者的生意兴隆。

问题： 两家酒店进行广告竞争的故事说明了什么？

这个故事有趣地说明了广告策划必须正确处理好真实性原则和艺术性原则之间的关系。广告真实性原则要求策划广告必须严格准确地反映事实，不允许有虚构或杜撰。但为了增

强感染力，广告又必须借助于艺术的表现形式，适当应用夸张、渲染、幽默、悬念等手法，科学巧妙地运用声、光等手段，创造出生动感人的形象，给人以启发和艺术享受，借以更好地发挥广告宣传效果。坚持广告的真实性原则，并不否定广告的艺术性，它们是一种辩证统一的关系：有艺术性而无真实性的广告是哗众取宠；有真实性而无艺术性的广告索然无味，不会引人瞩目；兼具真实性和艺术性的广告既真实感人又令人赏心悦目，从而能够提高广告的宣传促销效果。

案例中前者的广告内容可能是真实的，但由于把话说绝了，反而使人不相信；后者的广告既有真实性，又有艺术性，在承认酒中掺水的同时，又巧妙地肯定了掺水的必要性，使顾客感到有道理、可信任，在竞争中取胜也就不足为奇了。

可见，成功的广告策划往往能为企业带来意想不到的效果。那么，什么是广告策划，怎样进行广告策划才能顺利实现广告策划目标，取得竞争胜利呢？

理论教学

一、广告策划的概念、原则和工作流程

（一）广告策划的概念

广告策划，就是根据广告主的营销策略，按照一定的程序对广告宣传进行前瞻性运筹规划的活动。广告策划以科学、客观的市场调查为基础，以富于创造性和效益性的定位策略、诉求策略、表现策略、媒介策略为核心内容，以具有可操作性的广告策划文本为直接结果，以广告运作的效果调查为终结，以追求广告运作进程的合理化和广告效果的最大化为目的。

（1）广告策划的根本依据是广告主的营销策略。由于广告策划是直接为广告主的市场营销活动服务的，因此，广告策划必须根据广告主的营销策略进行构思，谋划运作。

（2）广告策划应有一定的程序。这种程序应该是科学的、规范的，只有这样才能保证广告策划的效果，才不会出现漫无目的的凭空设想这种糟糕的策划局面。

（3）广告策划应以科学、客观的市场调查为基础。尽管广告主的营销策略已经为广告策划提供了依据，但它仅仅来自广告主的单方面，还不足以显示由消费者、产品和竞争对手所构成的市场的全貌。只有对市场进行科学、客观的调查，才能弄清市场情况，做到心中有数，才有可能取得良好的广告策划效果。

（4）广告策划的核心内容是富于创造性和效益性的诉求策略、定位策略、表现策略和媒介策略。它们只有脱离平庸，才能与众不同，从而产生良好的广告效果。

（5）广告策划的直接结果是产生具有可操作性的广告策划文本。广告策划文本是指导广告活动的依据，涉及广告活动中每个人的工作及各环节关系的处理，因此其可操作性非

常重要。不易操作的广告策划文本再好也无任何价值，而且还会耗费企业大量的人、财、物，甚至还可能出现负面影响。

（6）广告策划的终结是广告运作的效果调查。实践是检验真理的唯一标准，只有通过广告运作的效果调查，才能知道广告策划的实际效果如何。

（7）广告策划的目的是追求广告运作进程的合理化和广告效果的最大化。

（二）广告策划的原则

广告策划要想达到预期效果或超出预期效果，必须遵循以下六个原则。

1. 求实原则

求实原则就是要求广告策划的诉求内容必须真实，必须符合客观实际。广告的生命在于真实，求实原则是广告策划的第一原则和基本原则。无论是在哪个国家、哪个时期，无论是面对何种市场环境和何种消费者，不诚实的广告肯定会失去社会公众的信任和支持。广告在社会生活中所体现出的作用，不仅仅在于增加销量和树立形象，而且还能指导消费，是消费者进行消费决策的重要参考。从一个较长时期来看，非真实的广告也很难达到促进销售和树立形象的目的。需要特别说明的是，求实原则并非要求广告策划必须完全讲明产品的短处，在产品符合国家标准的前提下，可以只诉求产品的优势或独特之处，但诉求优势本身必须是真实的。

2. 创新原则

创新原则就是在广告策划中必须运用新的策略、手段和方式，力争做到构思新颖、创意独特、别具一格，给人以新的感受、新的启迪。如果广告千篇一律，没有变化，没有创新，那么就很难引起消费者的注意，从而很难感染他们，也就达不到广告效果最大化的目的。

3. 有效原则

有效原则就是广告策划必须注意投入产出，广告运作必须达到预期效果或超出预期效果。任何一个广告策划都要以追求效益为目的，无效或效果不好的广告策划是对广告主广告费的浪费，是与广告策划的初衷背道而驰的。

广告策划要做到有效，必须从宏观上注意以下三个问题。

第一，公众的文化接受习惯。广告作为一种信息传播手段，要将关于产品性能、产品价格、企业情况等各方面的信息传达给社会公众。在这种情况下，就有一个公众对广告信息的接受心理和接受习惯的问题。每个人都是在特定的文化氛围中成长和成熟起来的，不同文化区域中的公众对广告的认识、看法及理解的程度也是不同的，所以在广告创作过程中，广告策划人必须注意广告受众的文化特征与接受习惯，才能使广告取得好的效果。

第二，商品的消费环境。完全相同的一件商品，在拥有不同的社会财富的消费者心目中，其价值地位是不同的，购买这种商品的看法、目的、心态也就不同，因而在选择某种商品时就会有各自不同的理由。因此，广告策划人必须以消费者的购买理由为依据，来确定广告诉求的内容及与此相关的表现形式。

第三，公众的文化层次。广告策划要让消费者接受广告宣传中的产品和企业。因此，广告策划人策划的广告首先就要考虑让消费者看懂广告，明白其中的意思。在此基础上消费者才有可能对宣传的产品发生兴趣，产生购买欲望，促成最后的购买行为。公众对广告

理解能力的高低是由多方面因素决定的，如对商品知识的了解程度、对语言的理解能力、对艺术的领悟能力等，这就是公众的文化层次问题。

4. 系统原则

系统原则就是要把广告策划作为一个有机整体来看待，从整体与部分之间相互依赖、相互制约的关系中，揭示其特殊性和运动规律，以实现广告策划的最优化。系统原则不仅要贯彻到某一次的广告运作，而且要贯彻到一个产品、一个品牌的长期发展中，贯彻到一个企业所有产品与品牌的相互配合与支持上。系统原则要求广告策划中的各相关环节要服从统一的广告目标，服从统一的产品形象、品牌形象和企业形象。

5. 前瞻原则

前瞻原则就是广告策划要着眼于未来，要有预见性，以适应未来市场可能发生的变化。俗话说，"凡事预则立，不预则废"。只有对广告运作进行前瞻性规划，才能避免"头痛医头，脚痛医脚"的局面出现，才能确保广告策划取得成功。

6. 调整原则

调整原则就是广告策划必须适应市场环境、竞争对手、产品状况、消费者购买力和购买心理、国家政策等相关因素的不断变化，并且根据这些变化及时地进行调整。如果忽视了广告策划中的调整原则，就可能导致广告僵化，导致广告策略难以适应市场变化、消费者变化、竞争对手的变化，不但不能对广告主的营销活动起到促进作用，反而可能阻碍广告主营销活动的顺利进行。

同步思考 9-1　　　　　　　　**"送美女"促销广告策划**

××××年，日本山梨县一高级别墅打出下面一则促销广告："单身、有钱的男士请注意，买一栋高级别墅，附送美女一名，而且不加价呦！"这其实是房产商赠送的一种服务——免费提供婚姻介绍。策划者是一位49岁的单身女性，她向东京、大阪、京都的婚介所说明目的，召集了不少23～40岁的各阶层女性，从中挑选了50名新娘候选人，把她们的资料印刷成彩色宣传册，向购房的客人宣传。若撮合成功，房产商就会向推荐的婚介所支付一定费用。

结果，房产商的别墅卖得异常火爆，没多久就被一抢而空；婚介所也借机得到了宣传，提高了知名度；那些有钱的单身汉也纷纷借此机会寻找自己中意的伴侣。这就是一举多得的事情。

问题思考："送美女"促销广告策划是否合适，为什么？

（三）广告策划的工作流程

从广告策划公司角度归纳，广告策划工作流程一般包括以下几点。

（1）成立广告策划小组，成员包括业务主管、策划人员、广告文案撰稿人、广告设计人员、市场调查人员、媒体联络人员及公共关系人员等。

（2）制定工作时间表，以保证广告策划的各个步骤能够在规定的时间内完成。

（3）向有关部门下达具体任务，包括向市场调查部门下达市场调查和资料收集的任务、向媒介部门下达提供最新媒介资料的任务等。

（4）策划小组进行分析性研讨，包括广告策划的市场分析阶段的全部内容。

（5）策划小组进行战术性研讨，包括构思广告策划创意和具体实施计划。

（6）编写广告策划书，将广告策划的内容以广告策划文本的形式表达出来，并且对策划结果进行检核、对策划书文本进行修改等。

（7）将广告策划书提交客户审核，同时对重点问题进行必要的解释和说明，听取客户的意见，与客户就广告策划的内容和结果达成一致。

（8）将广告计划付诸实践，组织广告作品的设计、制作和发布，并且对广告活动的效果进行必要的预测和监控。

（9）广告策划的总结，在广告活动按照广告策划的要求实施完毕后，对广告策划的工作进行总结并撰写用于存档的总结报告。

同步课堂训练 9-1

根据教学情况，灵活安排学生完成本项目实训教学中评价分析训练的第 1~4 题，混合选择训练的第 1~3 题，情景模拟演练的第 1~3 题。

二、广告的类型与广告媒体的选择

1. 广告的类型

广告的形式多种多样，可根据不同的标准划分为不同的类型。

1）根据广告的覆盖面划分

根据广告的覆盖面，可将广告分为全国性广告、地方性广告和地区性广告。

2）根据广告的内容划分

根据广告的内容，可将广告分为以下几种。

（1）产品广告，这是企业为了推销产品而做的广告，其内容主要是介绍产品。

（2）企业广告，这是直接为树立企业形象服务的广告。企业形象树立起来了，其产品自然也就不愁销路。

（3）服务广告，这是以各种服务为内容的广告，如产品维修、人员培训及其他服务活动等。

3）根据广告的目的划分

根据广告的目的，可将广告分为以下几种。

（1）介绍性广告。此种广告主要是介绍产品的用途、性能和使用方法，以及企业的有关情况和所能提供的服务。在产品的试销期，这类广告的作用最显著，因此又称开拓性广告。

（2）说服性广告。此种广告主要是通过产品间的比较，突出本企业产品的特点，强调给消费者带来的利益，加强消费者对产品品牌和企业的印象，说服消费者购买本企业的产品，因而又称竞争性广告。

（3）提示性广告。此种广告的目的是提醒消费者注意企业的产品，加深印象，刺激重复购买。这类广告主要适用于产品的成熟期。

（4）形象性广告。此种广告以树立企业形象为目的，增强企业对消费者的吸引力，使消费者对企业产生较强的信任感。

4）根据广告媒体划分

广告媒体是指在企业与广告宣传对象之间起连接作用的媒介物，也就是传递广告信息的载体。广告媒体有印刷媒体（报纸、杂志、画册、商标、说明书等）、电子媒体（电视、广播、电子显示屏幕等）、流动媒体（汽车、火车、飞机、轮船等）、户外媒体（路牌、招贴、海报等）、展示媒体（商品陈列、橱窗、柜台、门面、霓虹灯等）、邮寄媒体（函件、订购单、征订单等）、网络媒体（企业网站页面整体设计、标牌广告、网络链接互换、电子广告、电子邮件清单等）和其他媒体（手提包、购物袋、时装模特等）。

同步思考9-2　　　　养生堂策划的减肥广告

养生堂"朵而减之"减肥产品，曾在央视四台高频率推出"地铁篇"，其广告情节是这样的：

地铁站里，一列地铁刚刚驶过。

一个大肚子胖男人和一个青春靓丽的女孩在等地铁。

胖男人为吸引女孩，拼命地收自己的大肚子，并不失时机地向女孩放电。

由于裤子的扣子勒得太紧，当女孩走近的时候，"悲剧"发生了——胖男人的裤扣崩落。男人尴尬不已。

女孩对着男人莞尔一笑，镜头出现女孩手袋的特写，原来是"朵而减之"。

女孩自信地对胖男人说："想减肥？其实不用那么辛苦。"然后飘然离去。

画外音响起："朵而减之"。

问题思考：养生堂策划的这则减肥产品广告如何？为什么？

2. 广告媒体的选择

广告媒体的选择一般应考虑以下因素。

1）广告目标

企业做广告所要实现的具体目标，直接决定着所要选择的媒体。提示性广告宜采用广播、路牌等费用较低的媒体；介绍性广告和形象性广告宜采用报纸、杂志等媒体；说服性广告宜采用电视媒体，以加强对消费者的感官刺激，或者利用报纸刊登用户来信，以加深消费者的信任感。

2）产品的特点

选择广告媒体也要考虑产品的特点，应注意产品的性能、特点、使用价值、使用范围和宣传要求的不同。高技术性能的机械产品，宜采用邮寄广告，将产品目录、技术数据等资料寄给用户，以便于比较；家用电器、服装等产品，最好在电视或杂志上用彩色画面做广告，以显示其式样和色彩，增加美感和对用户的吸引力。

3）目标顾客的特点

广告媒体的选择还要符合目标顾客的特点。在目标顾客最喜欢或最常接触的媒体上做广告，其效果就比较好。儿童用品应在电视上做广告；妇女用品应在各类妇女杂志上做广告；对于农村居民的广告，则适宜采用广播媒体做广告。

4）市场竞争的特点

广告是市场竞争的重要手段。企业在选择广告媒体时，既要考虑自身因素，还要考虑竞争对手的广告策略。在自身实力较强时，可与竞争对手采取相同的广告媒体，甚至同时播出或刊登广告，以达到击败对手、占领市场的营销目的。

5）广告媒体的特点

不同媒体的传播范围不同，消费者的接触频率不同，广告对消费者发生作用的强度也就不同。媒体传播范围是指媒体能够覆盖观众和听众的人数，如报纸、杂志的发行量，电视和广播的视、听者数量等。接触频率是指消费者在一定时间内接触到广告次数的多少，如过期的报刊一般无人翻看，其广告作用短暂，而橱窗、路牌广告却可以在较长时间内发挥作用。一般来说，接触频率越高，广告的作用强度越大；接触频率越低，广告的作用强度越小。

6）广告媒体的成本

在选择广告媒体时，还应考虑费用与效果的关系。既要使广告达到理想的效果，又要考虑企业现有的负担能力。当二者发生矛盾时，企业应根据自己的财力，选择较合适的广告媒体。

同步课堂训练9-2

根据教学情况，灵活安排学生完成本项目实训教学中混合选择训练中的第4题，案例分析训练的第1题，情景模拟演练的第4题。

三、广告促销策划

广告促销策划是指企业根据广告促销目标，运用各种媒体向消费者传播有关信息时所进行的运筹规划活动。常用的广告促销策划有以下几种。

1. 产品促销的广告策划

1）产品定位广告策划

产品定位广告策划包括以下五种定位策划：一是确立广告传播的主题及特点的定位策划，包括品质、性能、形体、价格和服务定位策划，如电视机的图像清晰、音质纯正、色彩鲜明、耗电量少和立体感强等；二是功能定位策划，如保健食用油的油质纯正、气味芳香、色泽金黄、口感舒服、营养丰富等；三是形体定位策划，如室内家具的结构牢固、视觉平衡、搭配合理、使用方便等；四是费用定位策划，如交通工具的价位不高、免费送货、物美价廉、银行按揭等；五是服务定位策划，如餐饮服务的电话订座、送货上门、打包送客等。

2）产品生命周期不同阶段的广告策划

在产品引入期，应以告知性广告为主，以确立品牌为策划目标；在产品成长期和成熟期，应以说服性广告为主，以确保品牌为策划目标；在产品饱和期和衰退期，应以提醒式广告为主，以维持品牌为策划目标。

3）产品消费观念的广告策划

产品消费观念的广告策划具体表现形式有以下三类：一是正向观念，利用人们正常公认的看法确定消费观念，如水果产品的广告创意是来自大自然的绿色；二是反向观念，利用逆向思维突出产品、吸引消费者，如牙刷广告的主题是一毛不拔；三是是非观念，利用人们的是非判断逻辑引导消费者，如某药品的广告主题是××副作用小等。

2．市场促销的广告策划

比较常用的市场促销广告策划有以下两种。

1）目标市场策略广告策划

为了配合市场无差异策略，要求广告媒体策略组合形成统一的主题内容；为了配合差异性市场策略，要求广告根据各个细分市场的不同，分别选择不同媒体组合，做不同主题的广告；为了配合集中性市场策略，要求广告媒体根据所选用目标市场，做有针对性的广告。

2）广告竞争策划

广告是企业产品的重要竞争工具，因此可利用和其他企业产品对比做比较广告，如××汽车比同类产品节油10%。运用比较广告时应注意，一般不能标明对比产品的具体名称，以免引起纠纷。

同步思考9-3　　　　清扬 VS 海飞丝

联合利华首次推出去屑洗发水品牌——清扬，在广告片中，小S一脸傲慢的神情说："如果有人一次又一次对你撒谎，你要做的就是立刻甩了他。"随即甩开一个白色瓶子的洗发水。小S颇具挑战性的话语和甩开的白色瓶子，让人不难猜测这是联合利华对竞争对手宝洁的同类产品海飞丝的宣战。随后，宝洁立即请来梁朝伟担任海飞丝的代言人，"信任不是说出来的，是时间和事实的积累。""值得信任的，当然海飞丝！"的广告语也算正式应战。

问题思考：清扬和海飞丝的广告竞争策划合适吗？为什么？

3）产品促销的广告策划

广告传播的目的是推销产品和服务，因此，应把广告与产品销售紧密联系起来。广告与馈赠手段相结合，通过各种形式的馈赠使消费者获得一定利益，可以提高产品认知力和新产品试用率；广告与文化活动相配合，可以引导人们对广告的兴趣，提高广告的收视率；广告与奖励活动相联系，可以激发消费者的购买动机，提高产品的参与率和购买率；广告与公益事业相协调，积极参与公益事业，可以增进消费者对企业的好感，争取民心，从而增强广告的促销效果。

3．广告媒体组合策划

广告媒体组合策划是指对不同的媒体，如报纸、杂志、广播、电视等进行有效的组合，使之相互配合，相得益彰，达到完美广告效果的方法。比较常用的广告媒体组合方式有以下三种。

1）企业内外广告媒体相结合

企业内外广告媒体相结合是指企业内部自主媒体与社会媒体相结合。例如，采用电视、

报刊宣传企业新产品，而企业的宣传橱窗、建筑物户外广告亦进行同样的宣传新产品活动。

2）各种不同媒体组合

各种不同媒体组合是指根据消费者的购买习惯和消费特点，选择各种相应媒体，进行同方式的宣传。这种组合可以扩大传播范围，提高传播频率，弥补各种广告媒体的不足，达到优势互补的目的。

3）广告的时机频率组合

广告的时机频率组合是指利用各种媒体传播的最佳时效性，在不同时机进行传播的组合。例如，广播上午传播，收听率较高；报刊白天传播，阅读率较高；电视晚餐后传播，收视率较高等。因此，有机地将媒体传播时间合理搭配，能提高各媒体的促销效果。

4. 广告促销的心理策划

企业在广告促销宣传中，如果能够科学地运用心理学原理，使广告诉求符合消费者心理需求，克服其反感情绪，就能达到比较好的预期广告效果。常用的广告促销的心理策划有以下三种。

1）广告诱导心理策划

广告诱导心理策划是指抓住消费者潜在的心理活动，使之接受广告宣传的观念，自然地诱发出一种强烈需求欲望的心理策略策划。

2）广告迎合心理策划

广告迎合心理策划是指根据消费者的不同性别、年龄、文化程度、收入水平、工作职务，以及不同消费者的求名、求新、求美、求实惠等心理，在广告中采取不同的对策，以迎合不同消费者需求，刺激购买的心理策略策划。

3）广告猎奇心理策划

广告猎奇心理策划是指在广告活动中，采取特殊的表现手法，使消费者产生好奇心，从而诱发出购买欲望的心理策略策划。广告猎奇心理运用得当，可以获得显著的广告效果。

同步课堂训练9-3

根据教学情况，灵活安排学生完成本项目实训教学中评价分析训练的第5题和第6题，混合选择训练的第5～8题，案例分析训练的第2题，情景模拟演练的第5题。

实训教学

一、评价分析训练

1. 广告策划以科学、客观的市场调查为基础，以具有可操作性的广告策划文本为目的。

2. 广告在社会生活中所体现出的作用，仅仅在于增加商品销售量，树立良好的企业形象和商品形象。

3. 广告策划的求实原则就是要求广告诉求的内容必须真实，必须符合客观实际。它要求在进行广告宣传策划时，既要突出产品的优势或独特之处，也要完全讲明产品的短处，这样才能给消费者留下诚实的形象。

4. 广告策划的直接结果是产生具有可操作性的广告策划文本。

5. 在产品成长期和成熟期，应以提醒式广告为主，以维持品牌为策划目标；在产品饱和期和衰退期，应以说服性广告为主，以确保品牌为策划目标。

6. 广告猎奇心理策划是指抓住消费者潜在的心理活动，使之接受广告宣传的观念，自然地诱发出一种强烈需求欲望的心理策略策划。

分析要点

二、混合选择训练

1. 广告策划应遵循的原则有（ ）。

    A. 求实原则   B. 系统原则   C. 有效原则

    D. 创新原则   E. 调整原则   F. 前瞻原则

2. 广告策划要想达到预期效果或超出预期效果，必须从宏观上注意的问题有（ ）。

    A. 公众的文化接受习惯

    B. 国际政治经济形势

    C. 商品的消费环境

    D. 公众的文化层次

    E. 明星效应

3. 广告策划的第一原则和基本原则是（ ）。

    A. 创新原则   B. 系统原则   C. 有效原则

    D. 求实原则

4. 主要通过产品间的比较，突出本企业产品的特点，强调给消费者带来的利益，加强消费者对产品品牌和企业的印象，从而说服消费者购买本企业产品的广告称为（ ）。

    A. 开拓性广告   B. 说服性广告

    C. 提示性广告   D. 形象性广告

5. 对保健食用油，广告宣传其：油质纯正、气味芳香、色泽金黄、口感舒服、营养丰富。这是（ ）。

    A. 服务定位   B. 费用定位

    C. 形体定位   D. 功能定位

6. 某牙刷广告，其采用的广告主题是"一毛不拔"，这是广告产品消费观念策略具体表现形式中的（ ）。

    A. 是非观念   B. 正向观念

    C. 反向观念   D. 功能观念

7. 主要介绍产品的用途、性能和使用方法，以及企业的有关情况和所能提供的服务的广告称为（ ）。

    A. 介绍性广告   B. 说服性广告

    C．提示性广告   D．形象性广告

8．产品定位广告策划包括（   ）。

    A．确立广告传播的主题及特点的定位策划

    B．功能定位策划   C．形体定位策划

    D．费用定位策划   E．服务定位策划

在线测评

三、案例分析训练

周星驰拍摄的几则广告情景

情境描述：

1．娃哈哈茶饮料内心独白篇：广告片借用周星驰在《大话西游》中的经典名言："曾经有一段真挚的爱情放在我的面前，我没有珍惜，人生最痛苦的事莫过如此……"，只不过这一次周星驰的深情独白面对的不再是紫霞仙子，而是一罐饮料。当周星驰说出"我爱你"时，娃哈哈茶饮料像倾盆大雨般从天而降，覆盖了周星驰全身，一会儿，周星驰艰难地从饮料堆中爬出来，贪婪地喝着娃哈哈茶饮料。

2．娃哈哈龙井茶大侠篇：客官（冯小刚）跨进某茶馆大喝一声"给沏杯茶"，店小二（周星驰）遂麻利地端出七杯茶。客官发怒着说："我说的是'沏'杯茶。"于是店小二抛出娃哈哈龙井茶——"不用沏的茶"。

3．步步高复读机西天取经篇：在取经途中，唐僧（罗家英）深受不懂外语之苦，转而向孙悟空（周星驰）求救，"悟空，没有翻译怎么办？"于是乎，悟空使出七十二变，变出步步高复读机，"师傅您瞧，步步高复读机。"悟空唱起"生命之杯"，唐僧也再次吟唱起"Only You"，最后他与悟空高歌"Let's go"直奔西方。

案例思考与讨论：

周星驰拍摄的这几则广告是什么类型的广告？诉求效果如何？为什么？

分析要点

四、情景模拟演练

（一）雕牌洗衣粉

情境描述：

雕牌洗衣粉的一则广告情景：年轻的妈妈下岗了，为找工作四处奔波，懂事的小女儿心疼妈妈，帮妈妈洗衣服，天真可爱的童音说出："妈妈说，雕牌洗衣粉只要一点点就能洗好多好多的衣服，可省钱了！"门帘轻动，妈妈无果而回，正想亲吻热睡中的爱女，看见女儿的留言——妈妈，我能帮你干活了！年轻的妈妈的眼泪不禁随之滚落。

这则广告的创意如何？如果由你来策划，你将如何运作？

模拟开始：……

模拟要点

（二）口香糖电视广告

情境描述：

某品牌口香糖的电视广告故事情节如下。

一位英俊男士去医院检查口腔，为避免口气不好，他在检查前嚼了几粒某品牌口香糖。坐定后自信地张大嘴，只见电脑特技演示的片片清新绿叶从男士口中喷薄而出，此时画外音"保持口气持久清新"随之响起……

接着，只见为男士检查的美女医生竟然被男士的清香口气迷住了，作深情吸气状，并流露出极为陶醉享受的表情……

某广告公司总经理看到后，认为该广告值得探讨，现在请你分析这则广告，谈谈你对这则广告策划方案的看法，并重新设计。

模拟开始：……

模拟要点

（三）用电话传递你的爱吧！

情境描述：

一天傍晚，一对老夫妇正在进餐，这时电话铃声响起，老太太去另一间房接电话，接完电话回到餐桌后，老先生问她："是谁来的电话？"老太太回答："是女儿打来的。"老先生又问："有什么事吗？"老太太说："没有。"老先生惊讶地问："没事？几十里地打来电话？"老太太呜咽道："她说她爱我们！"两位老人相对无言，激动不已。这时，旁白道出："用电话传递你的爱吧！"这是美国贝尔公司一则经典的广告。

如果你是某公司的营销策划人员，现总经理请你分析一下这则广告策划方案，谈谈你的看法。

模拟开始：……

模拟要点

（四）旺仔牛奶

情境描述：

2006 年 8 月，在各大电视台热播着旺仔牛奶的最新广告，广告情节如下。

"三年级六班李子明同学，你妈妈给你送来了两瓶旺仔牛奶……"学校的喇叭里大声播报着。一个小男孩激动又自豪，眼泪狂飞（夸张的动画效果），飞扑到妈妈怀里，亲了一口牛奶罐子，说："妈妈我爱你！"身后的同学满眼羡慕地说："哇，你的妈妈好爱你哦！"

对于这则广告策划方案，众说纷纭。请站在不同角度，模拟不同角色（观众、家长、旺旺企业、教育专家等）发表看法，展开讨论。

模拟开始：……

模拟要点

项目小结

- 理论教学由广告策划的概念、原则和工作流程、广告的类型与选择、广告促销策划三部分内容构成。广告策划必须遵循求实原则、创新原则、有效原则、系统原则、前瞻原则、调整原则。广告策划的工作流程：①成立广告策划小组；②制定工作时间表；③向有关部门下达具体任务；④策划小组进行分析性研讨；⑤策划小组进行战术性研讨；⑥编写广告策划书；⑦将广告策划书提交客户审核；⑧将广告计划付

诸实践；⑨广告策划的总结。根据广告的覆盖面，可将广告分为全国性广告、地方性广告和地区性广告。根据广告的内容，可将广告分为产品广告、企业广告、服务广告。根据广告的目的，可将广告分为介绍性广告、说服性广告、提示性广告、形象性广告。根据广告媒体，可将广告分为印刷媒体广告、电子媒体广告、流动媒体广告、户外媒体广告、展示媒体广告、邮寄媒体广告、网络媒体广告和其他媒体广告。广告媒体选择应考虑下列因素：广告目标、产品的特点、目标顾客的特点、市场竞争的特点、广告媒体的特点、广告媒体的成本。常用的广告促销策划有产品促销的广告策划、市场促销的广告策划、广告媒体组合策划、广告促销的心理策划。

- 实训教学由评价分析训练、混合选择训练、案例分析训练、情景模拟演练四部分内容构成。在实训教学过程中要体现六个有利于原则，即有利于发挥学生的主体作用，有利于培养学生学会学习，有利于培养学生的动手能力，有利于培养学生的创新精神，有利于学生个性和潜能的发展，有利于帮助学生逐步形成良好的职业道德、职业思想、职业作风及职业行为习惯。

课后阅读与欣赏　　　　阿净嫂系列产品广告营销策划案例纪实

项目十

公关促销策划能力

学习目标

知识目标

- 弄清公关促销策划的方法和步骤。
- 掌握危机公关策划的方法和原则。

能力目标

- 能运用公关促销策划的原理进行一般的公关促销策划。
- 能运用危机公关策划的原理进行一般的危机公关策划。

素养目标

- 形成良好的公关促销策划职业习惯，能以认真负责的态度进行公关促销策划和危机公关策划。

案例导入　　　　　　申请在人造卫星上做广告

20世纪50年代，美国一家企业研制出了一种新产品，但这家企业一直找不到提高产品知名度的好办法。

正在这家企业一筹莫展之时，美国研制的人造卫星大功告成，企业的老板认为这简直是天赐良机，便郑重其事地写信给美国五角大楼，申请在这颗即将升空的人造卫星上做广告。

五角大楼收到此信后，军方人士不禁哑然失笑。人造卫星飞入九霄云外以后，踪影全

无，在它上面做广告，有谁能看得到？这难道不是在做无用功吗？

后来，这件事就被作为一桩笑料传开了。有位记者闻听此事后，便在报纸上写了文章，披露了此事。结果，这件趣事几乎和世人瞩目的人造卫星一样，成为全美国乃至全世界人共知的一条新闻。

这家企业没有被允许在人造卫星上做广告，却获得了比做广告还要好的轰动效应。这家企业虽然没花一分钱，但知名度却得到迅速提升，新产品也迅速打开了销路。后来，喜欢打破砂锅问到底的那位记者找到这家企业的老板，想进一步了解他申请在人造卫星上做广告的真正目的。老板笑着说："当时企业财力不足，根本拿不出广告费。我申请在人造卫星上做广告的真正目的，只是为了做免费的广告。"

问题： 从"申请在人造卫星上做广告"这一公关促销策划活动过程中我们能得到哪些启示？

在众多宣传性公关促销手段中，"制造新闻"是一种最主动、最有效的传播方式。善于"制造新闻"，以激起新闻媒体采访、报道的兴趣，这是企业扩大知名度，提高美誉度，取得竞争胜利的重要手段。美国这家企业巧妙地利用这一公关促销手段，为促进商品销售策划了一次效果显著的免费广告宣传。

从"申请在人造卫星上做广告"这一公关促销策划活动过程中我们得到的启示是企业在进行市场促销活动的过程中，不仅要注意充分发挥人员推销策划、营业推广策划、广告策划的作用，而且还必须善于发挥公关促销策划的作用。

理论教学

一、公关促销策划的方法和步骤

（一）公关促销策划的概念

良好的公共关系是企业促销的基础。公共关系（Public Relation）是指企业为改善与社会公众的关系，促进公众对企业的认识、理解及支持，达到树立良好企业形象、促进商品销售目的的一系列活动。公关促销策划是指公关人员根据企业形象的现状和要达到的促销目标要求，对未来的公关促销活动做出的运筹规划。

（二）公关促销策划的作用

1. 有助于树立良好的企业形象

良好的企业形象对企业的生存和发展具有重要意义。开展公关促销活动，通过新颖别致的对外宣传和广泛的交往可以联络公众的感情；通过支持赞助公益事业可以显示企业的社会责任感等。

2. 有助于增进企业之间的交往与合作

企业的生存与发展，需要与其他企业进行交流与合作。开展公关促销活动，可以增进企业之间的相互了解和友谊，使企业在相互信任、相互支持的基础上携手合作，共同发展。

3. 有助于提高企业的经济效益

开展公关促销活动，通过信息传播、形象竞争、感情联络等手段，吸引公众的注意力，赢得大量的消费者，促进产品的销售，提高经济效益。

（三）公关促销策划的方法和步骤

第一步，确定公关促销策划活动的目标。

任何一项公关促销活动，都是为了提高本企业的知名度和美誉度。但是，各项具体公共关系活动的直接目标却有所不同。例如，一个新企业的公共关系应侧重于提高企业知名度，而老企业则应将公关重点放在提高企业的美誉度方面。

第二步，进行公共关系调查。

公共关系调查是公关促销策划的前提，是策划的准备阶段。这个阶段主要是通过定性和定量的研究方法准确地收集、整理公众对企业的意见、态度和反映，分析影响公众舆论的因素，并从中分析和确定企业的公共关系状态及其存在的问题，为企业制订切实可行的公共关系活动方案提供客观依据。公共关系调查主要从以下几个方面进行。

首先，对企业的基本情况进行调查。在这种调查中，要了解企业的历史发展状况、重大事件及其引起的社会反响、单位的经营管理和服务方面的特点等。

其次，要进行企业形象调查，主要调查企业在公众中的知名度和美誉度。

再次，进行公众意见调查。一是内部公众意见调查，主要了解员工对企业的凝聚力、满足感、权力要求及各种意见批评，了解他们对领导层提出的总目标的信心和支持程度；二是外部公众意见的调查，主要调查外部公众对企业的评价和印象，重点在于探明公众形成某种印象和评价的主要原因，以便有针对性地策划公关活动。

最后，要对企业的社会环境进行调查。主要调查分析与企业有关的政治、经济、技术、社会文化等因素的发展变化趋势；调查与企业有关的政府机构、法律部门的方针、政策、法律的制定和实施情况；了解新闻媒体的传播效果等。

第三步，选择恰当的公关促销方法。

常用的方法有以下几种。

（1）建立固定的公众联系制度。通过和消费者、政府机构、社会团体、银行、中间商等建立固定的公众联系制度，加强信息沟通，听取他们对产品、服务等方面的意见和要求，树立企业及产品形象。

（2）与新闻媒体建立联系。企业应积极与新闻媒体建立联系，及时将具有新闻价值的企业信息提供给报社、电台、电视台等，还可举行记者招待会，邀请记者参观企业，通过新闻报道，扩大企业及其产品的影响。

（3）赞助和支持各项公益活动。赞助和支持各项公益活动，对企业是极好的宣传机会，因为这些活动万众瞩目，新闻媒体会争相报道，企业可从中得到特殊利益，给公众留下"一心为大众服务"的好印象。

（4）举办各种专题活动，想方设法"制造新闻"。可通过举办知识竞赛、体育比赛、研

讨会、演讲台、新闻发布会、展览会等专题活动，特别是"制造新闻"能产生轰动效应，常常引起社会公众强烈反响，激起新闻媒体采访、报道的兴趣。这是企业抓住时机，积极主动地寻求扩大企业影响，扩大知名度，提高美誉度的一种最主动、最有效的传播手段。

（5）播出公关广告。公关广告有三种类型：一是致意性广告，如向公众表示节日祝贺，对用户的惠顾表示感谢；二是倡导性广告，如倡议举办某种活动，或提倡某种新风尚；三是解释性广告，即就某一问题向公众做解释，以消除误会，增进了解。

（6）组织企业消费者、社会各界人士参观企业。通过参观，向他们介绍企业所处环境、经济情况及对社会所做的贡献等。

（7）妥善处理突发事件，正确进行危机公关。当企业一旦遇到突发的危及企业形象的事件时，公关人员要及时收集事件发生的各种信息，妥善处理，使不利影响因素降到最低点。

同步思考10-1　　　　意外官司

一次，一名英国中年妇女要和丈夫离婚，理由是丈夫有外遇。在法庭上她边哭边说："我在20岁时嫁给他，可是结婚不到1个星期，他就偷偷地到运动场幽会去了。如今，他已经50岁了，照例迷恋那个可恶的'妖精'，无论白天黑夜，他都要去运动场与那个'第三者'见面。"法官问："'第三者'是谁？"她爽快地说："就是那个臭名昭著、家喻户晓的足球。"法官只得劝道："足球不是人，你只能控告生产足球的厂家。"谁知道妇女竟然真向法院控告一年生产20万只足球的英国"宇宙"足球工厂。出人意料的是，该厂老板居然表示同意赔偿这位太太10万英镑孤独费。这一场意外官司，很快被新闻媒体大肆宣扬。事后，老板对记者说："这位太太的控告词，为我厂做了一次绝妙的广告。"

问题思考：从这场"意外官司"中我们能得到什么启示？

同步思考10-1

第四步，制订公共关系活动方案，形成公关促销策划书。

为了取得公共关系活动的成功，企业需要制订一个周密的公关关系活动方案，并在此基础上撰写公关促销策划书。公关促销策划书一般包括以下几个方面的内容。

（1）策划工作的简况。主要写明企业或承办策划的单位机构、策划工作的领导、主持人、参与者、策划工作的时间，以及策划工作的主要过程和方法。

（2）关系环境状态分析。①对企业所处的关系环境状态及社会背景总体分析评价，并分析对企业生存发展的影响；②对企业与主要公众的关系状态及形成原因的分析评价；③对运用公关手段调整关系环境状态、改善关系状态的分析，包括必要性、可能性、效益性及预测的分析。

（3）公关活动的定位。

（4）公关活动的总体方案。①公关活动的性质和内容；②公关活动的主旨和目标；③公关活动的主题、口号；④公关活动的主要形式；⑤公关活动的总体文化审美基调风格；⑥公关活动的主要组成项目、整体编排和活动推进程序时间表；⑦公关活动企业管理原则、运作规范和方法；⑧公关活动的企业机构、分工及主要负责人；⑨公关活动经费来源及分配方案。

（5）公关活动实施方案。具体内容：①项目名称及目标；②项目负责人、实施者及各自的责任；③项目筹备、实施时间表；④项目实施涉及的关系人及必要的分析；⑤项目所需要的传播媒介、器材设备、外部环境等；⑥项目经费预算；⑦项目成果的考核标准及考核方法。

第五步，公关促销策划效果的评估。

要正确评估公关促销策划活动成效，关键是要确定科学、合理的评估标准，严格按标准进行评估。

（1）评估标准：①公关促销目标的实现程度，如企业与公众的关系是否得到改善，企业的知名度和美誉度是否增强，企业在公众心目中的形象怎样，企业效益好坏等；②公关促销任务的完成情况，如与公众的联系网是否健全，能否随时了解和掌握公众的意见，能否选择适当的方式和渠道向公众传播信息，全体人员是否都行动起来，齐心协力进行公关促销工作，能否当好领导决策的咨询和参谋；③公关促销社会功能发挥情况，指公关促销对社会所起的作用和表现出来的能力，如是否为公众提供了丰富而有益的物质、精神产品和优质的社会服务等。

（2）评估方法：①回顾公关促销的目标、任务，以及为实现目标进行的公关促销工作；②公关人员和领导人员进行自我评估；③开展公众调查和舆论调查，掌握公众和舆论界对本企业公关成效的评估；④邀请公关专家进行评估。

同步课堂训练 10-1

根据教学情况，灵活安排学生完成本项目实训教学中评价分析训练的第1~3题，混合选择训练的第1~3题。

二、危机公关策划

危机公关策划是指当企业遭受突发事件或重大事故，正常的生产经营活动受到影响，特别是企业的良好形象受到破坏时，如何采取有效的公关手段和方法，帮助企业以尽可能低的成本度过经营危机的公关策划活动。企业出现经营危机并不可怕，可怕的是当企业出现经营危机时，企业没有意识到危机的存在，看不到危机的严重性。当前，由于经营环境的不确定性增强，企业遭受经营危机的频率加大，这就要求企业具有强烈的危机公关意识和娴熟的危机公关技巧，以使企业在遭受危机事件时能采取有效的危机公关手段和方法，帮助企业化险为夷。

（一）危机类型分析

要做好危机公关策划，首先要进行企业危机类型分析。

1. 企业内部危机

企业内部危机就是依据企业特性本身无法避免而存在的危机。

（1）企业内产品或服务危机。这类危机主要是出于企业所生产的产品或所提供的服务出现了重大问题，引起了客户或消费者的强烈不满或抗议。但在现实生活中，也有产品的

重大质量问题并不真实存在，而是一些别有用心的人制造出来的。这种危机虽是人为制造的，但在澄清之前，危害也是巨大的。

（2）企业内管理经营危机。这类危机是由于决策管理水平和设备状况因素造成的，如美国联合碳化物公司设在印度博帕尔的杀虫剂厂，由于管理与设备的问题，造成毒气外泄，当地 2000 余人死亡，3000 人生命垂危，13 人终身残疾。为此，印度政府提出了 15 亿美元的赔偿要求，这个公司从此日落西山。

2. 企业因环境的变化而导致的危机

（1）企业因社会环境的变化而导致的危机。任何一个企业都生活在一定的社会环境中，既受到政治、经济、科学技术、文化等环境因素的影响，又受到财税、金融、市场等多种经济变量的控制。因此，这些外在环境变化可能给企业造成重大危机。例如，国家金融紧缩政策，就会给一些资金紧张的企业施以巨大压力；企业生产与环境保护法规相抵触，如噪声、污染引起当地公众的抗议等。

（2）企业因自然界的因素而陷入的危机。地震、台风、洪水泛滥、火灾等自然因素均使企业陷入很大的困境。

造成企业危机的原因是多方面的，有的是人为的，有的是不以人的意志为转移的。但这些危机都具有以下三个共同特点：①困难性，危机一旦发生，多方面的损失会接踵而来，使企业经营困难重重；②突发性，危机的产生往往会使企业措手不及；③严重性，危机事件对企业的危害相当严重。

（二）危机公关策划

1. 危机预防策划

危机公关分为两种：一种是预防性危机公关，就是为了预防经营危机的发生而进行的活动；一种是反应性危机公关，就是当企业出现经营危机时能马上做出反应，采取相应的应对经营危机的保护性措施。

任何一家企业在其成长和发展的过程中都不可能一帆风顺，危机预防策划可以使企业避免经营危机的发生或使企业在经营危机发生时将损失降低至最小。海尔集团"永远战战兢兢，永远如履薄冰"的经营理念、小天鹅集团"末日管理"的经营模式等，应该说都是为企业未来的生存和发展建立一道安全屏障，都是危机预防策划的正确运用。

要想危机预防策划得到正确实施，达到预期效果，企业必须进行以下操作。

（1）设立应付危机的常设机构。由企业负责人、公关部经理、人事部经理、保卫部经理等组成。

（2）注意企业危机的症状。俗话讲，"冰冻三尺非一日之寒"。经营危机的出现并不是突然爆发的，往往有一个积累过程。因此，企业必须注意可能发生经营危机的蛛丝马迹，防患于未然。

（3）制订问题管理方案。古人云，"凡事预则立，不预则废"。因此，企业越早认识到存在的危机，越早采取适当的行动，就越可能控制住问题的发展。如果等到问题日积月累，由量变发展为质变，演变成经营危机时，才采取行动，就为时已晚了。因此，设计有效的问题管理方法，可以防止经营危机的出现或改变经营危机发生的过程，才能以不变应万变。

2. 危机处理策划

危机处理策划是指企业的公共关系部门能够积极、主动地与企业上下保持顺畅的沟通，与新闻媒体保持密切的联系，当企业面临经营危机时，公共关系部门能迅速启动危机公关处理程序，协调各种关系来妥善地解决危机事件，将企业的损失降到最低的方法。当企业真正出现了经营危机后，可采取的危机处理策划方法有以下几种。

（1）迅速收回不合格产品。一旦出现这类危机，应不惜一切代价迅速收回所有在市场上的不合格产品，并利用新闻媒体告知社会公众如何退回这些次品的方法。

（2）设立一个专门发言人对外传播信息。在危机发生后，应付危机的常设机构应尽快搜索一切与危机有关的信息并挑选一个有经验的发言人，由他代表企业决策层将有关情况告知社会公众。发言人在对外传播信息时，讲话态度一定要诚恳、和气。这个工作一般由公关部经理负责。

（3）主动与新闻媒体沟通。企业应尽量给予采访上的便利，实事求是，不掩盖不利情况，积极提供新闻参考资料和背景资料，避免新闻媒体去找一些非正常渠道的新闻来源。

（4）公布造成危机的原因。企业应坦诚地向社会公众及新闻媒体说明造成危机的原因，随时通过新闻媒体向社会公众说明事态的发展。如果是自己的责任，应勇于承担；如果是别人的故意陷害，也应通过各种手段使真相大白，防止无事实根据的"小道消息"和流言蜚语对企业造成伤害。

3. 危机管理策划

危机管理策划是指企业在正常生产和持续经营中对突发的具有重大不利影响的事件所采取的应急管理办法，或企业面临外部环境的重大威胁及内部企业结构的严重瘫痪时所采取的紧急应对方法。可采取的危机管理策划方法有以下几种。

（1）强化内部管理。内因是根本，外因是条件，企业危机是由内部弱点或隐患日积月累，由量变发展为质变而爆发的。在突然爆发的危机中，受影响最大的利益主体是内部员工。危机管理策划的关键在于再造企业文化，增强企业凝聚力，恢复和增强员工和投资者的信心，同舟共济，再创辉煌。

（2）重塑企业形象。危机爆发后最直接的后果就是名誉扫地、形象受损，所以危机管理策划外部工作的焦点就是重塑企业形象。要消除危机所带来的不良影响，树立良好的公众形象，关键在于取得中介权威机构的肯定和新闻媒体的合作。

① 取得中介权威机构的肯定。企业危机爆发后，如果单纯依靠企业自己对外发布公告、召开记者招待会，企业是很难扭转资信下降趋势的，因为人们会产生"王婆卖瓜，自卖自夸"的感觉；如果企业不理会外界舆论，只管自顾自地埋头苦干，则更难挽回面子。最有效的方式是借助与企业经营管理无直接利害关系的中介权威机构，如果能够取得这个中介权威机构对危机中的企业做出肯定的评价，并把这一肯定评价迅速传递给广大公众，就能得到大家的理解，才有可能重塑企业形象。

② 新闻媒体的合作。危机企业要想驶出危险境地，除了要取得中介权威机构的肯定，还必须取得新闻媒体的支持和合作。企业应及时向新闻媒体提供有关企业危机方面真实客观的信息，力所能及地配合新闻媒体的工作，与新闻媒体建立良好的关系，这是重塑企业形象的重要手段。对新闻媒体采取拒绝、怀疑、戒备或沉默的态度，不愿接受记者的采访，这对重塑企业形象有百害而无一利。

同步思考 10-2 　　　　　一根头发引起的纠纷

张大爷开了一家小米皮店，某天，一位客人发现米皮碗里有一根头发，随即大叫，要求赔钱，还有两位客人也跟着起哄，大喊不卫生。服务员束手无策，急忙地叫来张大爷，张大爷马上将三位客人叫到他的办公室，告诉这三位顾客，每人再赔偿一碗，但三位客人要求张大爷每人再赔 10 元钱，而张大爷说要尝尝他们吃剩的米皮后再说。紧接着张大爷三下五除二，把他们剩下的米皮吃光了，这时张大爷告诉他们，"米皮没有质量问题，我开个小店也不容易，你们就高抬贵手，我亲自给你们每人再做一碗，别再叫我赔你们钱了，另外我马上开会，加强管理，感谢你们三位，请多提宝贵意见。"三位客人看到自己剩下的米皮被张大爷吃了，也没有什么证据了，再加上张大爷的态度诚恳，他们什么也没说就走了。

同步思考 10-2

问题思考： 张大爷这种处理办法是否恰当？为什么？

（三）危机公关策划的原则

危机公关的好坏，一方面体现了危机当事人的整体管理水平和应变反应能力，另一方面也直接影响到危机当事人的信誉和利益得失。尽管每个危机事件的具体处理措施是不同的，但许多国际大企业成功进行危机公关并成功转危为安的经验告诉我们，处理危机问题的原则是基本相同的。

1. 速度第一

众所周知，在危机出现的最初 12～24 小时内，消息往往就像电脑病毒一样，以裂变方式高速传播。危机当事人的一举一动将是外界评判危机当事人如何处理这次危机的主要根据。媒体、公众及政府都密切注视公司发出的第一份声明。因此，危机当事人必须当机立断、快速反应、果决行动，与新闻媒体和公众进行沟通，迅速控制事态发展，避免对全局失去控制的局面出现。因此，危机发生后，危机当事人能否首先控制住事态，使其不扩大、不升级、不蔓延，是处理危机的关键所在。

2. 系统运行

在策划危机公关时，企业最高管理层必须瞻前顾后，具有全局观念，遵循系统运行原则，进行系统运作，绝不可顾此失彼，主要注意以下几点。

（1）以冷对热、以静制动。危机往往会使人处于焦躁或恐惧之中，所以企业最高管理层只有以冷对热、以静制动，做到镇定自若，才能减轻企业员工的心理压力。

（2）统一观点，稳住阵脚。在危机发生后，企业最高管理层必须对危机产生的危害有足够的认识，通过分析原因，采取措施，在企业内部迅速形成统一观点。只有万众一心，才能稳住阵脚，使危机事件沿着好的方向发展。

（3）组建班子，专人负责。在发生危机后，企业最高管理层必须迅速组建危机公关处理小组，成员一般由企业的公关部成员和企业涉及危机的高层领导组成。这既可以提高处理危机事件的效率，又可以确保对外口径的一致。

（4）果断决策，迅速实施。由于危机瞬息万变，因此在危机发生后，企业最高管理层必须最大限度地集中决策使用的资源，迅速做出决策，并付诸实施。

（5）合纵连横，借助外力。当危机来临时，企业最高管理层应充分与政府部门、行业

协会、同行企业及新闻媒体充分配合，联手对付危机，以增强公信力和影响力。

（6）循序渐进，标本兼治。要想彻底地消除危机影响，企业最高管理层必须在事态得到控制后，进行认真分析，及时准确地找到产生危机的症结，然后，对症下药，才有可能标本兼治。如果停留在治标阶段，没有从根本上解决问题，则有可能导致前功尽弃，甚至可能引发新的危机。

3. 承担责任

在危机发生后，公众主要关心以下两个方面的问题。

（1）利益问题。利益是公众关注的焦点，因此，当危机事件发生时，无论谁是谁非，企业应首先承担责任。即使受害者在事故发生中有一定责任，企业也不应首先追究其责任，否则会各执己见，加深矛盾，进而引起公众的反感，不利于问题的解决。

（2）感情问题。公众往往很在意企业是否考虑自己的感受。企业只有站在受害者的立场，向他们表示同情和安慰，并通过新闻媒体向公众致歉，才可能解决他们深层次的心理、情感关系问题，从而赢得公众的理解和信任。

4. 真诚沟通

在危机发生后，企业此时已处于危机的旋涡之中，一举一动都将成为公众和新闻媒体关注的焦点。此时千万不要心存侥幸心理，蒙混是无法过关的。只有采取主动与新闻媒体联系，尽快与公众沟通的方法，才能说明事实真相，促使双方互相理解，消除疑虑与不安。所以，真诚沟通就成为处理危机的基本原则之一。所谓真诚，就是指企业在处理危机事件时，必须做到诚意、诚恳、诚实。

（1）诚意。在危机事件发生后的第一时间，企业高层应立即向公众说明情况，并致以歉意，只有这样，才能赢得消费者的同情和理解。

（2）诚恳。在处理危机事件时，应该一切以消费者的利益为重，及时与新闻媒体和公众沟通，向消费者说明事件的进展，不回避问题和错误，只有这样，才能重新赢得消费者的信任和尊重。

（3）诚实。在现实生活中，人们往往可以原谅一个人的错误，但不会原谅一个人的说谎。所以，诚实应该是危机处理最关键也最有效的解决办法。

5. 权威证实

在危机发生后，企业不需要自己整天到处喊冤，此时，如果采取曲线救国策略，想方设法请重量级的第三者在前台说话，往往可达到事半功倍的效果。例如，1983年，英国利维兄弟公司在推出"宝莹"牌新型超浓缩加酶全自动洗衣粉时，虽然迅速取得了成功，但不久报纸和电视纷纷报道这种新型洗衣粉会导致皮肤病，结果该洗衣粉全面滞销。面对这一危机，利维兄弟公司没有自己去辩解，而是采取了两方面的措施：一是由消费者实话实说，于是公司开展了一个公关活动，在电视、报纸及宣传单上，由不同的家庭妇女担任广告的主角，对产品大加赞誉，称"已有500万家庭妇女认为'宝莹'牌新型超浓缩加酶全自动洗衣粉是当今最好的洗衣粉"；二是由权威专家实话实说，公司安排皮肤病专家进行独立实验。实验结果表明，0.01%的皮肤病患者患病的原因可能与使用"宝莹"牌新型超浓缩加酶全自动洗衣粉有关，与其他同类产品相比，这种结果对人的危害几乎可以忽略不计。通过采取这两种措施，宝莹牌新型超浓缩加酶全自动洗衣粉很快就起死回生。

同步课堂训练 10-2

根据教学情况，灵活安排学生完成本项目实训教学中评价分析训练的第4～6题，混合选择训练的第4～6题，案例分析训练的所有题目，情景模拟演练的第1题和第2题。

实训教学

一、评价分析训练

1．任何一项公关促销活动，都是为了提高本企业的知名度和美誉度。其中，新企业应侧重于提高企业的美誉度，老企业应侧重于提高企业的知名度。

2．赞助和支持各项公益活动，尽管要花钱，但是对企业发展来说仍是十分划算的。

3．"制造新闻"是企业抓住时机，积极主动地寻求扩大企业影响，扩大知名度，提高美誉度的一种最主动、最有效的传播手段。

4．危机公关策划外部工作的焦点就是重塑企业形象。要消除危机所带来的不良形象，树立良好的公众形象，关键在于取得新闻媒体的合作。

5．危机预防策划可以使企业避免经营危机的发生，但无法降低经营危机发生时的损失。

6．利益是公众关注的焦点，因此，当危机事件发生时，企业应首先承担责任。但受害者在事故发生中应承担一定责任的可以例外。

分析要点

二、混合选择训练

1．公关广告的类型有（　　）。

    A．致意性广告　　　　　　B．宣传性广告　　　　C．解释性广告

    D．倡导性广告　　　　　　E．形象性广告

2．撰写公关策划书是公关策划的最终结果，它一般包括（　　）。

    A．策划工作的简况　　　　B．关系环境状态分析

    C．公关活动的定位　　　　D．公关活动的总体方案

    E．公关活动实施方案

3．要正确评估公关促销策划活动成效，关键是要确定科学、合理的评估标准，严格按标准进行评估。这些标准包括（　　）。

    A．公关促销目标的计划程度

    B．公关促销目标的实现程度

  C. 公关促销任务的完成情况

  D. 公关促销企业功能发挥情况

  E. 公关促销社会功能发挥情况

4. 国内某大饭店在为一对新婚夫妇举办喜庆宴会时,因检查不严,酒宴中误入不洁食物,致使参加宴会的几十人和当晚在饭店就餐的其他客人大部分食物中毒。结果,顾客要求赔偿,舆论对其进行批评。这是(　　　　)。

  A. 企业内管理经营危机

  B. 企业外管理经营危机

  C. 企业内产品或服务危机

  D. 企业外产品或服务危机

5. 海尔集团"永远战战兢兢,永远如履薄冰"的经营理念、小天鹅集团"末日管理"的经营模式是(　　　　)。

  A. 危机公关策划中的危机恐吓策划

  B. 危机公关策划中的危机预防策划

  C. 危机公关策划中的危机应对策划

  D. 危机公关策划中的危机幻想策划

6. 尽管每个危机事件的具体处理措施是不同的,但处理危机问题的原则却是基本相同的,那就是(　　　　)。

  A. 速度第一　　　　 B. 系统运行　　　　 C. 承担责任

  D. 真诚沟通　　　　 E. 权威证实

在线测评

三、案例分析训练

(一)选择训练

肯德基的苏丹红事件

情境描述:

2005 年 3 月 15 日,上海市相关部门在对肯德基多家餐厅进行抽检时,发现新奥尔良鸡翅和新奥尔良鸡腿堡调料中含有"苏丹红一号"。3 月 16 日上午,百胜集团上海总部通知全国各肯德基分部,从 3 月 16 日开始,立即在全国所有肯德基餐厅停止售卖新奥尔良鸡翅和新奥尔良鸡腿堡两种产品,同时销毁所有剩余调料。3 月 16 日下午,肯德基发表公开声明,宣布新奥尔良鸡翅和新奥尔良鸡腿堡调料中被发现含有"苏丹红一号",并向公众致歉。肯德基表示,将严格追查相关供应商在调料中违规使用"苏丹红一号"的责任。

"我们只有用这种(公开致歉)办法",面对突如其来的信任危机,肯德基相关人士对记者说,"我们决定在最短时间消除影响。已经开包销售的调料,马上销毁;没有开包的,已经送回配送中心,也会全部销毁掉。"

但是,就在肯德基发表声明,"确保此类事件不再发生"的第二天,肯德基又有三种食品被亮"红灯"! 北京市食品安全办紧急宣布,该市有关部门在肯德基的原料辣腌泡粉中检出可能致癌的"苏丹红一号",这一原料主要用在香辣鸡腿堡、辣鸡翅和劲爆鸡米花三种产

品。对此，肯德基的解释是，这是他们自查的结果，3月17日肯德基在记录中发现宏芳香料（昆山）有限公司提供的含苏丹红的辣椒粉也用在了这三种产品。随后，他们采取紧急措施，用现存经过验证不含苏丹红的调料取代原来的调料。3月18日，北京有关部门抽查到了这批问题调料，3月19日向媒体公布，责令停售。这不免让人心生疑问，肯德基既然在17日就发现另外三种产品涉含"苏丹红一号"，为什么没在第一时间公布，而是用新调料替换？如果没有18日北京有关部门的抽检，肯德基是否就能轻易掩盖事实呢？

请根据肯德基的苏丹红事件资料在下列题目中选择适当的选项。

1. 面对突然而至的苏丹红事件，肯德基处理事件的方法从危机公关处理原则角度分析（　　　）。

    A．符合承担责任原则　　　B．违背真诚沟通原则

    C．符合速度第一原则　　　D．符合系统运作原则

    E．违背权威证实原则

2. 在危机发生后，公众主要关心的问题是（　　　）。

    A．利益问题　　　　　　B．责任问题　　　　　C．感情问题

    D．政治影响　　　　　　E．危机原因

3. 当危机事件发生时，无论谁是谁非，企业应首先（　　　）。

    A．真诚沟通　　　　　　B．分清责任

    C．承担责任　　　　　　D．同情安慰

4. 从危机管理策划的角度进行分析，肯德基可采取的危机管理策划方法有（　　　）。

    A．强化内部管理

    B．强化外部管理

    C．重塑企业形象

    D．迅速收回不合格产品

    E．公布造成危机的原因

5. 要消除危机所带来的不良影响，树立良好的公众形象，关键在于（　　　）。

    A．取得中介权威机构的肯定

    B．取得受害者的谅解

    C．取得新闻媒体的合作

    D．分清责任

    E．迅速控制事态发展

6. 在策划危机公关时，企业最高管理层必须瞻前顾后，进行系统运作，绝不可顾此失彼，主要注意（　　　）。

    A．以冷对热、以静制动　　　　　B．统一观点，稳住阵脚

    C．组建班子，专人负责　　　　　D．果断决策，迅速实施

    E．合纵连横，借助外力　　　　　F．循序渐进，标本兼治

7. 从危机处理策划的角度进行分析，肯德基可采取的危机处理策划方法有（　　　）。

    A．迅速收回不合格产品

    B．设立一个专门发言人对外传播信息

    C．主动与新闻媒体沟通

D．公布造成危机的原因

E．取得受害者的谅解

8．从危机预防策划的角度进行分析，肯德基可采取的危机预防策划方法有（　　）。

　　A．设立应付危机的常设机构

　　B．注意企业危机的症状

　　C．制订问题管理方案

　　D．强化外部管理

　　E．取得受害者的谅解

9．肯德基的苏丹红事件说明，当前由于经营环境的不确定性增强，企业遭受经营危机的频率加大，这就要求企业（　　）。

　　A．设立应付危机的常设机构

　　B．注意企业危机的症状

　　C．制订问题管理方案

　　D．强烈的危机公关意识

　　E．娴熟的危机公关技巧

10．所有企业危机都具有的共同特点是（　　）。

　　A．困难性　　　　　　　　　B．突发性

　　C．经常性　　　　　　　　　D．严重性

　　E．控制性

在线测评

（二）分析训练

雅培奶粉

情境描述：

2002 年 7 月 12 日，新华社刊发了题为《卫生部①责令收回部分疑被污染的培乐婴儿奶粉》的新闻通稿。

由雅培制药有限公司进口到我国市场销售的部分培乐 1 婴儿配方奶粉和培乐 2 较大婴幼儿配方奶粉被怀疑受到污染，卫生部要求禁止进口和销售有关批次的雅培制药有限公司婴儿奶粉，并责令这家制药有限公司立即发布公告收回相应批次婴儿奶粉。

不过，在卫生部的公告中提到，据丹麦食品、农业和渔业部评估认为，食用这些奶粉不会引起健康危害。

由于奶粉事关国家的未来——儿童，因此这一新闻立即受到国内媒体的高度重视，几乎从中央到地方的所有主流媒体都播发了这一消息。接着，许多地方还对此进行了追踪，如《雅培制药部分进口奶粉疑被污染 天津严查"培乐"》《南京查处"问题"奶粉》等报道陆续推出。

在危机发生后，雅培制药有限公司未主动与媒体沟通，也没采取相应的措施来强化"食用这些奶粉不会引起健康危害"和"雅培其他品种奶粉并未受到污染"，这就使得国内媒体在报道中都忽略了"丹麦食品、农业和渔业部评估认为，食用这些奶粉不会引起健康危害"

---

① 2013 年卫生部更名为卫计委。

这句话，而直接称雅培的培乐奶粉为"被污染奶粉"，给人的感觉是雅培的所有奶粉都有了问题，使雅培的声誉受到巨大损害。市场销售良好的雅培奶粉，遭遇了进入中国以来最严重的危机。

2002年8月3日，新华社再次发布了针对雅培奶粉的《中国市场全面清查受污奶粉 严防入境禁止销售》的通稿，这一新闻同样又被全国媒体广泛播发，如中央电视台《新闻30分》以《培乐奶粉受调查 两种奶粉不能吃》为题做了报道。

此时距新华社第一次报道已经有20多天，应该说这样的情况相当罕见——内容几乎相同的新闻，事隔20多天之后，又大面积地在中国媒体上重新亮相。只是这一次的口气更为严厉，新增了对这一事件的处理措施：国家市场监督管理总局近日发布的第70号公告要求，各地检验检疫机构暂停办理受污奶粉的报检通关和相关检验检疫手续，禁止其入境；禁止邮寄或旅客携带；对已入境的上述奶粉展开调查，仍在仓储、库存的，立即封存，做退货处理；已进入市场销售的，做下架、召回处理；已销售的，请购买者立即停止食用；消费者如因食用奶粉引起不良反应等问题，请及时与当地检验检疫部门联系。

在这次报道中，前一个通稿里提到的"丹麦食品、农业和渔业部评估认为，食用这些奶粉不会引起健康危害"这句话已无影无踪。此次报道等于在雅培的"伤口"上撒了一把盐，使雅培的声誉进一步受到重挫。2002年8月5日，美国雅培中国总部市场部经理才就"奶粉受污染"事件接受部分地方媒体的采访，告之污染产生的原因是生产线上的零件松动，造成0.5L左右的润滑油漏到1110kg奶粉上了，而在这1110kg奶粉中，雅培奶粉只占很少一部分。而其他品种的雅培奶粉均产自其他生产线，并未受到污染。但此时解释为时已晚，雅培奶粉在市场上的销售额已大幅度下滑，甚至导致所有进口奶粉的市场表现整体低迷。

案例思考与讨论：

雅培策划的危机公关为什么会失败，我们应从中吸取哪些经验教训？面对雅培奶粉被污染事件，你认为雅培应该如何进行危机公关策划？

分析要点

花钱买信誉

情境描述：

2000年8月底，某工程公司承建的经贸学院13 000m²的教学楼竣工了。但经过一个冬天，2001年3月，大楼北向外墙表面出现了部分起皮脱离的现象。分析其原因，一是这栋大楼用的是喷塑工艺，这种工艺用于内墙可以，用于外墙则未过关；二是所用的喷塑面料是广东一家工厂的新产品，质量还未过关，经不起日晒雨淋冰冻的考验。2001年4月，该工程公司与经贸学院协商，决定从自己应得的施工费中扣回8万元给经贸学院作维修费用。虽然责任不全在他们，但他们愿意承担责任。

谁知经贸学院教学大楼的事很快传开了，尽管该公司的工程优良率已连续几年在全省名列前茅，但一些人谈到这件事，总是对他们的施工质量表示怀疑。公司的信誉因此受到了影响。听说经贸学院图书馆工程招标，该公司经理和总工程师、总经济师找到其主管部门的基建处，要求参加招标。基建处的同志重提经贸学院教学大楼的问题，说他们的施工质量不行，不同意他们投标。

经贸学院教学大楼的问题像一块耻辱的标记刻在他们心头。这块标记不抹掉，他们日夜不安。2003 年 6 月，公司领导班子研究，决定来个"花钱买信誉"，即给这栋大楼外墙全部贴上马赛克，所需材料和施工费用都由他们负责，不用经贸学院出一分钱。当时估算了一下，约需 40 万元。这个消息传开后，职工议论纷纷。有的说，按规定工程保险期一年，现在已经过了两年多，人家又未提出要求，何必自找麻烦。有的说，已经扣了 8 万元，该赔的赔了，为什么还要承担这笔损失。他们耐心地向职工讲道理，说明信誉是企业立足之本，失去信誉必失去市场。用 40 万元买回信誉，是以暂时的"小失"换得长远的"大得"。

说干就干，他们先调集 70 多个劳动力，奋战 40 天，搭好脚手架，铲干净教学楼外墙上的喷塑涂料。然后由公司总工程师、工会主席率领 100 多名职工进入现场贴马赛克，冒着酷暑苦干 45 天完成了任务。工程质量优良，教学楼焕然一新，共花费资金 35 万元。经贸学院十分满意。在 2003 年 10 月 18 日的工程竣工总结会上，经贸学院给他们送了锦旗和 4000 元奖金。经贸学院主管基建的负责同志在会上说："通过这件事，我们完全改变了原来的看法，我们信得过你们，愿与你们继续合作，今后的施工任务都交给你们。"经贸学院不仅把近万平方米的图书馆工程交给了他们，并且主动向主管部门反映情况。主管部门的态度也改变了，允许他们参加本系统工程投标。他们也终于赢得了越来越多的用户的认可。

案例思考与讨论：

为什么信誉是企业立足之本？你认为该工程公司"花钱买信誉"的公关策划创意如何？如果请你为其出谋划策，你会如何运作？

分析要点

奔驰女车主事件中的危机公关

情境描述：

2019 年，一女子为庆祝自己生日，在西安某 4S 店购买一辆奔驰运动型轿车，提车当天发现发动机漏油。女子与该 4S 店多次协商，店家利用各种方式拖延时间，拖过七天包退期后变脸。申诉无门后，该女子被逼选择在店门口，坐在引擎盖上进行控诉。视频中女子哭诉着向 4S 店讨一个说法。由于该女子较高的学历背景和行为表现形成的巨大反差，引发民众对该事件的广泛关注，也将以该 4S 店为代表的销售行业推到了风口浪尖。

自媒体是眼球经济，敏锐地察觉到此次事件可以带来的经济利益，于是纷纷开始报道，其中尤以梨视频为代表。梨视频从 4 月 11 日开始跟进报道该事件。平台通过律师解读、联系旧事件等角度最大限度吸引网友，扩大讨论热度。同时，主流媒体也纷纷跟进，4 月 13 日，新浪财经和凤凰网财经分别推出相关文章开始跟进报道该事件。随后，人民日报和紫光阁也在 4 月 15 日参与了报道。4 月 15 日，央视新闻通过"央视点评"栏目，传递主流媒体人的态度，为维权女车主发声。网络舆论呈现一边倒态势。

随后，西安市市场监督管理局、陕西省消费者协会等部门也对此事做出了回应。4 月 16 日，奔驰女车主和 4S 店达成和解协议。

案例思考与讨论：

西安某 4S 店为什么会陷于如此尴尬的境地？请从危机公关原则的角度分析该 4S 店的危机公关为什么会失败。我们应从中吸取哪些经验和教训？面对这一事件，你认为该 4S 店应该如何进行危机公关策划？

分析要点

四、情景模拟演练

（一）本田的车祸事件

情境描述：

2005年1月9日，杭州一辆迎亲的2004款本田雅阁车因撞击断为两截。事故致使车上1女4男5名乘客中1人当场死亡，另外4人经抢救医治无效也先后死亡。

人们都或多或少对广州本田汽车的质量产生了怀疑。众多网站都以重磅标题做了专题报道。

2005年3月27日，广州本田方面宣布了浙江省质量技术监督检测研究院做出的《质量鉴定报告》，报告的结论是转向系统未发现异常情况；制动系统未发现异常情况；安全气囊是在撞击水泥隔离墙端面时弹出，属正常弹出；车身断裂部位的结构、制造工艺符合图纸和有关标准要求。发生断裂的原因是车身右侧与狭窄的刚性隔离墙端面猛烈撞击所致，其碰撞力度超过了车身结构本身的设计强度。

在鉴定报告出台的当天，广州本田发出通报称："事故发生后，广州本田对事故的罹难者深表痛心，并立即派遣事故处理小组前往杭州积极协助有关部门开展事故调查工作。鉴定期间，出于尊重车主和鉴定机构的考虑，广州本田一直未向外界发布任何有关事故的评论。"

"同时广州本田与车主多次沟通，表达了对罹难者家属的慰问，并强调不管鉴定结果如何，广州本田都会以负责任的态度积极配合事故的调查，并会对事件做出妥善处理。"

"一直以来，广州本田都将产品质量视为企业的生命，将顾客更高的满意度作为企业追求的目标。这起事故引起了许多媒体、用户的关注，在此，广州本田衷心地感谢媒体、用户对广州本田的关心。我们将继续坚持以顾客满意为目标，不断向顾客提供高质量的产品和服务。与此同时，将不遗余力地推进交通安全的宣传，以实际行动贡献社会。"

但车主对此提出质疑："首先，他们在程序上就有失公平，报告描述的9项依据中，有4项都由广州本田提供，甚至一些检测仪器都是由广州本田提供。作为受害者，我们认为广州本田这次是非常不恰当地介入到整个事件中去。我们了解到，广州本田就这个事件已经派了两批日本专家，检测报告中有些部门出现了大幅引用日本专家的结论。"（资料来源：销售与市场网，根据游昌乔《广本：雅阁深陷"婚礼门"》原文改写）

面对突然而至的车祸事件和舆论压力，广州本田负责人处理事件的方法是否符合危机公关的处理原则，为什么？如果由你来策划处理这一事件，你会如何运作？

模拟开始：……

模拟要点

（二）众说纷纭的牛奶

情境描述：

某食品饮料公司请某机电公司为其生产牛奶的搅拌配料缸施工。该机电公司在施工过程中，由于施工工人大意，不慎将一滴锡渣遗留在生产牛奶的搅拌配料缸里。由于焊渣太

小而没有被及时发现，但在事后的质检中，检验员发现了这一事故，并及时向经理报告了这一情况。然而，此时生产线上已有 30 万瓶牛奶下线。当时，有人认为，由于用肉眼无法发现分布在 30 万瓶牛奶的微小锡颗粒，就算是消费者喝进肚子也不会有任何不良后果。到底是倒掉还是继续包装出售，众说纷纭。

这批牛奶该不该倒？此中奥妙何在？假如你是该食品饮料公司总经理，你是如何看待这一问题的，将如何处理？

提示：30 万瓶牛奶如果倒掉，经济损失将达 69 万元。

模拟开始：……

模拟要点

（三）"小朱配琦"直播带货策划出奇效

情境描述：

2020 年疫情发生后，湖北农副产品走出去存在不少障碍，给农业生产、农民生活带来一定困难。为落实"支持湖北经济社会发展"的要求，助推优质湖北农副产品走出去，央视新闻新媒体于 2020 年 4 月 1 日启动"谢谢你为湖北拼单"大型公益活动。

4 月 6 日晚，央视新闻"谢谢你为湖北拼单"公益行动首场带货直播在央视新闻客户端、淘宝、微博等平台开播。这场直播由中央广播电视总台主持人朱广权和李佳琦搭档，向网友推荐香菇、莲藕、茶叶等湖北待销农副产品。

直播通过视频连线的方式进行，待销农副产品从米酒到莲藕汤，从鱼糕到小荞酒……直播持续了约两个小时，累计观看人次超过 1.2 亿，共销售产品 4000 余万元，许多产品一上架就被迅速抢光。

"小朱配琦"直播带货策划为什么能够出奇效？如果由你策划举办一场小型的为本地产品直播带货的公益活动，你将如何运作？

模拟开始：……

项目小结

- 理论教学由公关促销策划的方法和步骤、危机公关策划两部分内容构成。公关促销策划是指公关人员根据企业形象的现状和要达到的促销目标要求，对未来的公关促销活动做出的运筹规划。公关促销策划有助于树立良好的企业形象；有助于增进企业之间的交往与合作；有助于提高企业的经济效益等。公关促销策划的方法和步骤如下：第一步，确定公关促销策划活动的目标；第二步，进行公共关系调查；第三步，选择恰当的公关促销方法；第四步，制订公共关系活动方案，形成公关促销策划书；第五步，公关促销策划效果的评估。危机公关策划是指当企业遭受突发事件或重大事故，正常的生产经营活动受到影响，特别是当企业的良好形象受到破坏时，如何采取有效的公关手段和方法，帮助企业以尽可能低的成本度过经营危机的公关策划活动。危机公关策划方法有危机预防策划、危机处理策划、危机管理策划。危机公关策划的原则为速度第一、系统运行、承担责任、真诚沟通、权威证实。

- 实训教学由评价分析训练、混合选择训练、案例分析训练、情景模拟演练四部分内容构成。在实训教学过程中要体现六个有利于原则，即有利于发挥学生的主体作用，有利于培养学生学会学习，有利于培养学生的动手能力，有利于培养学生的创新精神，有利于学生个性和潜能的发展，有利于帮助学生逐步形成良好的职业道德、职业思想、职业作风及职业行为习惯。

课后阅读与欣赏　　　　危机公关案例：惊心动魄的 57 天

模块四
营销策划综合实训与学习成果展示

项目十一

营销策划综合实训与学习成果展示能力

学习目标

知识目标

- 全面地、综合地掌握所学的营销策划知识。

能力目标

- 能综合运用所学的营销策划知识，走向社会，选择某个校外企业进行营销策划综合实训活动，在实训活动后期，根据实训企业要求，撰写内容完整、结构合理、格式规范、文理通顺的营销策划书，然后将营销策划书的内容做成PPT，现场进行营销策划成果汇报展示。
- 能综合运用所学的营销策划知识，或在校内由授课教师组织学生抽签，从营销策划情景案例库中选择一个案例，根据案例资料，在校内展开营销策划综合实训活动，在实训活动后期，撰写内容完整、结构合理、格式规范、文理通顺的营销策划书，然后将营销策划书的内容做成PPT，现场进行营销策划成果模拟汇报展示。

素养目标

- 形成良好的营销策划职业习惯，能以积极主动、认真负责的态度进行营销策划实训与学习成果展示活动。
- 基本形成爱岗敬业的职业道德精神、诚实守信的职业道德品质和吃苦耐劳的职业道德品格。

综合实训教学

一、校外营销策划综合实训与学习成果展示活动的安排

（一）校外营销策划综合实训与学习成果展示活动的内容和步骤

校企合作、工学结合是当前我国职业教育改革与发展的方向，在组织营销策划这门课程教学过程中，如果企业提出请求或学校主动联系，只要能满足营销策划综合实训的条件和要求，可灵活安排一定时间，组织学习营销策划这门课程的学生走向社会，进行校外营销策划综合实训与学习成果展示活动，实训学生应根据企业策划要求，分组参与实训企业营销经营实际工作。在工作过程中，学生应善于调查了解和观察分析，能根据企业策划要求，对某个企业、某种产品或某项活动进行营销策划运作，在实训活动后期，撰写内容完整、结构合理、格式规范、文理通顺的营销策划书，然后将营销策划书的内容做成PPT，现场进行营销策划成果汇报展示。

为确保校外营销策划综合实训与学习成果展示活动卓有成效，加深学生对企业营销策划活动的了解，缩短理论学习与实践运用的距离，达到提高学生营销策划综合动手能力的预期目的，应做到以下几点。

首先，介绍策划实训企业情况，进行校外营销策划综合实训与学习成果展示活动动员，让学生充分认识进行校外营销策划综合实训与学习成果展示活动的意义，从思想上重视校外营销策划综合实训与学习成果展示活动，为校外营销策划综合实训与学习成果展示活动的顺利进行奠定良好的思想基础。

其次，精心地做好校外营销策划综合实训与学习成果展示活动的准备，为校外营销策划综合实训与学习成果展示活动的顺利进行奠定良好的营销策划技能基础。

再次，根据与实训企业协商的结果，规定适当的营销策划具体任务和考核指标，以形成必要的压力和动力，为校外营销策划综合实训与学习成果展示活动的顺利进行奠定良好的行动基础。对产生良好营销策划实际效果的优胜者，由实训企业给予适当的精神激励和物质激励，以充分调动学生走向社会，进行校外营销策划实训与学习成果展示活动的积极性。

最后，在校外营销策划综合实训与学习成果展示活动结束时，根据学生校外营销策划综合实训与学习成果展示活动的表现，对实训企业营销策划方案贡献大小，企业对策划方案评价评定成绩，该成绩将作为衡量每个学生学习该课实践实训考核（学习成果展示）成绩。

校外营销策划综合实训与学习成果展示活动的具体步骤如下。

第一步：组建营销策划团队。

首先，确定营销策划团队的人员构成。营销策划团队组建的质量，将直接决定营销策

划学习成果展示的质量。策划团队的组建在一定程度上，将考验营销策划学习成果展示活动组织者的经验和能力。活动组织者要想方设法让每一个参与此项活动的学生都能够深刻感受到，他或者她在这个新组建团队中的重要性。可以根据教学班级的人员数量，进行分队（组），最少要有三队，每个队的学生最好不要少于 8 名，但也不要多于 12 名，并注意性别、地域的合理搭配。人数太少，不利于集思广益，取长补短；人数太多，容易造成对某些个体的疏忽，而导致团队成员对团队依赖感的降低。

其次，确定营销策划团队队长。这既可以由营销策划实训指导教师根据学生具体情况指定，也可以由该队学生自由提名，通过全队学生投票表决民主选举的方式产生队长，还可鼓励学生发表一个简短的竞选演说，让全队学生优中选优，通过投票表决民主选举的方式产生队长。

最后，确定各营销策划团队队名和口号。由队长组织该队学生，集思广益，民主协商，选出队名和团队的口号，队名和团队的口号最好容易记忆，并且喊起来比较上口，这样，在考勤或开展活动时才能够响亮的喊出来，以形成良好的营销团队气氛。

第二步：精心选择营销策划对象，确定营销策划目标。

由队长组织全队学生充分讨论协商，根据自身情况、条件，运用所学的营销策划知识，精心选择某个企业、某种产品或某项活动作为营销策划对象，根据营销策划对象的情况确定营销策划目标，目标确定后，最好要求队长带领队员向营销策划实训指导教师做出解释，说明将采用什么方法、措施，以确保目标的达成。

第三步：进行调查研究分析，广泛收集营销策划资料。

这一步一是必须注意调查研究分析、收集营销策划资料的方式方法，确保结果真实可靠；二是要制定调查研究分析和收集营销策划资料的行事历，按行事历安排掌控工作进程，确保按时完成工作进程。

第四步：精心进行营销策划构思，形成营销策划创意。

所有学生先各自独立进行营销策划构思，然后采取头脑风暴法，对各自的营销策划构思进行陈述，接着进行营销策划构思碰撞，产生智慧火花，形成大家都比较认可的营销策划创意。

第五步：根据实训企业要求，撰写内容完整、结构合理、格式规范、文理通顺的营销策划书。

第六步：将营销策划书的内容做成 PPT，现场向企业进行营销策划成果汇报展示，解答营销策划实训指导教师或企业相关专家针对营销策划方案提出的疑问。由企业相关专家和营销策划实训指导教师共同组成评审组对营销策划方案做出综合评价。

校外营销策划综合实训与学习成果展示活动的流程图如图 11-1 所示。

（二）校外营销策划综合实训与学习成果展示活动的具体要求

（1）认真地做好校外营销策划综合实训与学习成果展示活动的思想、技能、行动准备，确保校外营销策划综合实训与学习成果展示活动的顺利进行。

（2）营销策划团队活动运作井然有序，队名口号响亮上口，团队营销策划氛围良好。

（3）热情高，干劲大，校外营销策划综合实训与学习成果展示活动开展卓有成效。

（4）严守营销策划综合实训实践活动的组织纪律，确保人身安全。

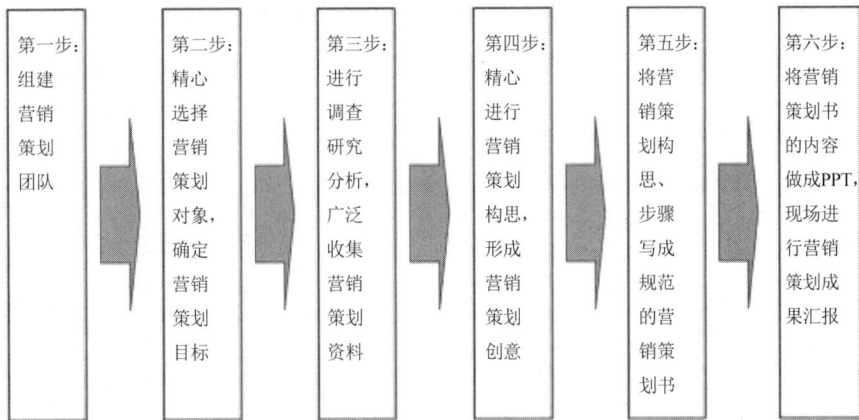

图 11-1　校外营销策划综合实训与学习成果展示活动的流程图

（5）每日认真写营销策划活动日记及心得体会，完成一份《××企业一次营销策划的经历》实训报告。

（6）以营销策划团队为单位，每队撰写一份格式规范、内容完整、结构合理、文理通顺的营销策划书。

（7）以营销策划团队为单位，每队制作一份文字简洁、结构严谨、思路清晰，图文并茂的 PPT，现场向企业相关专家和营销策划实训指导教师进行营销策划成果汇报展示。现场 PPT 汇报展示时，全队应整队入场，每队应指定一名学生进行现场陈述，其他队员可作补充。然后，针对营销策划实训指导教师或企业相关专家的提问，进行解答。要求能够使用自己的语言脱稿阐述营销策划方案内容。

（三）校外营销策划综合实训与学习成果展示活动的成绩考核

校外营销策划综合实训与学习成果展示活动的成绩考核采取过程考核与成果考核相结合的方式进行，最后按过程考核占 30% 的比例，成果考核占 70% 的比例计入该课程毕业成绩。

过程考核包括实训态度与实训纪律、合作精神、职业道德三项考核指标。成果考核包括营销策划团队活动运作、营销策划经历实训报告撰写质量、营销策划书撰写质量、PPT 制作质量、现场展示汇报效果五项考核指标，校外营销策划综合实训与学习成果展示活动的成绩考核表如表 11-1 所示。

表 11-1　校外营销策划综合实训与学习成果展示活动的成绩考核表

构成	考核指标	考核标准	成绩	备注
过程考核	实训态度与实训纪律	实训态度端正，工作积极主动、认真负责，服从安排。严格遵守实训纪律，出勤良好	10 分	
	合作精神	与实训小组成员保持良好合作关系，能采用合适方式表达不同意见，愿与他人分享经验和观点，能为团队利益作出个人牺牲	10 分	
	职业道德	职业观念正确，职业作风过硬，遵守职业守则，职业行为习惯良好	10 分	

续表

构成	考核指标	考核标准	成绩	备注
成果考核	营销策划团队活动运作	团队营销策划活动运作井然有序，团队营销策划氛围良好（5分）；调查研究资料可靠，数据准确，所学知识运用得当(5分)；营销策划方案构思巧妙，富有创意（5分）	15分	
	营销策划经历实训报告撰写质量	内容真实，详略得当，文理通顺，可读性强	15分	
	营销策划书撰写质量	格式规范，内容完整，结构合理，文理通顺	20分	
	PPT制作质量	PPT文字简洁，结构严谨，思路清晰，图文并茂	10分	
	现场展示汇报效果	着装整齐，神态自然；口齿清楚，语言流利；分工合理，配合默契	10分	

二、校内营销策划综合实训与学习成果展示活动的安排

（一）校内营销策划综合实训与学习成果展示活动的营销策划对象的选择

如果暂时没有企业提出请求，或学校一时无法联系到合适的企业，或无法满足营销策划综合实训的条件和要求，难以组织学习营销策划这门课程的学生走向社会，进行营销策划综合实训活动时，也可采取校内方式进行。这种方式在营销策划实战培训中不仅经常用到，而且简便易行，同样也可以展示学生学习营销策划这门课程后获得的营销策划综合动手能力和气质。

校内营销策划综合实训与学习成果展示活动的营销策划对象的选择，既可以由授课教师根据教学需要指定，也可以由授课教师组织学生抽签，从营销策划情景案例库中选择一个案例，根据案例资料，在校内展开营销策划综合实训活动，在实训活动后期，撰写内容完整、结构合理、格式规范、文理通顺的营销策划书，然后将营销策划书的内容做成PPT，现场进行营销策划成果模拟汇报展示。

（二）校内营销策划综合实训与学习成果展示活动的步骤

为确保校内营销策划综合实训与学习成果展示活动卓有成效，加深学生对企业营销策划活动的了解，缩短理论学习与实践运用的距离，达到扩大学院营销专业的社会知名度，提升学院营销专业社会美誉度，提高学生营销策划动手能力的预期目的，应做到以下几点。

首先，进行校内营销策划综合实训与学习成果展示活动动员，让学生充分认识进行校内营销策划综合实训与学习成果展示活动的意义，从思想上重视校内营销策划综合实训与学习成果展示活动，为校内营销策划综合实训与学习成果展示活动的顺利进行奠定良好的营销策划思想基础。

其次，精心地做好校内营销策划综合实训与学习成果展示活动的准备，一是知识准备，二是演示准备，为校内营销策划综合实训与学习成果展示活动的顺利进行奠定良好的营销策划技能基础。

再次，规定适当的校内营销策划综合实训与学习成果展示活动的考核标准和考核指标，

以形成必要的压力和动力，为该活动的顺利进行奠定良好的营销策划行动基础。对效果突出者，可根据情况采取适当方式给予激励，以充分调动学生进行校内营销策划综合实训与学习成果展示活动的积极性。

最后，根据学生校内营销策划综合实训与学习成果展示活动的表现，对校内现场模拟汇报演示营销策划方案贡献大小、营销策划书撰写质量、PPT 现场模拟演示效果综合评定成绩，该成绩将作为衡量每个学生学习该课实践实训考核（学习成果展示）成绩。

校内营销策划综合实训与学习成果展示活动的具体步骤如下。

第一步：组建营销策划团队。

第二步：在授课教师的指导下妥善选择校内营销策划综合实训与学习成果展示活动的营销策划对象，确定营销策划目标。

第三步：分工负责、集思广益、群策群力广泛收集资料，展开深入研究分析，所有学生先各自独立进行营销策划构思，然后采取头脑风暴法，对各自的营销策划构思进行陈述，接着进行营销策划构思碰撞，产生智慧火花，形成大家都比较认可的营销策划创意。营销策划团队队长应安排队员将营销策划模拟活动开展情况进行详细记录，将记录作为实训过程考核的重要依据。

第四步：根据企业案例资料要求，撰写内容完整、结构合理、格式规范、文理通顺的营销策划书。

第五步：将营销策划书的内容做成 PPT，据此反复进行演练，力争做到神态自然，口才流利。在演练过程中应对营销策划书文稿和 PPT 不断进行修改、完善和提高。

第六步：校内现场模拟向企业进行营销策划研究成果汇报展示，解答营销策划实训指导教师或企业相关专家针对营销策划方案提出的疑问。由企业相关专家和营销策划实训指导教师共同组成评审组对营销策划方案做出综合评价。

（三）校内营销策划综合实训与学习成果展示活动的具体要求

（1）认真地做好校内营销策划综合实训与学习成果展示活动的思想、技能、行动准备，营销策划实训指导教师应对学生选择的营销策划对象进行分析，提出具体指导意见，妥善安排，以确保活动顺利进行。

（2）营销策划团队活动运作井然有序，队名口号响亮上口，团队营销策划氛围良好。

（3）热情高，干劲大，校内营销策划综合实训与学习成果展示活动开展卓有成效。

（4）严守营销策划综合实训实践活动的组织纪律，确保人身安全。

（5）每日认真写营销策划活动日记及心得体会，完成一份《××企业校内模拟营销策划的经历》实训报告。

（6）以营销策划团队为单位，每队撰写一份内容完整、结构合理、格式规范、文理通顺的营销策划书。

（7）以营销策划团队为单位，根据营销策划书内容，每队制作一份文字简洁、结构严谨、思路清晰、图文并茂的 PPT，现场进行营销策划成果模拟汇报展示。每队的时间限定在 20 分钟，其中 15 分钟对营销策划方案进行陈述，要求能够使用自己的语言脱稿阐述营销策划方案内容；5 分钟用于回答测评专家的提问。现场 PPT 汇报展示时，全队应整队入场，每队应指定一名学生进行现场陈述，其他队员可作补充。然后，针对营销策划实训指

导教师或企业相关专家的提问，进行解答。

校内营销策划成果现场模拟汇报演示测评，根据情况既可以由营销策划实训指导教师独自承担，也可以由营销教研室组织，采取营销策划实训指导教师加其他专业教师组成测评组的方式进行测评，还可以由工商管理系组织，采取营销策划实训指导教师加其他专业教师，并邀请企业相关专家组成测评组的方式进行测评，三种方式各有利弊，可根据学校教学实际情况灵活安排。

（四）校内营销策划综合实训与学习成果展示活动的成绩考核

校内营销策划综合实训与学习成果展示活动的成绩考核采取过程考核与成果考核相结合的方式进行，最后按过程考核占30%的比例，成果考核占70%的比例计入该课程实训部分毕业成绩。

营销策划综合实训与学习成果展示活动的过程是一个系统的过程，无论是在校外实训还是校内实训，均需环环相扣，严密组织，这就要求活动组织者必须对活动过程及时进行指导、监督和控制，确保学生都能比较好地参与营销策划综合能力训练活动，学以致用，提高进行营销策划的综合动手能力，达到营销策划的教学目标。

项目小结

- 营销策划是一门综合性、应用性很强的课程，因此，在课程结束时必须进行综合实训，并在综合实训完成时以策划作品—学习成果方式展示出来，作为衡量学生学习这门课程的一个综合水平标志。
- 营销策划综合实训与学习成果展示活动可通过两种方式进行：一是走向社会，在校企合作企业进行营销策划综合实训活动，以营销策划书及PPT作为学生的学习作品；二是在校内营销策划实训室进行营销策划综合实训活动，以模拟方式进行，以营销策划书及PPT作为学生的学习作品。
- 在综合实训教学过程中要体现六个有利于原则，即有利于发挥学生的主体作用，有利于培养学生学会学习，有利于培养学生的动手能力，有利于培养学生的创新精神，有利于学生个性和潜能的发展，有利于帮助学生逐步形成良好的职业道德、职业思想、职业作风及职业行为习惯。

课后阅读与欣赏　　　　××职业技术学院学生营销策划方案作品之一

参考文献

[1] 彭石普. 市场营销原理与实训. 第 3 版. 北京：高等教育出版社，2014.

[2] 李玉海，李逊. 营销策划实务. 北京：北京邮电大学出版社，2013.

[3] 彭石普. 营销策划能力基础. 北京：北京邮电大学出版社，2008.

[4] 尚晓春. 市场营销策划. 北京：高等教育出版社，2000.

[5] 叶万春. 企业营销策划. 广州：广东经济出版社，2001.

[6] 李乐群，佘高波. 市场营销策划. 长沙：湖南大学出版社，2005.

[7] 张苗荧. 市场营销策划. 北京：高等教育出版社，2007.

[8] 徐育斐. 市场营销策划. 大连：东北财经大学出版社，2002.

[9] 胡其辉. 市场营销策划. 大连：东北财经大学出版社，2016.

[10] 杨岳全. 市场营销策划. 北京：中国人民大学出版社，2006.

[11] 夏暎. 市场营销案例. 北京：机械工业出版社，2004.

[12] 杨明刚. 市场营销策划. 北京：高等教育出版社，2002.

[13] 孟韬. 市场营销策划. 大连：东北财经大学出版社，2014.

[14] 马同斌. 现代企业营销策划学. 北京：中国时代经济出版社，2004.